区域义务教育优质均衡研究丛书
Quyu Yiwu Jiaoyu Youzhi Junheng Yanjiu Congshu

Ketangli De Geming

课堂里的革命

——构建课堂教学中新型师生关系的实践智慧

刘　琳　编著

上海教育出版社
SHANGHAI EDUCATIONAL
PUBLISHING HOUSE

总　序

义务教育是国民教育体系中最基础、最重要的组成部分。随着九年义务教育的普及、社会经济的发展和人们教育观念的提升，适龄儿童家长不再仅仅关注子女是否有学上，而是更加关注义务教育学校的教学质量和教育机会的公平，关心自己的子女能否接受优质的、公平的义务教育，这对义务教育提出了更高、更新的要求，即义务教育要逐步实现优质均衡发展，以满足人们对教育日益增长的需求。

义务教育优质均衡发展的基本价值是追求教育公平，最高价值是公平基础上的高效率、高质量，使教育最大限度地实现人的全面发展目标。义务教育均衡发展作为一种全新的教育理念，其实质代表了广大人民的根本利益，以适龄儿童的全面健康发展为价值追求，核心是教育公平和教育优质。推进义务教育优质均衡发展，使薄弱学校获得更多的优质教育资源，让更多的学生享受优质的教学质量，这对于促进义务教育公平、培养创新型人才和提升国民素质有着不可估量的作用。

教育学家袁振国教授认为：基础教育均衡发展，特别是义务教育的均衡发展，是教育公平和教育和谐的基本保证，有助于推进社会主义和谐社会建设。然而，长期以来，我国在社会经济发展不平衡背景下形成的教育非均衡发展问题，严重影响了整个义务教育发展的不协调以及地区、城乡、不同群体教育之间的不平衡，制约了国民教育的整体发展。推进义务教育均衡发展，让不同地区、不同学校、不同家庭的孩子都能接受更公平、更优质的教育，对于促进社会公平、构建社会主义和谐社会、实现国家更好发展具有重要意义。

党中央、国务院也采取了多种措施促进义务教育的均衡发展。2002 年，教育部出台《关于加强基础教育办学管理若干问题的通知》，第一次提出“积极推进义务教育阶段学校均衡发展，努力扩大义务教育阶段优质学校的规模，满足人民群众对高质量教育的需求”，标志着我国义务教育发展迈入了新时期。2005 年，教育部下发的《关于进一步推进义务教育均衡发展的若干意见》强调“把义务教育工作重心进一步落实到办好每一所学校和关注每一个孩子健康成长上来,有效遏制城乡之间、地区之间和学校之间教育差距扩大的势头,积极改善农村学校和城镇薄弱学校的办学条件,逐步实现义务教育的均衡发展”。2006年,新修订的《中华人民共和国义务教育法》规定:县级以上人民政府及其教育行政部门应当促进学校均衡发展,缩小学校之间办学条件的差距。以法律的形式,将义务教育均衡发展纳入了法制化轨道。2007年国务院颁布的《国家教育事业发展“十一五”规划纲要》再次强调:“国家制订义务教育基本办学标准和质量标准……进一步加大薄弱学校改造力度,努力办好每一所学校,使各学校办学条件、经费、投入和校长、教师的配备及其待遇大致均衡。运用远程教育,共享优质教育资源。加大政府对困难地区和困难群体的支持力度,加大东部地区对西部地区农村教育发展的支持力度,做好各地区城市对农村学校的对口支援工作,努力缩小地区、城乡之间的差距。”所有这些措施有力地促进了我国区域之间、城乡之间义务教育的均衡发展。

2010年,《国家中长期教育改革和发展规划纲要(2010—2020年)》把促进教育公平作为国家基本教育政策,并强调实现教育公平的重点是促进义务教育均衡发展和扶持困难群体。同时,对推进义务教育均衡发展提出了明确的目标和政策措施,提出要“切实缩小校际差异、加快缩小城乡差距、努力缩小区域差距”。同年,《教育部关于贯彻落实科学发展观进一步推进义务教育均衡发展的意见》印发,对各地义务教育均衡发展给予了宏观指导。这一阶段,中央部门、各地地方政府和教育行政部门也针对性地制定了相关政策和制度,并采取了相应的策略,探索、推进区域义务教育的均衡发展,如加大教育财政投入、改造薄弱学校、均衡配置教师资源、签署《义务教育均衡发展备忘录》等,各级政府把义务教育均衡发展纳入了责任目标,大力推进。由此可见,在新的历史时期下,国家对义务教育的均衡发展高度重视,将推进义务教育均衡发展提升至我国新一轮义务教育发展战略方针的高度。

在这样的形势和背景下,松江区教育局也做了大量的尝试与探索。松江区地处上海西南部,区境共辖6个街道,11个镇,常住人口170余万(户籍人口60万左右),流动人口数量巨大,适龄入学儿童基数庞大,这对松江区教育提出了严峻挑战。尤其是近些年，松江城市化进程加快，成为人口导入大区，由此带来教育资源紧张、校际发展不平衡、教师流动量大、生源结构复杂等问题。而松江辖区内包含多所义务教育学校，规模大、数量多，同时，公办与民办、城区与农村学校差异较大，直接影响了区域内义务教育学校的均衡发展。长此以往，将会影响松江教育的长远、稳定、和谐发展。针对这种情况，我区聚焦非均衡发展的关键问题，以促进义务教育学校均衡发展为重点，以“学校发展共同体”建设为机制，开展了八年多的实践与探索，大体可以分为两个阶段：

2010 年 8 月，围绕“学校发展共同体”建设，启动了第一轮义务教育学校发展共同体项目，开展了为期三年的区域义务教育学校发展共同体建设的实践探索，组建了第一轮八个学校发展共同体，创新了学校结对联动新模式，建立了以课题为引领的校际研修模式，建设了区级教育教学资源库，实现了区域模块化教学资源共享。这些探索奠定了松江区义务教育学校之间联动捆绑式发展的基础，形成了共建、共享、共进、共赢的合作机制，也进一步促进了义务教育学校间的均衡发展，实现了学校间发展的基本均衡。

2013 年 8 月，承接前期研究基础，启动了第二轮义务教育学校发展共同体项目，立项了全国教育科学“十二五”规划教育部重点课题“基于实践共同体的义务教育学校均衡发展研究”，并以此课题为引领，走上了优质均衡的探索之路。这一阶段的研究旨在通过实践共同体建设，来探索区域学校均衡优质发展的途径方法：立足课堂教学，提高学校办学水平；创新师资柔性流动，实现优质师资辐射；均衡配置资源，缩小校际差距。强调缩小城乡之间以及同一区域学校之间义务教育上的差距，实现发展幅度上的均衡，同时要让所有适龄儿童和学生都能平等地接受优质教育。最终目的在于促进本区内义务教育公平均等供给与均衡化发展，全面提高义务教育的质量及办学水平，既要鼓励好的学校更上一层楼，更要在均衡教育思想指导下促进那些教学条件差、教学水平不高的学校加快发展速度，从而进一步优化教育资源，办好每一所学校，教好每一个学生。

8 年多的系统推进与研究取得了显著的实践成效：共开展 20 次区级展示，2 000 多名教师参加展示，实现 782 人次柔性流动。松江的实践经验在教育部网站、国家教育督导、上海教育博览会、《上海教育》《新闻晨报》《文汇报》《松江报》《松江教育》以及部分微信公众号等平台上进行多次宣传推广，影响范围广泛。因此，我们集八个共同体集体智慧，提炼经验，汇编出版了“区域义务教育优质均衡发展”丛书，本丛书共包括9本研究专著。《走向优质均衡：基于实践共同体的义务教育学校均衡发展研究》从宏观层面介绍了区域义务教育学校优质均衡发展的经验。另有8本书，立足课堂教学实践，以学校发展共同体为载体，从微观层面介绍了学校间优质均衡发展的探索经验。这些探索与经验，很好地回答了“义务教育究竟可以追求什么样的均衡”“通过什么途径才能达到或接近这样的均衡”。

2017年9月，中共中央办公厅、国务院办公厅出台《关于深化教育体制机制改革的意见》，指出“要完善义务教育均衡优质发展的体制机制”。2017年10月，党的十九大报告中指出“必须多谋民生之利、多解民生之忧，在发展中补齐民生短板、促进社会公平正义”，并对促进教育公平作出重要部署，强调“推动城乡义务教育一体化发展，高度重视农村义务教育……努力让每个孩子都能享有公平而有质量的教育”。2017年12月，《义务教育学校管理标准》印发，首次全面系统地梳理了我国义务教育学校管理的基本要求，对促进义务教育均衡发展具有重大意义。新形势下，对义务教育学校优质均衡发展提出了更高的要求。我们也将以更加积极的姿态、更加高的标准，聚焦新形势、新问题，优化顶层设计，在推广学区化集团化办学模式、实施“新优质学校”集群发展、委托管理、建设环大学城教育高地、实施“保基础，立高原，建高峰”计划、加快信息化建设等方面继续追求义务教育学校间更高水平的优质均衡，使各级各类教育更加符合教育规律、更加符合人才成长规律、更能促进人的全面发展，为发展具有中国特色、世界水平的义务教育提供新的模式。

松江区教育局局长

陳小華

2018年1月

序

构建新型关系,促进共同成长

古往今来,师生关系一直是教育领域热议的话题。作为教育领域最为关键的一对关系,师生交往的状态深刻影响着教育的生态和育人的氛围,影响着师生的成长和发展。而课堂作为师生交往的主要阵地和教育发生的重要场所,不仅发挥着知识传授、能力培养和人格塑造的教育功能,更是构成师生关系形态的重要基础。可以说,课堂教学的生态直接影响着师生关系的形态,对于课堂教学中师生关系的研究也因此成为不可回避的重要内容。

回溯历史,我国对师生关系的研究可谓源远流长。诸子百家时期以孔孟为代表的“师爱说”和唐宋时期以韩愈为代表的“师道说”,皆提倡仁爱精神与师者权威,主张“道之所存,师之所存”,在价值层面肯定教师权威,提倡尊师重道;在方法层面鼓励对话交往,不耻下问。近现代以来,受中国社会艰难转型及实用主义哲学、应试教育思想的影响,学校教育的目的逐渐异化,师生关系也随之受到影响,教师一度成为课堂的绝对权威,教学“满堂灌”的现象愈演愈烈,课堂的生命活力难以焕发,师生关系的重构迫在眉睫。纵观教育领域对于课堂教学中师生关系的争论,主要体现为价值层面的主客体争论、人际交往形态层面的民主与权威争论、知识传授层面的规训与对话争论。其中,价值层面的主客体争论尤为突出,有研究者认为学生既是教育的客体又是教育的主体,有研究者认为教师为主导、学生为主体,还有研究者认为教师与学生的主客体地位在一定条件下是可以相互转化的。虽然这一争论至今未有统一的结论,但不可否认的是,随着社会的不断发展和教育改革的不断深入,传统师生关系的弊端不断凸显,人们越来越关注如何构建新型师生关系,这正是本书诞生的基础和价值所在。

本书在松江七中共同体项目的基础上,以上海市松江区的六所中学为研究对象,尝试构建课堂教学中的新型师生关系。本书认为新型师生关系应具有教学相长、民主平等、理解尊重、和谐友爱等特征,主张师生双方在思想和精神上进行深刻的交流和碰撞。良好的师生交往必然是双向的,师生双方都能从交往中获得启发和能量。而这种教学相长的效果要以民主平等、理解尊重、和谐友爱为前提和基础,所谓“情不通理难达”,

只有充满真挚感情的师生关系才能有效促进教学相长。尤其在现代社会，信息技术的发展及其广泛应用极大地冲击着传统的教育形态，教师知识权威的形象正在迅速发生改变，教师的专业技能正受到巨大挑战，教师亟须从知识传递者转变为价值建构者，在与学生的日常交往中，以积极乐观、批判多元的思维习惯和为人处世的智慧来影响处在日新月异、充满变化与挑战时代里的青少年，引导和陪伴学生拥抱新事物、追求新境界。

如何在现实中构建教学相长、民主平等、理解尊重、和谐友爱的新型师生关系呢?这正是本书的创新之处。以往学者对于师生关系的研究，多从理论阐释的视角出发，常常停留在应然的理想情境，而忽略了实然的现实状态。本书所呈现的研究过程与方法，力求弥补应然与实然之间的缺口。本书更多基于测量所得的数据和学生的实际状况展开，在行动中总结实践智慧和规律经验，并进一步指导课堂教学实践。本书采用以共同体项目为基础的研究范式，形成了由松江七中、茸一中学、华实初中、松江二中(集团)初级中学、松江六中和立达中学六所学校组成的庞大的共同体研究队伍。本书立足课堂教学，通过课堂教学中的师生互动、情感交流、合作学习、自主研讨等形式，选定班级及教师进行系统化跟踪性研究，尝试在理论研究的基础上，探索研究具体实践活动。本书采用问卷调查、教学实验、深度访谈、个案追踪、跨校研修等多种研究途径和方法，提出了在课堂教学中构建新型师生关系的四重机制，即基于教学行为自测、同行听课检测、学生科研观测和流动教师观测的师生关系改善机制，并针对样本学校师生交往中所存在的具体问题，提出了具体的改进策略，整体研究且思且行、知行合一，充分体现了理论与实践的结合。

教育是生命有目的、有序、个性化生长的过程，也是师生共同成长的过程。教师在促进学生生长的同时，也促进了自身的成长。教育的过程，是师生双方相互唤醒、启迪、影响的过程，师生双方只有以平等为基石，以尊重为前提，以仁爱为纽带，才能实现共同成长。

是为序。

教育部中学校长培训中心主任

华东师范大学教育学部副主任

教授、博士生导师

代蕊华

2020 年 6 月

Content 目录

第一章　绪　　论

第一节　研究背景

一、问题的提出

在全面实施素质教育的今天,课堂教学改革已经成为教育改革的重中之重。从某种意义上来说,课堂教学活动的质量与效果代表着素质教育实施的成效。课堂教学活动既要完成知识的传递,更要实现生命的增长。师生关系是影响素质教育推进至关重要的因素,而构建课堂教学中良好的师生关系则是提高课堂教学质量和效率的有力保障。《中共中央国务院关于深化教育改革全面推进素质教育的决定》明确要求教师"与学生平等相处,尊重学生人格,因材施教"并构建一种新型的师生关系。美国著名心理学家罗杰斯说:"成功的教学依赖于一种真诚的理解和信任的师生关系,依赖于一种和谐安全的课堂气氛。"因此,师生关系这一永恒的话题需要我们重新审视。

近年来,专家学者从不同角度对师生关系,尤其是新型师生关系进行了大量研究,但多局限于理论探索。本书以上海市松江区的六所中学为研究对象,重点研究影响师生关系的课堂教学,通过课堂教学中的师生互动、情感交流、合作学习、自主研讨等形式,选定班级及教师进行系统化跟踪性研究,尝试改变以往以理论为中心的师生关系研究现状,把具体的教育教学实践作为切入点,探索形成绿色指标体系下的新型师生关系,使学科德育与学校德育有机结合。这一做法有利于丰富德育内涵,加强学校自身的教育教学改革;有利于进一步推进上海市"二期课改"进程,为上海市绿色指标体系的构建提供个案资源;有利于进一步丰富课程改革进程中的实证性研究,为教育改革实验提供借鉴。

本共同体研究队伍由松江七中、茸一中学、华实初中、松江二中(集团)初级中学(以下简称二中初中)、松江六中和立达中学六所学校组成。这六所学校的班级个数、学生人数及教师人数都较为庞大,是松江初级中学教育的主力军。这六所学校都十分重视教育教学质量的提升,在课堂教学中都有自己的想法与做法。但是,由于多数学校经历过合并、更名等变动，师资队伍不够稳定，教师年龄结构与知识结构不够合理，部分教师传统教育理念根深蒂固，在关注课堂教学效率的同时对师生关系的关注不够。

（一）传统师生关系下的课堂教学

师生关系在一定的社会历史背景和条件下形成，并受到社会制度和社会价值观的影响。传统师生关系受等级制度、封建专制思想影响较大。随着教育改革的发展，教师逐渐更新教育理念，开始用平等的态度看待课堂教学，但因部分教师传统教育理念根深蒂固，课堂教学仍存在很多问题。

1. 教师的绝对权威性

教育改革要求以学生为主体，教师要起到积极的引导作用。而在教学实践中，教师却往往处于主动和支配的地位，经常忽视了学生的独立性、主体性。在教学活动中，因为教师处于权威的地位，所以，正如孙喜亭教授所说："就'师'的本质而言，他拥有'权威'的地位。他教的内容，学生必须学会；他提的要求，学生必须做到；他发的指令，学生必须服从。"在教学关系中，教师往往是活动的主体，扮演着施教者的角色；而学生则是被动的接受者，扮演着效仿者的角色。在教学方法上，教师是"传声器"，负责传授知识经验，而学生则是装知识的容器；教师是独奏者，学生是听众；教师书写，学生抄写。在教学评价上，教师是唯一的评价者，学生是被评价的对象。依照这样的方法培养出来的学生，大多言听计从、循规蹈矩，唯书、唯师，很难发挥自身的能动性和创造性。①

2. 师生关系仅限于教学过程

在课堂教学中，教师角色应该是多样化的，既应该是传道授业解惑者，也应该是引导者、帮助者、研究者、代理人、朋友、亲人。为了构建良好的师生关系，教师必须学会在不同角色间灵活转换，从而与学生友好相处。然而观察发现，很多教师把教育狭义视为教学，把教学狭义视为知识教学，把师生交往简单理解为一种知识传递活动。换句话说，很多教师扮演着知识传递者的角色，把教师看作一份普通的职业，与学生之间维持着一种冷冰冰的工作关系，这使得师生在交往中出现种种障碍、代沟，很难相互理解和信任，无法做到平等和谐、宽容理解。

3. 师生关系紧张

课堂教学中，部分教师不能充分尊重、理解、宽容学生，进而导致师生关系紧张。在六所中学进行教师教学行为自测、同行观测时，我们发现很多教师在课堂教学中实行"一刀切"，在备课、讲课、讲评习题的过程中忽视学生个体的差异性，内容或是过于繁杂或是过于简单，无法满足不同学生的认知需求。然而存在即有差异，每个人都是独立

---

① 邓李梅，曹中保.试析传统师生关系中的弊端与主流[J].湖北教育学院学报，2004(2).

的个体,有其鲜明的特征,这就要求教师给予学生充分的尊重与理解,并能做到因材施教。金无足赤,人无完人,更何况是尚处于青春期的少年。每个学生都会犯错,或大或小,这就要求教师宽容并原谅学生的无心之过,对他们进行适当的教育而非责骂。很多教师对学生过于苛刻,甚至因为一个学生的失误对全班学生进行责罚,这极大地破坏了师生间原本美好单纯的情感,引起了学生对老师的不满。

4. 教师的课堂教学缺乏技巧

问卷调查结果显示,现在的学生更加喜欢幽默和蔼的教师和轻松活泼的课堂。学生希望在轻松的氛围中汲取知识,而不是正襟危坐、沉闷无趣机械式学习。通过调研发现,我们共同体内有这样一部分教师,他们知识储量庞大、经验丰富且热爱学生,但因课堂教学缺乏技巧,或是刻板沉闷,或是自说自话,或是独断严肃。课堂教学应该是充满生机与活力的,教师不应该拘泥于传统填鸭式的教学,而应该注重提高学生的学习兴趣和思维能力,使用灵活的技巧和诙谐幽默的语言,营造轻松欢快的氛围,这才是现代教育所提倡的。

范寅虎先生说:“封建制度下的师生关系,一般带着教师独断、学生盲目的特征,它同家长制的家庭内部关系一样,带有半人身依附的性质,师生之间是不平等的。”我们共同体内各学校的老师虽然都在努力营造轻松欢快的氛围,构建和谐的师生关系,但受传统价值观等因素的影响,部分教师未能真正做到以一种民主平等的方式和学生友好相处。很多教师依然以自己所认为的最理想的方式在向学生灌溉书本知识,日复一日年复一年地构建传统的师生关系。

(二)传统师生关系的弊端

传统师生关系有其存在的合理性,在历史上曾发挥过巨大的作用。但在我国经济飞速发展、教育改革不断推进、教育理念持续更新、社会飞跃式进步的历史背景下,传统的师生关系越来越阻碍教育的发展,师生关系改革迫在眉睫。本书以共同体内的六所中学为实验对象,研究并总结出了传统师生关系的弊端。

1. 传统师生关系忽略了师生间的理解与信任

在以师为尊的传统师生关系中,教师为了维护自身的权威和教学秩序,经常会忽视学生在教学过程中的主体地位甚至没有充分尊重学生的人格尊严。通过调研发现,很多经验丰富的老教师认为师生之间不应该成为朋友,教师也不应该与学生交流太多,否则会影响教师权威的建立,并因此影响学生对于师令的执行。这就筑造起了传统师生关系中教师和学生之间理解与信任的壁垒,导致师生间除了最基本的工作关系外,毫无其他关系可言。因此,在传统师生关系的大背景下,更注重的是知识的机械积累,无法实现师生之间和谐平等相处。

2. 传统师生关系不利于学生主体意识的培育

数月的跟踪调查结果显示，在教育飞速发展的今天，很多教师仍然是师生交往过程和整个教育过程中的控制者和主宰者；学生则变成了客体，成了被牵着鼻子走的顺从者、被控制的逆反者。很多教师出于对学生的保护，认为学生年少不谙世事，需要年长者多加管教。因此他们习惯从自身的经验出发，把自己的观点强加给学生。他们忽视了学生的独立性与主动性，认为教师对学生的管理越严格越好，服从管理的就是好学生，反之就是坏学生。学生在这种看管下往往两极分化，要么强烈依赖着教师，对其言听计从；要么反叛心理严重，孤独无助放弃自我。而这样导致的后果可想而知，教学活动难以高效顺利进行，学生的主体意识、主动精神难以得到培育和发展。而这与新课程强调的“形成积极主动的学习态度”的培养目标无疑是背道而驰的。

3. 传统师生关系不利于学生个性的发展

在唯分数论的教育环境中，教师的职能主要是通过课堂向学生灌输现成的课本知识，教师的目标主要是让学生在考试中取得好成绩，教师的行为则表现为偏爱优等生和忽视学困生。由此，很多教师在课堂内外并不是平等地对待每一个学生。优等生多受表扬，课堂参与程度高，与教师接触机会多，学困生多受训斥，课堂参与程度低，与教师接触机会少。这种人格上的不平等，导致师生关系出现对立。在这种对立的师生关系下，学生的个性发展必然受到影响。而这与新课程“一切为了每一个学生的发展”的核心理念是严重不符的。

4. 传统师生关系不利于学生创新能力的培养

创新是一个民族的灵魂，是一个国家兴旺发达的不竭动力。培养学生的创新思维，是我们每一位中小学教师的责任。然而在传统的师生关系下，学生却畏首畏尾、亦步亦趋。学生往往以教师心中的“标准”为答案，严格执行教师的命令，缺乏思考、不敢质疑。学生的创新思维在这种被动式的学习中渐渐被弱化甚至被磨灭。师生关系的隔膜和压抑，必然会影响学生创新潜能的开发。而新课程的目标是要为21世纪中华民族的复兴培养有适应能力和创造精神的人才。显然，这样的师生关系已经严重地制约了学生的思维发展，阻碍了新课程的实施。

5. 传统师生关系与现代社会发展相背离

几千年根深蒂固的儒家文化深刻地影响着师生关系。近年来教育界一直在进行方方面面的改革，不断更新教育理念，但是师生之间仍旧无法处于完全开放的对话状态，师生之间仍然无法真正实现平等和民主。只有摆脱了文化传统中这种消极思想的束缚，师生关系才有可能走向平等、民主、和谐。我国古代大力宣扬师道尊严，把教师地位提得很高，即使在今天，尊师重道的思想依旧根深蒂固。我们强调平等、民主，并非鼓励学生不尊重教师，而是寻求一种师生之间互相尊重、彼此关爱的良性发展模式，并以此促进教育教学活动的顺利高效开展，同时培养学生的主体意识。

二、研究的必要性

我们以“构建课堂教学中的新型师生关系”为切入点，努力探索促进本共同体内师生良性发展的改革之路，构建属于我们自己的新型师生关系。

（一）构建新型师生关系是立足实践，促进学校可持续发展的客观要求

和谐校园是以和衷共济、内和外顺、协调发展为核心的素质教育模式，是以校园为纽带各种教育要素全面、自由、协调、整体优化的育人氛围，是学校教育各子系统及各要素间的协调运转，是学校教育与社会教育、家庭教育和谐发展的教育合力，是以学生发展、教师发展、学校发展为宗旨的整体效应。校园和谐最为关键的因素是人，人的和谐决定了校园的和谐。师生关系是教学的关键影响因素。而良好的师生关系有利于激发学生的主动性、积极性，更好地发挥学生的主体作用。新型师生关系是指师生之间民主、平等的关系。这种新型师生关系，能很好地促进教师的教和学生的学，实现教学相长，为培养全面发展的人才和营造开放性的教学环境奠定基础。[①] 我们共同体内的六所学校立足各校实际情况，构建并优化新型师生关系。

（二）构建新型师生关系是促进教育发展的客观要求

改革开放以来中国社会发生了深刻变革，时代呼唤素质教育。积极推进素质教育成为占领人才培养制高点的重要战略步骤。就基础教育而言，《国家中长期教育改革和发展规划纲要（2010—2020年）》明确指出：“注重品行培养，激发学习兴趣，培育健康体魄，养成良好习惯，把提高义务教育水平作为教育改革发展的首要任务。”《上海市中长期教育改革和发展规划纲要（2010—2020年）》进一步指出：“基础教育要为了每一个学生的终身发展服务，着眼于每一个学生的长远发展，使每一个学生终身学习意识和能力显著增强。”[②]毫无疑问，在教育教学过程中，师生关系是最基本、最重要的关系。师生关系作为教育教学过程中一个十分重要的变量，其性质与水平影响着教育教学活动的效果，并对学生的个性发展和人格养成发挥极其重大的作用。

从教育角度而言，我们的教育包括学校教育、家庭教育、社会教育。学校教育对一个人的影响是巨大的。而在学校教育中，师生关则是影响教育效果的一个重要因素，师生关系直接影响教师的教和学生的学。《中共中央国务院关于深化教育改革全面推进

---

① 张猛.初中课堂教学中和谐师生关系的构建研究[D].上海师范大学，2015.

② 同上。

素质教育的决定》明确了中学教育要从应试教育向素质教育转轨的任务，这就对中学德育为适应素质教育而进行改革提出了要求。以人为本，构建和谐的师生关系既是新课程实施与教学改革的前提，又是新课程实施与教学改革的内容和任务。和谐的师生关系是新课程的重要组成部分，它能转化为强大的教育力量，激励学生自我完善，为教学活动的顺利开展提供条件。

第二节 研究意义

一、理论意义

（一）丰富了师生关系的研究内容

我们所要构建的新型师生关系把研究重点放在教育、教学和管理活动过程中，并因此促进师生的交流对话、相互渗透、相互融合、共同成长，克服了以往师生关系研究中单纯的思辨性和狭隘的研究范式，为师生关系的深入研究创造了有利条件。这种新型师生关系肯定了教育者和受教育者的双重主体性，肯定了教师和学生在教育教学和管理活动中的积极性、主动性、创造性，有利于发挥师生双方的积极性和能动性，推动我国教育教学改革创新，有利于培养出更多的创新型人才，加快人力资源强国建设。① 在研究过程中，我们从教师和学生两个角度出发，超越了以往从教师身上寻求改变的单一模式，通过教师自测、学生观测、同行观测等形式，既促使教师在自我检测中螺旋式前进、优化自我，又站在学生角度随时观测，在动态发展中探究师生和谐相处的良性模式。

（二）拓宽了师生关系的研究视角

本项目尝试改变以理论为中心的师生关系研究现状，以具体的教育教学实践作为切入点，探索形成合作型的师生关系，使得良好师生关系的构建有了可操作性，使得学科德育与学校德育有机结合起来，丰富了德育的内涵。本项目的研究有助于促进学校自身的教育教学改革；有助于进一步推进上海市“二期课改”进程，为上海市绿色指标体系的构建提供个案资源；有助于进一步丰富课程改革进程中的实证性研究资料，为教育改革实验提供借鉴。

（三）奠定了教育改革的理论基础

2013 年两会期间，教育部原部长袁贵仁提出了“教育梦”，即“有教无类，因材施教，终身学习，人人成才”。其中，“有教无类”强调的是公平，指所有人都有接受教育的权

① 王刚.论新型师生关系的建构及其意义[J].天津职业院校联合学报，2014(3).

利;"因材施教"强调的是方法,指教育者应尊重受教育者的个性特征,采取不同的教育方法;"终身学习"强调的是要求;"人人成才"强调的是目标。从公平到方法再到要求和目标,其中都蕴含了构建新型师生关系的内容。只有加快新型师生关系的构建,推进教育教学的改革创新,才能助力"教育梦"的实现,进而助力"中国梦"的实现。

教育教学的改革创新,教育质量的提高,是我国教育界面临的长期而艰巨的任务,是办好人民满意教育的根本要求,也是实现教育公平的内在需求。通过调整教育教学和管理过程中最基本、最主要的和学校伦理组织中最经常、最重要的人际关系,构建新型师生关系,可以实现教育理念的更新、教学方法的改革、教学内容的创新,进而可以引领教育教学的改革创新方向,实现国家的教育目标。①

二、实践意义

(一)有助于更新教师的教育理念

从学生角度透视新型师生关系,能够帮助教师更新学生观,提高对自身的认识,重新审视师生关系,使教师认识到教育教学的过程不仅是学科知识的传授过程,还是形成师生之间双向互动人际关系的过程,是师生生命活动和自我实现的方式。由此更新教师的教育理念,让教师从动态生成的角度来看待师生关系,使得师生关系更趋于和谐。

(二)有助于构建和谐的师生关系

学生在怎样的环境中成长,便会发展成怎样的人。和谐的师生关系,可以培养学生自尊、自爱、自信、自强的精神,使他们深刻认识到自己存在的价值和意义,在被欣赏、被鼓励中奋发崛起,通过努力学习和勤奋工作回报他人、回报社会。相反,如果一个学生经常受到老师的忽视和讽刺,他也会把这份冷漠和嘲笑带到生活中,无心学习,更无感恩之心。师生间和谐的氛围是师生互相关爱的结果。师生相互信任和积极配合可以避免很多心理疾病的产生,有利于师生身心健康。

(三)有助于提高教育教学质量

课堂是教学的主阵地,是教师与学生发生接触最多的场所。课堂教学中的师生关系左右着教学过程。教师与学生的关系是在共同的教育活动中通过信息交流与沟通逐步建立起来的。教师的教学对象是学生,教与学是一个双边活动的过程,师生只有配合默契,合作愉快,才能产生良好的教育效果。良好的师生关系是师生共同满足教学需要、协同教学活动、实现教学目标的基础和保证。教学过程中所追求的新型师生关系是

---

① 王刚.论新型师生关系的建构及其意义[J].天津职业院校联合学报,2014(3).

一种民主、平等、合作的师生关系，所以我们要在教学过程中努力营造一种师生互相尊重、信赖、平等、合作的氛围，发扬教学民主，尊重学生人格，消除师生之间的鸿沟，真正建立起一种平等相处、互谅合作的关系，从而使师生产生巨大的合力，共同推动教学活动的开展。①

师生关系不是一种抽象的关系，而是一种具体、丰富的关系，是师生在交往的过程中形成的。如果我们把教育过程看作是教师与学生之间的一种交往过程的话，那么师生关系就是教育教学活动过程的基本体现，就是教育教学活动本身的表现方式。构建良好师生关系的根本意义是为了在良好的师生关系状态中开展教育教学活动。构建新型的师生关系可以优化现有的师生关系，让师生关系从功能性和工具性升华到人的存在层面，让师生树立正确的交往观念，以积极的态度对待彼此，从而提高教育教学的效率和效益，提高教育教学的质量。

（四）有助于培养全面发展的高素质人才

和谐的师生关系有利于激发学生的主动性、积极性，更好地发挥学生的主体作用。师生之间民主、平等的关系能很好地促进教师的教和学生的学，促进教学相长，为培养全面发展的高素质人才和创设开放性的教学环境奠定基础。

第三节 核心概念

一、师生关系

（一）师生关系的界定

师生关系是教师和学生在教育教学过程中结成的相互关系，包括彼此所处的地位、作用和相互对待的态度等。师生关系既受教育活动规律的制约，又是一定历史阶段社会关系的反映，是教育活动过程中最基本、最重要的关系。师生关系主要包括教育关系、心理关系和伦理关系。

教育关系是师生关系中最基本、最核心的内容。师生之间的教育关系是伴随着教师的产生而产生的，与教师的作用和地位密切相关。这种关系是由教育过程本身决定的，是通过考察教师与学生在教育活动中各自承担的任务和所处的地位对两者关系做出的教育学意义上的解释。一般来说，在教育活动中，教师扮演着促进者和组织者的角色，而学生则扮演着参与者和学习者的角色。学生是学习的主人，是自我教育的主体。

---

① 张猛.初中课堂教学中和谐师生关系的构建研究[D].上海师范大学，2015.

教育关系受制于教师的专业知识、教学技能和人格魅力等。

师生之间不仅有教育关系，还有心理关系。心理关系是指师生在日常的教学过程中进行的心理交往和情感交流。心理关系是伴随着教学活动的进行必然形成的一种基本的师生关系，它与教学过程和结果息息相关。因为教育教学活动是师生双方的交往过程，所以心理关系在教育教学活动中扮演着极其重要的作用，存在于师生互动的全过程。师生心理关系对中小学的教学活动影响重大，因为中小学阶段的学生更感性，更容易感情用事。反过来，良好的教学活动对师生心理关系有促进作用，它会促使师生情感更加融洽和谐，会促使师生之间相互理解、及时沟通，会明显改善当前的师生关系，甚至会改变学生的世界观、价值观。

教育作为一种社会活动，反映出社会的一般伦理规范，也反映出教育活动独特的伦理矛盾，因此师生关系还包含伦理关系。伦理关系是指在教育教学活动中，教师与学生构成一个特殊的道德共同体，各自承担一定的伦理责任，履行一定的伦理义务。伦理关系是师生关系体系中最高层次的关系，对师生具有制约和引导作用。教师的一言一行会对学生的德行产生巨大的影响。广博的知识不是做教师的首要条件，高尚的人格和正确的道德思想才是合格教师的首要标志。以往，师生伦理关系在教育理论上没有受到足够的重视。古代社会师尊生卑的师生伦理关系必将被现代师生互相尊重、人格平等的伦理关系所取代。人的自由而全面的发展是现代公民的基本价值追求，人性解放、民主自由是现代伦理的基本精神。

（二）师生关系的类型

有学者根据师生间的不同相处模式将师生关系分为四类。第一类是矛盾困顿型。该类型下的师生关系具有较低的理解性和亲密性。该类学生平时与教师交往频率较低，对教师的信任度低，与教师观点不同时经常以敌对等消极方式应对，师生间的心理距离较大。但是，该类学生内心却十分渴望获得教师的关注，在班级日常学习与其他活动中会主动表现自己的优势。第二类是冲突回避型。该类学生对教师充满不信任感，怀疑教师的决定，在思想和行为上与教师有较明显的冲突，遇到困难时也不会寻求教师的帮助，师生关系紧张、消极。该类学生从不渴望获得教师的关注，也不羡慕与教师关系好的同学，无意改善不良的师生关系。第三类是亲密和谐型。这是一种积极的师生关系。该类型下的师生关系亲密和谐，该类学生能很好地理解与领会教师的意图，拥护并执行教师的决定，对教师充满信任，积极寻求教师的关心与帮助，出现行为问题时乐于接受教师的批评与矫正。第四类是平淡顺应型。该类学生对教师有一定程度的尊重和信任，平时可以与教师进行较好的沟通与互动，在学校学习和生活方面表现良好，遇到问题时能够接受教师的帮助，极少与教师发生思想和行为上的摩擦、冲突。但该类学生对师生关系的进一步发展与提高并没有积极的预期。该类学生在班级里各方面少有突出表现,师生关系较为平稳。[①]

经过长期的实践研究,我们发现这四类师生关系确实是共同体各学校师生相处的主要模式。亲密和谐型是我们所极力追求的,平淡顺应型是我们所要积极发展并改进的。而矛盾困顿型和冲突回避型这两种较为消极的模式在我们共同体各学校中大量存在,严重影响了师生之间的关系,阻碍了教学质量的提高。基于此,我们六所学校在这几年里进行了大量调研,举办了无数的活动,在理论和实践等方面努力构建具有自身特色的新型师生关系,以期最终消除这两种较为消极的模式的影响。

二、新型师生关系

(一)新型师生关系的界定

新型师生关系是一种教师和学生在人格上平等、在交互活动中民主、在相处氛围上融洽的关系。它的核心是师生互相尊重,心系对方,彼此之间产生真挚的情感。它的宗旨是培养自由之精神和独立之人格。一方面,学生与教师在教学活动中相互尊重、教学相长,获得成功的体验与生命价值的体验,逐步形成自由的个性和健康的人格;另一方面,教师通过精心组织教育教学活动,让每个学生都能感受到自尊,感受到成长的喜悦。[②]

我们努力探索符合教育规律、学生身心发展规律、学校实际情况的教育手段和方法,协调各种教育因素,使各种教育因素之间形成最优化的结构状态,以减少教育运行中的内耗,使师生产生愉悦、舒适、惬意、畅快、满足等主观体验,调动师生投入教育教学活动的主观能动性,促进师生协调、主动、活泼、充分发展。

(二)新型师生关系的基本特征

师生关系是所有人际关系中最普通却又最纯真的一种。在21世纪的今天,师生关系有了更加丰富的内涵。

我们所追求的新型师生关系具有教学相长、民主平等、理解尊重、和谐友爱等基本特征,师生双方在思想和精神上进行深刻的交流和碰撞,既具有一般人际关系的情感基础,又具有超出一般人际关系的学习性和科学性。哥顿指出,师生之间应该坦诚相对,彼此关怀,独立而不依赖,尊重对方并满足对方的需求。换句话说,师生关系应当是相互尊重、真诚坦诚、平等合作、和谐愉悦的。

---

① 张野,李其维,张珊珊.初中生师生关系的结构与类型研究[J].心理科学,2009(7).

② 张猛.初中课堂教学中和谐师生关系的构建研究[D].上海师范大学,2015.

1. 教学相长

《礼记·学记》指出:"学然后知不足,教然后知困。知不足,然后能自反也;知困,然后能自强也。故曰:教学相长也。"这段话既揭示了教学相长的客观规律,又从反面说明了教学过程必须是一个民主的过程。具体来看,教学相长指教师本身既要教,也要学,教与学相互推动、相互依存、相互促进,学因教而日进,教因学而益深,共同促使教师不断进步。它揭示了教师教与学生学之间的辩证关系。教师教与学生学是同一过程的两个方面,两者是相辅相成、相互促进的关系。在关系和谐、心理相融、感情相通、乐于相互交往、易于相互沟通的气氛中,师生间不仅相互尊重信任,还常常伴随相互学习的行为,最能体现教学相长。①

教师问卷分析结果显示,很多教师将教学看作是单向不可逆的过程,认为教师的任务就是教书育人,将自己毕生所学最大程度传授给学生,忽视了学生的能动性,也剥夺了自己在教学过程中充实自我、追求发展的机会。基于此,我们开办了大量渗透教学相长这一理念的讲座,旨在更新教师的教育观念;我们组织了大量师生互动、合作共赢的比赛或活动,让教师在这个过程中亲身体验学生的能动性与创造力,从而让教师在以后的教育教学过程中尊重并且重视学生的观点和想法。

2. 民主平等

著名学者钱理群指出:"教师要改变居高临下的让学生望而生畏的训导者、审判者的角色预设,把自己放在学生的兄长甚至朋友的位置,相信学生,对学生可能向你倾诉的一切怀着浓厚的兴趣与期待,并有一种理解的同情,这样才会有轻松、自然的倾诉气氛,才会有师生之间真正平等的自愿的倾诉与倾听。"我们所追求的新型师生关系是一种民主平等的合作关系。民主主要体现在教学及管理工作中。教学民主是一种建立在师生相互尊重、相互理解基础上多元对一元形式的民主,管理民主是师生间存在的一种管理与接受管理、组织与自我组织的关系。② 平等主要体现为师生在人格上是平等的。新型师生关系在本质上是建立于平等基础之上的互动关系。在互动过程中,不仅要有教师的传道授业,还要有学生的积极参与,这实际上是一种在教育规律支配下的"双主体"教育活动。也就是说,教师不但要完成传道授业解惑并促使学生增长知识才干的任务,而且必须教给学生学习的方法和做人的道理。而学生则要在接受教师指导的同时,完成全面提高自身素质的任务。

3. 理解尊重

在教育教学活动中,师生双方需要理解、尊重和宽容,他们是完成教育任务的合作

---

① 方跃平,翟文艳.新型师生关系的基本特征解析[J].中国市场,2011(9).

② 同上。

者。师生关系的建立和发展,必须以师生相互了解、沟通为基础。理解从来都是相互的,只有一方的理解不是真正的理解,只有双方的理解才是真正的理解。教师了解学生是教师施教的一个重要前提,学生了解教师是教师施教的另一个重要前提。师生相互理解,有利于建立和发展良好的师生关系。实现相互理解的方式有很多。教育是教人成“人”和育人成“人”的活动,在长期的教育活动过程中形成了许多约定俗成的规范,师生双方可以在这些规范的指引下达成彼此之间的理解。此外,在师生交往过程中,当通过规范去达成理解有困难时,还可以借助于换位思考。通过换位思考,对场景、事件、人物、身份进行置换,教师可以试着走近学生,学生也可以试着走近教师,双方心平气和地倾听对方的话语,了解对方的经历和体验,通过角色互换最终达成彼此之间的理解。

为促进师生相互理解,我们准备了“六校师生关系现状分析”调查问卷,分别从教师和学生两方面开展调查,研究发现师生之间并没有完全做到相互理解。举一个最简单的例子,问卷调查结果显示有 90%的教师认为自己十分爱自己的学生,但是只有25%的学生体会到了教师的爱。这说明大多数教师发自内心地爱学生,但是却没有用最合适的表达方式让学生体会到这种爱,因此我们经常听到身边有些教师抱怨学生不能体会自己的良苦用心。因此,我们通过向六校师生展示对方的问卷调查结果,努力消除因误会或沟通不当产生的隔阂,搭建师生间彼此理解信任的桥梁。

4. *和谐友爱*

师生双方作为相对独立的生命体,其情感、认知、思想与行为都是相对独立的,这种相对独立性正是生态系统“自然”特征的表现。虽然师生双方在知识、年龄、自我概念与生活经历等方面存在差异,但师生双方在生态系统中的相对独立性要求师生之间和谐友爱。教师要和学生平等友好相处,真正成为学生的“益友良师”。“益友”是“良师”的前提和保证,“良师”是“益友”的终极目标。教师要树立“一切以人出发”的教育观念,热情帮助学生解决生活问题、学习问题等,积极主动地与学生交往,关怀和爱护学生,尊重和信任学生,同情和理解学生,做学生的朋友和知己。学生在与教师接触和交往时,应主动向教师敞开心扉,在遇到矛盾和困难时主动向教师寻求帮助。值得强调的是,这种友爱并不是无原则的,教师在充当学生“益友”角色时,不能给学生开“后窗”,助长各种不良的社会风气。教师要以明确的目的、严肃的态度、严明的纪律来维持正常的师生关系,使学生学会做人。①

---

① 方跃平,翟文艳.新型师生关系的基本特征解析[J].中国市场,2011(9).

第四节 研究方法

任何一项研究都离不开研究方法的支撑,没有研究方法的研究就像无源之水、无本之木。师生关系是影响教学实践的关键因素之一。随着教育理念的革新,教学不再仅仅是教师的教,课堂也不再仅仅是教师的"一言堂"。教学是教与学的结合,教师教与学生学的契合是达成教学目标的基础。因此,为了协调教师的教与学生的学,师生关系的研究就要从理论与实践入手,探寻新型师生关系,推动有效教学。

一、文献研究法

阅读有关师生关系的书籍,查阅相关期刊、报纸,查找国内外网络资料,收集有关师生关系的最新研究成果,并对其进行分析整理,以发现其中普遍存在的问题,了解师生关系研究的进展与成果,比对六校师生关系研究所面临的困境,形成论文综述,为研究提供借鉴。

二、调查法

调查法是科学研究中最常用的基本研究方法之一。综合运用观察法、历史法等方法,借助问卷、测验、个案研究、访谈等科学方式,对教育现象进行有计划的、周密和系统的观察,并对搜集到的资料进行分析、综合、比较、归纳。

(一) 问卷调查法

问卷调查法是调查法中最常用的方法,它是指以书面提出问题的方式来搜集资料的一种研究方法。即调查者将调查项目编制成问卷,先通过分发或邮寄的方式传递给有关人员,再对有关人员填写的答案进行回收整理、统计和研究。

在本研究的前测阶段,为全面了解六校师生关系的现状,发现六校师生关系中存在的问题,我们对"课堂教学中的师生关系"开放式问卷中的 10 个问题进行了 4 次修订,最终形成了本共同体"课堂教学中的师生关系"学生卷和教师卷两份样卷。考虑到样卷的科学性,我们在松江七中四个年级的学生中进行了前测,经过测试后,我们又在六所学校全面进行测试。考虑到数据收集的科学性和可操作性,我们六校共有 1200 个学生参加了样卷测试,共有 140 多位教师参加了样卷测试。

通过对问卷数据的收集整理,我们初步了解了六校师生对于当前师生关系的看法,得出的结论为中后期的研究指明了方向。

（二）访谈调查法

与问卷调查法得到的量化结果不同，访谈调查法是寻求质性结果的调查方法。访谈调查法是指调查者与被调查对象通过面对面谈话的方式来了解情况、搜集资料的一种研究方法。通过访谈，调查者可以了解被调查对象的直接想法，可以通过面对面的追问，进一步得知被调查对象的态度。

本研究通过问卷调查了解了六校师生对于当前师生关系的看法。与问卷调查相辅，研究人员随后又随机选取若干位六校师生进行访谈调查，面对面地了解师生对于当前师生关系的想法。

依据调查结果，参与研究的教师调整教学方案并进行案例试教。案例试教在多方观测的环境中进行，包括任课教师的自测、同行教师的检测、学生科研员的观测、流动教师的观测。这四重机制多方位地检测了教学过程中师生关系所呈现出来的状态。每节课后，以统计表格、反思日记等形式汇总检测结果并进行综合分析。个别的访谈调查也会定期展开，研究人员通过对四方检测机制中的人员进行访谈，详细了解教学过程中师生关系的具体发展与变化情况，从而为再次调整教学方案提供借鉴。

三、观察法

观察法是指根据一定的研究目的、研究提纲或观察表，观察者运用自己的感官和辅助工具去直接观察被研究对象，进而获得研究资料的一种研究方法。科学的观察法有目的性、计划性、系统性和可重复性。在科学实验与调查研究中，观察法的运用不仅可以加深感性认识，启发思维，还能带来新的发现。

本次研究中，我们通过前测阶段的问卷调查初步了解了六校师生对于当前师生关系的看法。然后，我们根据编码的结果，从学生问卷中发现的主要问题入手，研制了《“教师课堂教学行为自我监控”方案》（草案），共有33个指标，其中22个是正向指标，11个是负向指标。每所学校又根据本校的实际情况对量表进行了修改和调整，形成了体现本校特点的学科自测量表。这些自测量表成为任课教师自我观察、自我调整的依据。

我们认为仅仅只有教师的自测、自我约束是远远不够的，还需要他律的机制来推动教师在实际的课堂教学中改善与学生的关系。我们借鉴了美国弗兰德斯“师生言语互动分析系统”（Flanders interaction analysis system，简称Fias）的编码方法，请同行教师听课记录以搜集教师的相关信息，同时借鉴了目前国内普遍使用的等级量表法，现场评价学生的整体学习状态，最终形成了本共同体的《“课堂教学中师生关系状况”观测与分析量表》。我们以量表为依据，以观察为手段，通过他律的机制推动师生关系的改善。

我们还成立了“构建课堂教学中新型师生关系的行动研究”学生科研员项目组，要求项目组成员观察记录师生关系情况并撰写观察日记，从学生的角度观察并记录课堂中师生关系改善的过程。

作为六校共同体，本研究还建立了六校教师的柔性流动机制。柔性流动教师定期从不同视角观测、记录并畅谈自己在受援学校的所见所闻、所思所想，为受援学校师生关系的改善提供帮助。

四、实验法

实验法是通过控制研究对象来发现与确认事物间因果联系的一种研究方法。实验法与观察法、调查法不同，后两者都以不干预研究对象为前提认识研究对象，而实验法要求主动操纵实验条件，因而实验法是发现与确认事物间因果联系的有效工具和必要途径。

本研究试图通过教案试教中的教师自测、同行检测、学生观测、流动教师观测寻求改善现代师生关系的方式，并通过名师导航、新秀共进、资源共享、活动共参的方式在六校间构建新型师生关系。这两种推动方式是六校商议确定的，旨在通过检测发现师生关系在实践中存在的问题，通过检测、调整、检测、再调整的螺旋上升方式改善师生关系。与此同时，在课堂之外，首先，六校联合邀请名师开办相关讲座，通过名师风采展示、特色工作室创建、课堂教学研讨及学员学习感悟促进新型师生关系构建。其次，六校集结新秀教师开展读书沙龙、读书征文及实践反思活动，通过新秀教师实践新型师生关系。最后，六校分别开展多种多样的教学研讨活动、公开课观摩活动、校园文化活动，通过师生间的资源共享与活动共参一起推动新型师生关系的发展。

五、个案研究法

个案研究法是针对某一特定研究对象，对其进行调查分析，弄清其特点及特点形成过程的一种研究方法。

在本研究中，研究人员在共同体六所学校各学科的课堂中选取部分课堂作为研究案例。在案例试教中，通过授课教师设计课堂、自测量表评价课堂、反思回忆总结课堂、学生观测辅助课堂、同行听课改善课堂的方式，从具体课堂着手，举一反三，寻求改善师生关系的方法。

第五节 研究过程

大量数据证实，良好的师生关系是正常教学活动、教学效率提高的保证，对师生双方形成良好品质起着至关重要的作用。师生关系是学生学业水平的重要“影响源”。良好的师生关系能有效改善师生的精神面貌，促进教师的专业化成长，提高学生的学习积极性。师生关系事实上是除了教与学这样的工作关系外的人际交往、组织形态、情感认识等教育关系。它不是实现教育教学目标的手段，而是师生的一种生活状态。这就要求共同体学校以课堂教学为主线，对师生关系进行调整，真正实现师生间的互相尊重、民主平等、和谐融洽、交流互动、共享智识、教学相长，进而构建新型师生关系，夯实学校文化基础。

我们从六校师生关系的现状出发，寻找当前六校师生关系中存在的问题。通过分析学生和教师的问卷调查数据，我们发现了学生在课堂教学中的实际需求和教师自我改变的愿望。我们先摸清六校师生关系中存在的问题，再依据发现的问题寻找改变六校师生关系现状的策略，最后总结六校在改善师生关系中的经验。我们要求牵头的松江七中出原始方案，其他五校结合本校特点和需求形成适合本校的方案，经过几次沟通交流、取长补短，最终形成了《“构建课堂教学中新型师生关系的行动研究”松江七中共同体项目实施方案》。我们召开工作推进会，详细介绍项目研究方案，召开共同体开题论证会，由松江七中进行开题汇报，统领共同体学校积极有效地开展各项活动。其他五所学校进行了子课题研究方案的汇报，最终形成以下子课题研究方案：立达学校，物理学科“营造魅力课堂，实施绿色评价”和语文学科“引发教学，构建新型师生关系”；二中初中，“从教学五环节着手构建和谐师生关系的行动研究”；华实初中，“构建和谐师生关系的实践探索”；茸一学校，数学学科“优化师生关系，提高数学课堂教学驾驭能力”和思想品德*（以下简称思品）学科“优化师生关系，提高思品课堂教学驾驭能力”；松江六中，“探索校园文化建设、创建新型师生关系模式的行动研究”。

我们共同体遵循“以校为本、校际联动、各司其职”的基本原则和总体思路，以“同质促进、异质互补、文化融合”为愿景，以《松江七中学校发展共同体“共管共建章程”》《2013年松江七中发展共同体教师柔性流动实施方案》等制度建设为基础，通过召开共同体工作启动会和开题论证会、定期召开共同体工作推进会、不定期召开共同体项目研究秘书长会、召开学期中的流动教师恳谈会等会议，及时沟通共同体学校在项目推进中遇到的问题。

一、问卷调查分析现代师生关系

我们通过问卷调查了解六校师生关系的现状，发现六校师生关系中存在的问题。

---

* 本课题研究时，该科目名称为“思想品德”，在出版过程中，更名为“道德与法治”。为尊重实际研究情况，本书中仍使用“思想品德”这一表述。

对收集上来的数据，我们先进行汇总，然后再通过问卷统计编码的方式进行整理分析。我们对学生问卷中"学生眼中的教师行为"这一直接体现学生视角师生关系的问题给予了重点关注，得出的结论影响了后期师生关系改善的实施形式与过程。本研究前测的教师问卷设计了 8 个开放性问题，我们对 6 所学校教师问卷的数据信息分别进行了统计分析。与学生问卷相对应，教师问卷关注"教师眼中的学生行为"，即教师对学生特定行为的态度、教师处理教学行为的方式、教师认为构建课堂中良好的师生关系需要改进的方面。

我们将开放式问卷教师卷和学生卷第三次编码整理结果公示给共同体六校全体教师。依据开放式问卷中反映出来的问题，各校在学科项目组内进行了交流沟通，并根据学科特点提出改善师生关系的方法和策略。

二、课堂观测改善现代师生关系

我们发现，教师的情绪会影响课堂教学中的师生关系。新型师生关系的构建，离不开学生。作为教师，我们要真诚地倾听学生的意见和建议，及时反思自己的课堂教学行为。我们还发现，在我们身边存在着一些有想法且富有创新思维的优秀教师，他们渴望为自己的专业化发展寻找一种提升工具或载体。

根据编码结果，各样最终形成了体现本校特点的自测量表。自测量表的制定建立在对共同体师生关系具体分析基础上，从最初的草创到最终定稿，经历了一个不断改善、不断探索的过程。利用自测量表进行自我监控，是共同体教师自觉关注师生关系的一个重要表现。我们力求在提高课堂效率和提升学生思维品质的同时，找到影响师生关系的根源问题和改善师生关系的方法。

松江七中每月利用一周的时间进行自我诊断，参与研究的语文、数学、生命科学、化学等学科组教师自愿进行量表问卷自测，共回收问卷 56 份。其他五校也根据本校自测量表问卷的修改稿，安排教师进行自测并召开自测教师座谈会。自测教师每月撰写自测小结，进行前后小结对比。

在具体的课堂实践中，六校共开设 11 节教学展示课，涉及语文、数学、外语、物理、美术等学科，在课堂中发现六校师生关系的研究点，进一步推进项目研究。我们根据六校参与共同体项目研究的情况，结合中期督导检查的意见和建议，以共同体课堂教学中师生关系状况观测与分析量表为依据，在学科项目组进行先行先试。

通过自测，教师得以发现自己以往做法中存在的很多问题。然而我们认为除了教师自测，还需要他律的机制来促使教师在课堂教学中改善与学生的关系。因为教师始终是师生关系的主导方，教师在课堂教学中的正向情绪和良好行为，是改善师生关系的关键。

我们借鉴了美国弗兰德斯“师生言语互动分析系统”(Fias)的编码方法,以现场记录方式搜集教师的相关信息,同时借鉴了目前国内普遍使用的等级量表法,现场评价学生的整体学习状态。我们形成了课堂教学中师生关系状况观测与分析量表,通过这一专题量表,了解课堂教学中的师生关系状况。本量表由两个量表组成。量表(一)侧重观测教师行为,量表(二)侧重观测学生状态。量表(一)反映的是课堂教学中师生关系形成的原因,量表(二)反映的是课堂教学中师生关系形成的结果。因此,量表(二)是评价课堂教学中师生关系的主要依据,量表(一)则是课堂教学中师生关系形成的原因所在。这两个量表是相互印证的关系。我们也在学科项目组进行了先行先试。

2015 年 3 月,我们成立了松江七中“构建课堂教学中新型师生关系的行动研究”实践项目组,以“合作教研决战课堂”为主题,在共同体六校前期课堂教学中的师生关系问卷调查和量表自测的基础上,深入课堂进行教研活动。项目组教师依据观课量表开展研讨活动,进行课堂观课。我们对数学、语文、英语、音乐等学科进行了观课量表前测,顺利开设了 18 节研讨课,根据前测结果,我们对观课量表进行了修改与调整,最终形成松江七中共同体课堂观测与分析量表。

同行听课检测是从旁观教师的角度对课堂进行评测。课堂教学过程是教师与学生互相配合协作的过程,为了激励学生主动参与研究,提升课堂教学中师生关系研究的全面性与科学性,我们成立了学生科研员项目组,让其从旁观学生的角度反观教师的课堂教学行为及表现,跟踪观察并撰写观察日记。我们对表现优异的学生科研员进行了表彰,激励学校其他科研员以其为榜样,认真做好对项目组教师的观察记录工作。

在学生的观察日记中,研究人员发现学生对教师的课堂情绪关注较多,对教师的教法和教具使用的目的、突发事件的处理等关注较少。这可能是由于学生缺乏课堂整体意识,缺少对教师进行横向比较,也缺少对教师进行课堂之外的备课观察。学生视角给了我们许多思考,给了我们改善师生关系的策略提示。

教师柔性流动,均衡教育才有活力。我们组建了以松江七中校长为组长、其他学校校长为副组长、共同体联络员为组员的共同体柔性流动工作小组,对柔性流动教师的工作职责进行了详细的规定。两轮共有 35 位教师参加柔性流动。在本研究的课堂观测部分,无论是教学行为自测和同行听课检测还是学生科研观测,都侧重于纵向比较,忽视横向比较。因此研究人员根据教育局对柔性流动工作的具体要求,形成了柔性流动方案,流动教师在六校之间进行横向观测,为研究提供更全面的实践素材。六校共同体领导十分关心柔性流动教师的工作和生活,各校校长、书记等相关领导亲自送柔性流动教师到受援学校熟悉新的工作、生活环境。在期中召开柔性流动教师恳谈会,了解柔性流动教师的工作和生活情况，积极搭建平台开展柔性流动教师课堂教学展示，并利用节假日为柔性流动教师送温暖。同时，我们规范奖励表彰，推动柔性流动工作顺利开展。

三、跨校研修构建新型师生关系

我们通过课堂观测了解了课堂教学中师生关系的现状与存在的问题，而要有效改善这些问题，仅靠教师的自我反思与调整实践是不够的。六校共同体作为一个整体，拥有一定数量的优秀教师以及大量的青年教师。针对存在的问题，有效汲取优秀教师的教学经验，为青年教师搭建展示共进的平台是共同体进一步发展的方向。

我们成立了以立达中学谢红新，松江七中何顺志、汪晓慧、李张勇、孔彩虹、陈路珍、李华、杨珍凤，二中初中陈殿光，松江六中钱建梅、夏玲华，华实初中侯丽双，茸一中学王海琴等教师为首的学科名师工作室，由六校共同体的其他学科名师担任工作室顾问，涉及语文、数学、英语、物理、化学、生命科学、音美、德育等学科。我们在六校范围内招募学员。学校和工作室主持人推荐学员，并要求学员填写《学员手册》和学员报名单。工作室主持人根据自己学校情况和学科情况组织学员围绕共同体课题“构建课堂教学中新型师生关系的行动研究”开展研究，在实践中寻找师生关系改进的途径、策略。我们立足工作室实际，依据青年教师发展需求，充分发挥主持人的专业优势，深化内涵建设，以共同进步为目标，逐步形成有特色的指导模式。我们聚焦课堂教学中的问题开展实践研究，发挥团队智慧，集中攻关，破解难题，最终形成有研究主题、学科特点、团队特色的教育教学成果。

名师牵头领航，新秀携手共进。我们以六校新秀沙龙为载体，结合“课堂教学中师生关系的构建”项目实施，以校为本，聚焦课堂，通过实践反思、同伴互助、专业引领，充分发挥教坛新秀的凝聚、辐射、指导作用，打破校际间的壁垒，增强校际间的融合，促进六校教师的专业发展，提升六校教师队伍整体素质。我们开展了一系列主题沙龙活动，通过读书、课题研究、课堂教学促进六校教师共同成长。

牵头学校和成员学校共同探索课堂教学改革，密切共同体学校关系。我们利用集团资源优势邀请多位市级名师开展教学研讨、课堂展示、讲座分享活动。课堂教学展示活动也在共同体六校之间有序开展。

六校教师共享资源，六校学生共参活动。师生关系的改善需要教师的努力与实践，也需要学生的认同与配合。我们在六校学生中开展共同体六校校园文化活动，将课题研究中的问题融入学生活动，推动共同体六校的校园文化构建，提升共同体各成员学校的办学品质。我们开展了主题征文、传统文化知识竞赛、校园原创音乐剧演出、科技节、体育节、校园艺术节等一系列活动,丰富了六校学生的日常生活。

四、案例实践推动新型师生关系构建

本研究旨在探索基于学情与课堂的师生关系改善方式。因此,在研究过程中,我们选取六校各学科中的一些主题作为案例进行实践,这些主题包括:二中初中思想品德学科“我国的经济建设取得了举世瞩目的成就”;华实初中历史学科“禁锢与封闭”,物理学科“压力压强”;立达中学物理学科“力”,语文学科“藏羚羊跪拜”“橘逾淮为枳”;茸一中学数学学科“比的基本性质”,思想品德学科“全面建设小康社会”;松江六中艺术学科“撕贴出来的青花瓷瓶”,语文学科“马来的雨”;松江七中语文学科“一千张糖纸”“秋天的怀念”,数学学科“中间比”“全等三角形的判定 2、3”,英语学科“Travelling time to school”“Dogs as carers”。

课上,授课教师根据前测中所反映出的师生关系现状,调整教案。课后,授课教师依据《教师课堂教学行为评价量表》对课堂中的教师关系进行自我测量。学生科研员观测、教师同行观测同时开展,对该节课中所表现出的师生关系进行多方位的观测和评估。最后,授课教师综合观测结果,进行自我反思,总结课堂教学中师生关系的具体特征,寻求改善课堂教学中师生关系的具体方法。

第二章　国内外师生关系研究综述

第一节　国内外师生关系的研究现状

一、本质与含义研究

课题研究的首要步骤是明确研究对象，师生关系研究的首要问题是师生关系的本质问题。近二三十年间，国内外研究者对师生关系的研究热度越来越高，积累了很多研究成果。师生关系比较复杂，研究者对师生关系的理解也各不相同。笔者通过文献检索大致归纳了国内研究者们理解的师生关系的本质与含义。

第一种观点认为，师生关系是一种社会关系。李以庄认为："师生关系是从人类血缘关系中分化出来的一种社会关系。"①师生关系区别于人类血缘关系。王维和林涛认为："师生关系是一种特殊的社会关系，它反映和包含了社会、政治、经济、道德、文化等关系，是教师在教育活动中与其他有关人员发生的一种最基本、最主要的关系。"②

第二种观点认为，师生关系是一种人际关系。李广生认为："师生关系是指在教育过程中形成的教师与学生之间的人际关系，是人与人之间的关系。"他的师生关系概念有两层含义。第一，师生关系是人际关系，是人与人之间的关系。因此，师生关系必须构建在人际关系的普遍特性——地位平等、相互尊重的基础上。这也是构建师生关系的前提，一旦离开这个前提，师生关系便会倾斜、失调。第二，师生关系是在教育过程中形成的学生与教师之间的特殊人际关系，具有教育特性。在他看来，既不能忽视师生关系的特殊性，把师生关系混同于一般的人际关系；又不能片面强调师生关系的特殊性，抛开师生关系作为人际关系所具有的普遍特征。

第三种观点认为，师生关系既是一种社会关系，又是一种人际关系。董兴林和刘秀英认为："师生关系是在特定的教育结构中表现出来的教师和学生之间的社会关系和

---

① 李以庄.论新型师生关系[J].西南民族大学学报(哲学社会科学版)，2002(9).

② 王维，林涛.素质教育与师生关系[J].洛阳师范学院学报，2002(3).

人际关系。"[①]它包含特定的工作关系、自然的人际关系、深层的社会关系三个层次，三者交互作用，构成现实生活中真正意义上的师生关系。全国十二所重点师范大学认为："师生关系是指教师与学生在教育教学过程中结成的相互关系，包括彼此所处的地位、作用和相互对待的态度等。它是一种特殊的社会关系和人际关系，是教师和学生为实现教育目标，以各自独特的身份和地位通过教与学的直接交流活动而形成的多性质、多层次的关系体系。"[②]

第四种观点认为，师生关系是一种心理关系。王耘和王晓华认为："师生关系是学校中教师与学生之间以情感、认知和行为交往为主要表现形式的心理关系。"[③]

第五种观点认为，师生关系既是一种人际关系，又是一种心理关系。有研究者认为："师生关系是学校中教师与学生之间的基本人际关系，是师生之间以情感、认知和行为交往为主要表现形式的心理关系。"周润智认为："师生关系是指教师和学生在教育实践中各自的地位、作用、价值与活动的联结及其相互作用的状态。"[④]

二、师生关系层次研究

研究者立足点不同，对师生关系层次的理解也不同，主要有两种趋向。

第一种趋向将其理解为某一种单纯的关系，强调师生关系某一方面的性质。从教学论角度出发，周新林认为："师生角色关系的本质内涵是学习——促进关系。"孙喜亭认为："教学中师生发生的关系是以教学内容为媒体的教与学的关系。"从心理学角度出发，陈复博认为："教学过程是一种情绪过程，教师与学生之间应该是一种情绪影响交流关系。"何素萍认为："教师与学生在教育过程中所形成的建立在个人情感基础上的相互联系就是师生间的人际关系，它体现着师生间的心理距离或心理关系。"从社会学角度出发，吕涛认为："教学是一种社会现象，是一种社会实践活动，也是由人们之间的互动构成的，参与教与学的人必然有一种社会性的交互作用。"[⑤]

第二种趋向是多角度、多层次解释师生关系的多重属性，如上文提及的师生关系既是一种社会关系，又是一种人际关系，还是一种心理关系。王辉把师生关系分为教育关系和法律关系，着重分析了教育者和受教育者在法律意义上的权利和义务，并进一步将

---

① 董兴林，刘秀英.素质教育与师生关系[J].潍坊教育学院学报，2002(2).

② 全国十二所重点师范大学.教育学基础[M].北京：教育科学出版社，2002.

③ 王耘，王晓华.小学生的师生关系特点与学生因素的关系研究[J].心理发展与教育，2002(3).

④ 周润智.学校教育价值的失落与复归——师生关系的社会学解读[J].南京师范大学学报(社会科学版)，2002(1).

⑤ 吕涛.教学过程中师生人际关系与学生的个性发展教育科学[J].教育科学，1990.

师生关系分为对等和不对等两种法律关系。范寅虎认为:“师生关系有三个层次,即特定的工作关系、自然的人际关系、深层的社会关系,现实的师生关系是这三者交互作用的结果。”陈桂生认为:“师生关系有三重性质:教育工作关系、社会关系和自然的人际关系。”李瑾瑜认为,不应将师生关系仅仅看成单纯的“教”与“学”的关系,而应将其看成一个由多层面关系构成的关系体系,并指出“师生关系从根本上讲,是教师和学生在共同的教育教学活动中,通过相互认知和情感交流而形成的人际关系”,她构建的师生关系体系包括教学关系、心理关系、个人关系、道德关系四个层面。

关于师生关系层次研究的文献还有很多,大都认为师生关系是多种关系的集合,包括人际关系、教学关系、心理关系、情感关系、伦理关系等方面,这里不再一一列举。我们认为教育活动具有复杂性,不能将师生关系简单地定义为某种关系,它的内涵应当是也必须是非常丰富的。随着教育改革的不断深入,我们对教育的认识不断改变、加深,对师生关系的认识也随之发生变化。

三、影响因素研究

研究者还比较关注师生关系的影响因素。笔者认为,这是一个比较重要的问题,也是一个值得研究的问题。只有对影响因素进行透彻的分析,才有可能找到影响师生关系的重要变量,在此基础上才能谈论如何构建一种更合理、和谐、进步的新型师生关系。综合来看,研究者主要讨论了两方面的影响因素。

（一）教师方面

一是教师的性格特征,如认知风格、情绪特征、意志特征、态度倾向;二是教师的素质,包括教师的道德品格、知识储备、知识传授方式、感染和影响学生的方式;三是教师的领导方式,包括专制型、民主型、放任型三种。不难理解,在民主型的领导方式下,师生关系较融洽,而在专制型的领导方式下,师生关系则比较紧张。①

（二）环境方面

学校的人际关系环境和课堂的组织环境是影响师生关系的环境要素。学校的人际关系环境主要包括学校领导与教师的关系、教师与教师的关系、教师与家长的关系等。课堂的组织环境主要包括教室的布置、座位的排列、学生的人数等。温馨有特色的教室布置更利于师生之间的情感交流,更能促进师生关系的和谐。我国中小学的教室布置基本上呈“秧田式”,与西方的“马蹄形”“圆桌式”相比,一定程度上限制了师生、生生之

---

① 邵蕴然.浅析教师的性格特征对构建良好的师生关系的影响[J].三明高等专科学校学报,2002(3).

间的交往。我国中小学班额数普遍过高，既不利于学生的身心发展，又不利于师生之间的交往。但就目前来看，在我国推广小班化教学还有相当大的难度，在这种情况下，怎样加强师生、生生之间的交往，促进师生关系良性发展也是一个值得研究的问题。

让笔者意外的是，研究者较少关注学生对于师生关系的影响，这是目前师生关系研究的空白点、盲点。师生应该是互动的，学生和教师在师生关系中同样重要，因此研究者应更加重视学生对师生关系的影响。

影响师生关系的诸多因素，归纳起来大致可分为客观因素和主观因素两大类。客观因素包括社会条件的变化发展（如经济体制的变革、政治民主化程度、科学技术的进步、文化的变迁）和社会大环境（如社会风气、学校的管理体制、教师的社会地位、家长对师生关系的介入）。主观因素是指师生各自本身的情况，主要包括教师自身的素质、教师劳动的特点、教师的学生观、学生的心理特点（如个性因素、主体意识的发展）、学生的教师观，还包括师生之间的初期印象、情绪波动、心理距离、非正式语言的交流形式（如眼神、面部表情、身体姿态的变化）。

四、国外师生关系相关研究

与国内一样，师生关系早已成为国外教育心理学和发展心理学关注的焦点。德拉梅特德的《教师中的互动论》是较早论述师生关系的专著。他从教育社会学的角度对师生关系进行了较为全面的分析。随着各国对教学质量重视程度的提高，关于课堂教学的研究日益增多，其中也包括颇有影响的教师期望效应和师生关系中非言语行为方面的研究。但是，受行为主义和认知主义等思潮的影响，师生关系的研究也一度受到冷落。1980 年之后，师生关系才重新得到心理学家们的关注。近年来，亲子关系理论为人们分析师生关系的结构、功能及影响因素提供了新的思路，进一步促进和深化了师生关系的研究。

国外师生关系研究，就研究内容而言，主要集中在师生关系的理论基础、本质与含义、影响效果、影响因素四方面；就研究视角而言，多数涉及心理学和社会学视角，少数涉及哲学视角；就研究取向和方法而言，以实证研究为主，多使用文献分析法、个案研究法、纵向跟踪研究法、教育叙事法、访谈法、扎根法、观察法、实验法、问卷法等。这些方法极大地开阔了师生关系研究的视野。以下从国外师生关系研究的理论基础、本质与含义、影响效果、影响因素四方面简要介绍近十几年来国外研究者的研究成果。

（一）理论基础

近年来，国外大多数师生关系研究的理论基础是教师人际交往模型理论、延展的依赖理论、自我发展决定理论。鲁达(Roorda)等认可后两种理论。① 一是延展的依赖理论,即基于母亲和孩童关系的研究。研究结果表明,母亲和孩童之间的积极关系促进了孩童安全感的形成。类推到师生关系,正面的师生关系和教师支持因素能够促使学生产生学习行为和投入学习。二是自我发展决定理论,这种理论认为儿童的发展基于其亲近的需要和自主的需要。教师满足其亲近的需要,即关心学生、为其制定明确的规则和结构;满足其自主的需要,即给予学生一定的选择自由,对于学生的发展有正面作用。

(二) 本质与含义

目前对师生关系本质与含义的阐释,集中在教育哲学这一领域。杰尔德斯玛(Joldersma)认为,教学是一组不对称的关系,每一方都是对方的“他者”。② 正是这组不对称的关系使得“教”和“学”成为可能,师生由此建立起一种相互勾连的我与你的关系。贾尔斯(Giles)认为,教师行为中的交际性方面表征了“我们是什么”“教师是什么”,这对学生关系经验的形成至关重要。教师和学生以一种游戏的方式体验和建构着师生之间的关系。除了知识引导外,教师要尽可能地与学生发展出和谐的关系,这样的教师往往也是具有实践智慧的,他们用一点一滴的生活经验影响学生,我们认为这是一种人道的影响,正是教育所需要的。与以上两位研究者不同,皮亚特(Pieratt)从个案入手,认为可以从积极和消极两个方面来定义师生关系。积极的师生关系包含充分尊重个性化交流、体现良好的教师个性、师生相互尊重、师生交流合作、学生得到教师的关心和支持、教师提供舒适和信任的环境等要素。而消极的师生关系则缺少这些要素。伯恩斯坦-山城(Bernstein-Yamashiro)从更为广阔的背景出发对师生关系进行了研究。他认为,师生关系对于学习者来说不仅是一种学习手段或影响因素,而且构成了学习机会本身,是发展性过程的一种独特元素,是学校中有潜力的社群建设的一部分。

(三) 影响效果

国外对师生关系影响效果的研究,主要聚集教师和学生这两个教学主体。研究者以这两个教学主体所具有的心理特性和外在表现作为变量,进行了相关的探索。

1. 对学生的影响

师生关系对学生的影响主要包括学习动机、学生学习投入、学生学业成就、学生理

---

① Roorda, D. L., Koomen, H. M., Spilt, J. L., & Oort, F.J. The Influence of Affective Teacher-student Relationships on Students' School Engagement and Achievement: A Meta-anlytic Approach[J]. *Review of Education Research*, 2011, 81(4).

② Joldersma, C.W. Pedagogy of the Other: A Levinasian Approach to the Teacher-student Relationships[J]. *Philosophy of Education Archive*, 2001.

解力、学习结果等方面。鲁达等曾对师生关系与学生学习投入、学生学业成就之间的联系进行了较深入的假设分析。分析结果显示，小学阶段，负面师生关系的影响较大；中学阶段，正面师生关系发挥一定的影响作用。值得注意的是，师生关系与学生学校投入之间的联系比其与学生学业成就之间的联系要强，这与预期结果一致。多布兰斯基(Dobransky)研究了教学团结性与学生理解力之间的关系，认为在师生关系性互动中，教师关心、权力分享、学生寻求亲密关系的策略这三个要素影响学生对教学团结性的看法，而这种看法影响了学生的参与度。换句话说，如果学生对教学团结性有较正向的看法，那么学生的参与度就高，理解力也因此得以发展。研究结果显示，教学团结性对学生理解力的作用约为26%。布雷克尔曼斯、伍贝斯等综合了前人以教师人际交往模型为基础的研究，发现有利于学生获得学习结果的师生关系是那种在教师的影响性和接近性上都比较高的关系。此外，麦格拉思(McGrath)和伯根(Bergen)分析了处于消极师生关系中具有风险性的学生及其学习结果，指出师生关系有两大功能。一是保护功能，即积极的师生关系能使学生更具适应性，不仅能有效帮助学生抵御生活中的压力事件所带来的消极影响，而且能在一定程度上补偿消极的"儿童—家长"关系，增强师生之间的亲密性。二是预见功能，即借助师生关系不仅能预见学生求学时期的社会、行为和学业结果，而且能预示学生成年期的求职、生活和社会经济地位发展情况。

2. 对教师的影响

师生关系对教师的影响主要包括教师职业认同、教师工作态度等方面。奥尔特曼等研究发现，师生之间的关系难题极大地影响着教师职业认同以及他们与学生建立良好关系的方式。值得关注的是，师生关系中的情感边界和个人边界等问题处理不当会使教师产生不良工作情绪，甚至会引发教师职业倦怠感。阿哈默德(Ahmad)等研究了师生依恋对教师工作态度的影响。研究结果表明，师生依恋在热情、交流、麻烦这三个要素上与教师工作态度有显著联系。紧密但有限度的师生依恋能增强教师的满足感，维持教师的教学热情，而较低的师生依恋则会使师生关系以及教师对关系的控制力都处于较低水平，进而削弱教师的斗志。

(四) 影响因素

师生关系的影响因素是广泛的，主要包括学校结构、教师个体、学生个体等。这些影响因素动态、交互地作用于师生关系。

1. 学校结构的影响

学校结构是影响师生关系的重要因素。皮亚特从宏观和微观层面分别论述了影响积极师生关系形成的因素。[1] 宏观层面，教师与学生之间的相互合作、师生对学校的认同感及小额班级、教和学的小组、非学术课程的设立对师生关系产生积极影响；微观层面（教室之内的因素），教学法、教师个性（诚实、透明）、非学术交流、教室气氛对师生关系产生积极影响。反之，班级规模太大、学校规模太大、传授式的教学法、教师经验不充分、学生不配合会影响师生关系的形成。

2. 教师个体的影响

教师个体的影响，主要包括教师工作满足感、教师教龄和经验、教师压力、教师情感、教师自我效能等。维尔德曼（Veldman）等发现，在职业生涯发展中，拥有较高工作满足感的教师往往能体验到较好的师生关系。贝克（Becker）等发现，恰当的教师情绪、清晰和有价值的教学能使学生产生积极的情绪，使师生处于一种较好的情绪传染和互惠影响中。另外，教师教龄和经验也有十分重要的影响。有经验的教师在与全班学生互动时，能较好地把握自己在课堂中的非言语行为和空间位置，通过较好的课堂表现促进学生学习。此外，教师压力、教师情感、教师自我效能也影响着师生关系。消极的情感与较低的自我效能和消极的师生关系之间存在显著关系。

3. 学生个体的影响

学生个体的影响，主要包括学生性别、学生年龄、学生自身对教师的看法、学生的种族和社会经济地位、学生行为和人格特质等。麦格拉思和伯根发现，女学生比男学生体验到更多的积极师生关系。鲁达等发现，年级越高，正面的师生关系对学生的学习越有积极作用。这与一般认为的学生年龄越大越独立的看法不同，其中的原因较为复杂。或许因为中学生通常缺乏与教师的亲密接触，所以他们对正面的师生关系较为敏感。

另外，麦格拉思和伯根的研究结果还显示，少数民族和低社会经济地位的学生更容易在师生关系中面临风险；有行为问题的学生更容易使师生关系处于一种消极的状态；难以自控的学生在师生互动中更容易表现出攻击性、困惑和情绪低落的行为，进而带来较多的师生冲突；有身心障碍和学习困难的学生更容易在师生关系中体验到冲突和低水平的亲密关系。

4. 不同层面的相互影响

在师生关系不同层面的相互影响上，比较典型的是多布兰斯基的研究。他发现，师生关系的关系维度（教师关心、权利分享、学生寻求亲密关系的策略）与内容维度（学生在课程学习上的提问、动机）呈现出正相关关系。关系维度的主动权在于学生，而内容

---

① Pieratt, J.R. Teacher-student Relationships in Project Based Learning: A Case Study of High Tech Middle North County [D]. Doctoral Dissertation, Claremont Graduate University, 2011.

维度的主导权在于教师。

五、国内外师生关系研究的发展趋势

纵观近30年来的国内外师生关系研究,我们大致可以归纳出以下几方面的发展趋势。

(一) 研究程度不断深化

以20世纪90年代为界,师生关系的研究经历了从抽象到具体、从笼统到精细的转变。

1. 研究视角经历了从以教师为中心到以师生互动为中心、以学生为中心的转变

20世纪90年代以前,以教师为中心,多根据教师的领导行为、课堂教育行为等来研究师生关系,如Lippitt和White(1943)从教师权威角度将师生关系分为权威型、放任型、民主型三种类型,Silberman(1969)将教学情境中的师生关系分为依恋、冷漠、关怀、拒绝四种类型,Getzels和Thelen(1972)将教师行为分为团体规范、个人情意、动态平衡三种类型。20世纪90年代以后至21世纪,以师生互动为中心,如Pianta和Steinberg(1992)认为师生关系中亲密、依赖、冲突(愤怒)三个因素影响师生互动,C.Howes(1992)将师生互动分为回避、安全、矛盾三类,Pianta(1994)通过聚类分析将幼儿园师生互动分为依赖、积极参与、机能障碍、普通、愤怒、不参与六种类型。21世纪以来,以学生为中心。人本主义心理学家罗杰斯主张教育应以促进学生的自我实现为最终目的,尊重信任学生,还学生自由,顺其自然,为学生的学习与成长营造良好氛围。王瑞馨和彭小凡(2008)认为,与传统师生关系相比,以学生为中心的新型师生关系涉及教师角色的调整,教师不再以权威者、指导者的身份出现,而是以"助人—自助"的合作者身份出现。"脚手架"式的师生关系一度成为教育界的研究热点。

2. 研究内容经历了从对认知、情感的研究到对行为的研究的转变

早期学者对师生关系的研究多偏重认知方面,如Ladd G.W.(1997)认为学生对学校的态度(喜欢与逃避)受教师对其评价的影响,王晓华(2006)从教师知觉与学生知觉的视角探讨了小学师生关系的特点,发现不同年级的学生所知觉到的师生关系具有不同程度的情感效价。中期学者对不同情绪情感条件下的师生关系进行了研究,如张晓等人(2010)研究了不同气质与家庭情感条件下的师生关系。这些研究,一方面有助于了解气质对师生关系的影响;另一方面也有助于从家庭情感角度帮助不同气质的儿童建立起良好的师生关系。国外研究结果表明:良好的师生关系对儿童体验积极情感、发展良好个性品质、形成高适应能力有一定影响;不良的师生关系有可能使儿童在学校生活中表现出焦虑、孤独、恐惧、退缩、冲突、攻击行为,从而影响学业成绩和心理健康。

Pianta(1992 至 1994)认为,在亲密的师生关系条件下,教师能让儿童产生"安全感",支持儿童对主客观环境的探索。近期研究结果表明,师生关系质量与儿童行为问题存在高相关。学校适应(school adjustment)是学生在校的一切行为特征总和,可通过学校态度、学业成绩、社会行为、人际适应四大指标来衡量。刘万伦(2005)较早考察了师生关系与学生学校适应间的关系。邹泓等人(2007)在刘万伦的研究基础上进一步考察了不同类型的师生关系与学生学校适应间的关系。杨阿丽等人(2007)用分层抽样的方式,调查了云南省 9055 个中小学学生,了解师生关系与学生学校适应间的关系,指出应加强中小学生矛盾型师生关系的干预,关注亲密型(即高情感联系)师生关系在中小学学生学校适应中的重要作用。

（二）研究范围逐步拓展

师生关系的研究范围经历了从单纯研究师生关系,到把师生关系与亲子关系、同伴关系作为一个整体的学业关系进行研究的转变。Yang Dong, Ying Liu, Cody Ding (2012)认为学业关系对学生成长是非常重要的,包括学业表现、冒险行为和心理健康。[①] 学业生活的测量已经开始趋向于多维度,覆盖学生生活的多个领域。学业生活的三因素模型是指学生与父母的关系、与教师的关系、与朋辈的关系。

1. 亲子关系与师生关系

各国学者于 20 世纪 40 年代开始对亲子关系进行研究。对亲子关系的研究在很大程度上影响了对其他关系的研究。如受依恋理论影响,张野等人(2009)根据师生关系各因子的不同特点,将师生关系分为矛盾困顿型、冲突回避型、亲密和谐型、平淡顺应型四种类型。

家庭特征不仅影响亲子关系,而且也在一定程度上与师生关系共同影响学生的学业能力。Lee Shumow, Deborah Lowe Vandell, Kyungseok Kang(1996)考察了学校选择、家庭特征、家庭与学校的关系三者对学生学业成就的影响。在以往研究的基础上,Lee Shumow 等人首次将以家庭收入、教养方式为代表的家庭特征纳入学校关系、师生关系的研究中。研究结果显示:传统的教养方式、和睦的家庭、来自家庭的支持都与学校选择有积极的联系。

家庭与学校属于两个不同的教育体系,既有联系,又有冲突。Penny Hauser-Cram, Selcuk R.Sirin 和 Deborah Stipek(2003)考察了当教师和父母的价值观有差异时,教师对来自低收入家庭的儿童的学业能力的评估情况。Penny Hauser-Cram 等人考察了教师

① Yang Dong, Ying Liu, Cody Ding. A Psychometric Evaluation of a Brief School Relationship Questionnaire[J]. *European Journal of Psychological Assessment 2012*, Vol. 28(1).

对105个来自低收入家庭的儿童的学业能力的评估情况。

2. 同伴关系与师生关系

20世纪60至70年代,同伴关系的研究受到推崇。杨海波等人(2008)认为,良好的同伴关系有利于中小学生社会能力的培养、学业的顺利完成以及人格的健全发展,而较差的同伴关系可能导致中小学生学业、行为、情绪、情感等出现障碍。Howes等人(1998)的研究结果表明,早期安全型的师生关系会促使儿童对同伴关系持积极态度,这对同伴行为的良好塑造、同伴冲突的积极处理有较好的预测效果。早期师生关系的情感安全性可使同伴交往中出现较多的适应行为和较少的不适应行为。师生关系也会影响同伴对儿童的认识,如Penny Hauser-Cram,Selcuk R.Sirin,Deborah Stipek(2003)认为,建设型的师生关系可以减少儿童之间的疏远,尤其是减少那些在校表现较差的贫困家庭和少数民族家庭儿童之间的疏远。

3. 多重关系影响下的学生学业能力

根据埃里克森人格发展八阶段理论,中小学生处于学龄初期、学龄期、青春期,学业能力在各阶段都至关重要。师生关系、亲子关系、同伴关系三者相互影响,相互渗透,共同对学生学业能力起作用。王佳宁等人(2009)首次通过问卷全面考察了师生关系、亲子关系、同伴关系以及三者对学生学业能力的影响。结果表明,亲子关系影响师生关系,而同伴关系则相对独立于这两者。师生关系直接影响学业成绩,亲子关系通过师生关系间接影响学业成绩,而同伴关系则单独影响学业成绩。Kathryn R. Wentzel(1998)以父母、教师、同伴的角色为视角,对中学生的社会关系和动机进行了深入研究。青少年与父母、教师、同伴的支持性关系在本研究中亦有探讨。

(三)研究方法不断演进

师生关系研究方法的演进经历了从自我报告法到问卷法再到情境研究生态法的过程。问卷法是中小学师生关系研究中最常用、简便的方法。但随着研究构想、条件的改变,问卷法已不再占据主导地位。访谈法、追踪研究法的运用推动了中小学师生关系全方位、多角度、广视野的研究进程。

当前研究大多综合使用多种方法,扬长避短,自我报告与问卷测量、视频记录与他人报告、他人报告与互知互觉等的结合使研究结果更为可信。师生关系研究目前还没有较为普遍适用的方法,因此,在今后的研究中研究者应尽量使研究方法更加科学化、情境化、生态化,如取样合适、问卷合理、使用多种信息源从而有效规避共同方法效应。

第二节　新型师生关系的研究现状

21世纪以来,我国研究者尝试从哲学、社会学、教育学、心理学、后现代主义思潮中来探寻新型师生关系的理论依据。

一、新型师生关系的内涵与外延研究

近年来，师生关系因其对教育教学的重要影响而备受关注，研究者从不同角度进行了探索。有的借助以现代广义认识论为方法论基础的教学理论对师生关系进行科学阐释，认为师生关系是一种社会关系，是教育社会中教师和学生两个主体间的一种交往关系。有的从解释学理论出发思考师生关系，强调师生在理解和对话的交互过程中，敞开自己接纳对方，共同卷入教学活动。有的从现象学理论出发思考师生关系，认为师生双方首先是平等的主体，其次还具有交互性。因此，有研究者提出应重塑教师角色，让教师与学生在互为主体中平等对话，与学生在相互尊重中相互欣赏，与学生在相互理解中共同发展。总之，这些研究者都不再人为地把实施教育者与接受教育者的关系机械地概括为师生双方之间二元对立的主客体关系。在多元化信息时代的教育、教学和管理过程中，实施教育者与接受教育者之间必然发生更多方位、更多领域、更多层次的相互交往行为，并通过双方之间的交互作用，达到师生双方相互沟通和融合的状态。

二、新型师生关系的特征与表现

（一）民主平等

民主平等是新型师生关系中最基本的规范和要求。在教学过程中，教师以参与者、引导者而非传统意义上的施教者的身份参与互动过程，使教学互动具有双向性、协同性。[①] 民主平等有两层含义：一是指师生双方是平等的主体，在民主的氛围中，教师要善于倾听不同的意见，学生要正确表达自己的意见；二是指从更深层次来看，师生双方均以主体人格的身份，进行平等对话、交流和沟通，这也是生命与生命的平等对话、交流和沟通。此外，民主平等还意味着教师对每一个学生给予同样的民主平等，分配同等的教育资源等。[②] 当教学互动在深层意义上展开时，师生双方为活动内容所吸引，往往会进入"忘我"境界。这在无形中让学生淡化了潜意识中对教师的角色敬畏和因自身不够成熟而产生的自卑感，从心理上获得了自由，形成了主体民主平等的意识。

（二）尊师爱生

新型师生关系还表现在师生之间互敬互爱，即学生尊敬教师，尊重教师的劳动成果和人格尊严，对教师有礼貌，愿意协助配合教师工作，虚心接受教师的指导；教师热爱学

---

① 陈峥滢.论大学教学的探究性与师生关系的定位[J].现代大学教育,2004(3).

② 李壮成.新课程教师论[M].成都:四川大学出版社,2010.

生，公平地对待每一个学生，了解关心爱护每一个学生。学生对教师的爱能促使学生严格要求自己，认真学习，积极上进，尊重教师的劳动成果，主动和教师亲近，形成和谐的教育氛围。教师对学生的爱具有调节教师自身行为的作用，能激发教师从事教育工作的热情，是教师忠诚于教育事业的内部心理机制。

（三）教学相长

所谓教学相长，是指教师在教学上要尽心竭力地把学生教好，但在某些方面，在某些问题上，学生可能比教师多知道一些，教师也要虚心向学生学习。这也是师生在相互尊重、信任和平等的立场上，通过言谈和倾听而进行双向沟通的一种对话方式。师生对话意味着师生双方都参加，不仅有言语上的你来我往，而且有知识、思想、经验和情感等方面的深层次交流。教师的教育过程实质上就是师生之间合作互动关系的具体体现。教与学发生在课堂中，教师和学生之间彼此影响、相互作用，教师与学生都有平等的参与权、主张权、思考权和话语权。在这种互动合作关系中，教师要从“独奏者”的角色转变为“伴奏者”的合作角色，他们的任务不再主要是传授知识，而是让学生去发现、组织和管理知识，引导他们而不是塑造他们。①

（四）尊重信任

尊重信任是人的一种高级心理需要，每个人都希望被尊重信任。教师和学生应在心理上保持协调一致，在教与学的过程中关系亲密、情感融洽、平等合作。学生有着求知、求新、求真、求个性发展的鲜明特点。随着生理条件的基本成熟，思维能力的不断提升，社会接触的大量增加，学生的自我意识与日俱增，这突出地表现为学生力量上的自信、人格上的自尊、精神上的自主。他们需要可以共同研究探讨问题的交流者和切磋者，他们希望得到教师的尊重、信任和鼓励。这就要求教师以理服人，注重与学生进行心灵的沟通。教师对学生的尊重是指教师对学生作为人的受教育权的尊重，这是学生的绝对权利。无论是教师还是其他主体，都应依法保证学生作为人的受教育权。我们强调教师对学生的尊重，绝不排除学生也应当尊重教师。②

三、构建新型师生关系的策略研究

美国心理学家罗杰斯认为：“创设良好的教学气氛，是保证进行教学的主要条件，而这种良好教学气氛的创设，又以良好的师生关系为基础。”可见，良好的师生关系是成功教学的重要组成部分，构建一种民主、平等、和谐的新型师生关系尤为重要。师生

---

① 王群玲.几种新型师生关系[J].当代教育科学，2008(4).

② 杨颖秀.从教育权与受教育权看师生关系[J].中国教育学刊，2004(1).

关系受多种因素影响,但可以确定的是构建民主、平等、和谐的师生关系要靠师生双方共同努力。教师在师生关系构建与发展中占有重要地位,起着主导作用。通过文献整理,笔者发现研究者主要从以下几方面进行构建新型师生关系的策略研究:

（一）树立新型教学观念

如李俊认为树立现代教学观念,就是要把“以人为本”作为教师行为的标准,树立新的人才观、教学观、学生观和质量观。[①] 在教学过程中,教师充分发挥学生的主体作用,让学生积极参与教学,做到师生之间民主、平等相处,不向学生乱发脾气。教师尽可能地为学生个性与特长发展创设有利条件,鼓励学生发问质疑、探索研究,给全体学生提供展示个性和特长的机会,促进学生个性化发展。

戴石奇认为,根治传统师生关系中的弊端,确立体现时代精神的新的师生关系是创建新型师生关系的前提。[②] 传统师生之间的地位是不平等的。教师是教学过程的控制者,居高临下,是绝对的权威。而学生始终处于被动的地位,学生的思路被教师的思路所代替。而且,传统的师生关系是单向的,课堂上教师只重视自身的“教”而轻视研究学生的“学”。课堂上教师以讲为主,忽视了学生的思维变化。“单向灌输”阻碍了师生情感交流,压抑了学生的求知欲望和好奇心,学生的思维得不到培养,便会失去学习的动力,甚至会厌恶学习。传统的师生关系中,教师承担的职责往往是片面的,而非全面的。教师只重视“教书”,“情感、态度与价值观”的教育没有受到足够的重视。有的学生自我认识偏差,认为自己是无能者、失败者,自暴自弃,没有学习的热情。教学是师生的双边活动,只有通过平等对话、交流,师生之间才能不断地加深沟通,学生才能更好地理解学习目标及教学方法,在轻松愉快的环境下学习。教师还应充分认识“情感、态度与价值观”对学生发展的重要性,热爱学生,关注学生的心理健康、精神状态,使学生具有正确的生活、学习态度,树立良好的人生价值观。

（二）提高教师自身素质

教师的素质是影响师生关系的核心因素,教师的师德修养、知识能力、教育态度、个性、心理品质都会对学生产生深刻的影响。教师要在学生面前树立起自己的良好形象和威信,除了要有渊博的学识、多样的才能,还要有高尚的情操、健全的人格和创新精神。教师需要用自己崇高的理想、科学的世界观、人生观、价值观、渊博的知识、严谨的治学态度、活泼开朗的性格、多方位的爱好与兴趣等来吸引学生。因此,教师需要不断学习和实践。教师要善于用自己的智慧引导学生自主掌握知识,用自己的人格魅力去

---

① 李俊.建立新型师生关系的策略研究[J].德育与成才研究,2016(32).

② 戴石奇.课堂教学中新型师生关系创建的几点思考[J].文史博览(理论),2016.

影响学生。教师要具有直面新情况、分析新问题、解决新矛盾的本领。教师要经常进行自我反思，正确评价自己，克服个人的偏见和定势；培养自己积极的人生观；学会自我控制，培养耐心、豁达、宽容、理解等个性品质；了解学生的心态和需求，不断改进教学方法，鼓励学生积极思考。

（三）尊重学生和热爱学生

教育是师生间的心灵沟通。师生间相互信赖、民主平等沟通是建立新型师生关系的前提与基础。一般来说，师生关系要经历生疏、接触、亲近、依赖、协调、默契等阶段。一开始师生交往，可能出现不和谐因素，这就要求教师主动与学生保持接触、交流。另外，教师应该学会“蹲下来跟孩子说话”。教师要对学生一视同仁、公正、平等，要深入到学生中间去，全面了解学生，真心真意关爱学生。教师要注意发现学生的“闪光点”，对表现不好的学生采取宽容的态度帮助他们改正不足，用委婉的语言评价学生。教师要时常注意培养和保护学生的自信心，不说伤害学生自尊心的话，不做伤害学生自尊心的事。

（四）及时化解师生矛盾

建立新型师生关系，至关重要的是正确、及时处理师生间的矛盾。教师和学生长期相处，难免产生各种各样的矛盾。当出现师生矛盾时，教师应该明白矛盾是相互的，并积极化解矛盾。教师既要勇于承认自身的错误，也要让学生理解教师。师生之间坦诚相待，面对面地解决问题。这样做，非但不会损害教师形象，反而会提高教师的威信和学生的信任感。此外，在处理师生矛盾时，教师还应该注意时效问题，尽量不要往后拖延。总之，师生矛盾处理及时，可以拉近师生间的距离，有助于建立和谐的师生关系。

（五）改进教学方法，重视学法指导

教学中教师要从学生内心情感出发，从教材内容角度去考虑教法，重视学法指导，实现教与学的统一。教师要改变以往教学中重教法轻学法、重讲解轻交流的做法，由注入式教学变为启发式教学，转变自身角色，由“主演”变为“导演、合演”。在教学中充分发挥教师的启发、点拨作用，让学生在教学中成为“主角”。

（六）改进教学评价，提高学生积极性

教学中不能没有评价，教师通过评价能准确地发现学生的变化，以便形成最有效的教学方案。针对目前教学评价中存在的问题，教师应根据教学实际和学生的个体差异，客观地制订不同主体的评价标准，采用“教师评”“同学评”“自己评”三评相结合的方式来评定学生的表现，在评价中要特别注重过程评价、情感评价。

四、构建新型师生关系的意义

新型师生关系即体验型师生关系，与以往的师生关系相比，具有以下优越性。

第一，新型师生关系改造甚至抛弃了仅仅把学生当作教师影响、作用和改造对象的狭隘范畴，开辟了新的研究方向和空间，从而确立了把学生当作一个个有血有肉的生命个体，视他们为自主教育主体的研究模式。

第二，新型师生关系把师生关系研究放在教育和管理活动全程中，探讨师生的交流对话、相互融合和共同成长，从而克服了以往师生关系研究中的思辨性和研究范式，为师生关系的深入研究创造了条件。

第三，新型师生关系肯定了教育者和受教育者的主体性，肯定了教师和学生在教学和管理活动中的积极性和创造性，有利于发挥师生双方的主动性和能动性，推动我国教育教学改革创新，有利于培养出更多的创新型人才，促进师生双方的全面发展。

第四，新型师生关系，可以使师生在教育教学过程中体验着自己的意义、目的和价值，在教学活动和社会生活过程中珍惜生命，热爱生活，获得真实深刻的人生体验，使师生双方得到全面发展。

五、新型师生关系研究述评

（一）新型师生关系研究的成果

21 世纪，关于国内外新型师生关系的研究无论是在广度上还是在深度上都达到了一个新的高度，其研究成果主要有以下几方面。

1. 对传统师生对立关系的解构

国内研究者借鉴西方理论重新构造当前的师生关系，认为师生是主体间性关系，平等、合作对话的关系，相互依存的关系。他们对师生关系的研究突破了对立的思维定式，极大地丰富了师生关系的内容。

2. 新型师生关系构建角度的增多

研究者研究师生关系的视角跨越了传统的、单一的教育学领域，更多从哲学、现象学、心理学等视角考察师生关系，并在多维体系中对师生关系进行探讨，拓宽了师生关系研究的领域。

3. 出现百花齐放、百家争鸣的研究局面

有人主张师生之间是民主、平等的主体间性关系，这一观点目前在学术界占主导地位；有人认为师生关系是教师主导下的师生民主平等关系；有人提出要重塑“师道尊严”。这些观点各有千秋，相互争鸣，互为补充。

4. 人本主义的价值走向

研究者提出要构建“我—你”型师生关系，他们认为师生之间不是“物”与“物”的关系或“人”与“物”的关系，而是“人”与“人”的关系，强调师生在人格上的平等地位。这就要求“师生在教育教学过程中注重对人生意义的追寻，注重自我生命价值的实现”，把师生双方都看成有血有肉的人，体现了以人为本的思想。

5. 从静态关系转向动态关系

很多学者认为师生关系不是一种预设的关系，而是一种“生成”的关系，一种共生互学的关系，一种同伴探索的关系。

（二）新型师生关系研究的不足与反思

笔者认为目前国内关于师生关系的研究仍有不足之处。第一，在研究角度上，过于重视西方理论，忽视了中国传统教育著作中许多关于师生关系的精辟论述。第二，在研究内容上，对一般性的师生关系讲述太多，对具体教学情境中师生关系的研究相对较少。大多数研究还停留在比较抽象的认识论上，较少对教学活动过程中的师生关系、师生冲突等特定师生关系进行探究。第三，在研究方法上，多定论性研究，少实证性研究。多数研究者进行了理论或概念分析，只有少数研究者以问卷、访谈的形式调研了当前中小学师生关系的现状。第四，对学生的关注少于对教师的关注。师生关系的研究，多局限于对教学中师生关系的研究，多从教师的角度出发，提出教师应该从自身做起，与学生建立良好的关系。但只强调一方的意愿和行动是远远不够的。学生如何看待师生之间的交往、如何从学生层面入手加强师生之间的交往，也是我们应该研究的重点。

笔者认为，新型师生关系的研究应更加注重教学实践活动。师生关系不是事先设计好的，而是在教学活动中动态生成的。在实际教学中，我们也可以看到教师不是以某种预设的师生关系模式来教学的。在教学活动过程中，教师和学生通过不断的交流、理解，形成良好的师生关系。师生关系的形成与发展、提高与转变、僵化甚至恶化都客观显现在教学活动中。脱离教学过程谈论师生关系是空洞的、没有实际意义的。新型师生关系的研究内容应更加多样化。师生关系的研究不仅要注重城市与农村师生关系的差异、课堂内与课堂外师生关系的差异，而且要考虑不同地区、不同年级、不同层次水平师生关系的差异，同时还要对当前网络教育、终身教育、学习型社会中的师生关系进行研究。更重要的是，我们要从学生身心发展特点出发构建民主、平等、情感交融的新型师生关系。师生关系问题是一个具体的、现实的问题。在研究方法上，每一种研究方法都有其不同程度的局限性，因此，研究师生关系时应避免研究方法的单一性和片面性，注意多种方法的综合运用，发挥不同方法的功能和作用，全面分析和构建新型师生关系。

第三节　课堂教学与师生关系的研究现状

课堂教学与师生关系有着方方面面的联系。良好的师生关系能提高课堂教学的效率,而师生关系在很大程度上又是通过课堂教学体现出来的。了解、监测和把握师生关系很大程度要通过对课堂教学的分析达成。因此,如果要改善和发展师生关系,课堂教学无疑是主要的阵地。师生关系是教学中最重要的人际关系,它是教师与学生相互作用的产物。构建优良的师生关系,建立科学民主平等的师生关系,对于提高教学质量有着重要的价值与意义。

一、课堂教学中的师生关系模式

刘建从哲学理论的深度对时下学校课堂教学中几种师生关系模式进行了介绍和反思。他在《关于课堂教学中师生关系的哲学思考》一文中指出,在目前的学校课堂教学过程中,师生关系日趋异化,民主、平等、反思意识在课堂中日益消除,构建和谐的师生关系是教学中师生关系的理想诉求。因此他从哲学理论出发提出了四种师生关系论。

第一种是实在论的师生关系,这种观点强调关系理性,强调科学性、原则性、规范性。对待课堂中的学生则比较工整、理性、原则,提倡构建科学、标准的师生关系。在处理关系时,重视运用规章制度及权威对学生进行制约,重视教师在教学过程中的主导作用,重视教学过程中的逻辑性与控制性。但是这种对师生关系的理解也容易使教师在课堂教学中滑向唯科学主义。教师会认为课堂教学中的事件和环境都具有可操作性,人与人之间的关系是固定的,师与生之间的关系就是"我与它"的纯粹关系。这样,师生关系便成为无主体的师生关系。随之产生的就是家长式作风与独裁式教学。

第二种是现象学的师生关系,这种观点认为在课堂教学中,教师要尊重与信任学生。信任是基础,尊重是前提。现象学的师生关系反映的是教学双方的平等地位,而不是以教师为中心或以学生为中心的对立关系。在教学过程中,教师应时刻以学生为中心,理解学生,关爱学生。但是如果一味强调,又容易陷入"怎么都行 "的课堂无规则主义误区,这样就走向了另一个极端。

第三种是批判论的师生关系,这种观点认为教师应该在教学过程中树立反思性实践观,努力使课堂教学重新获得它应当具备的批判性力量,以实现课堂教学的平等。坚持师生关系的反思与批判,教师就要经常思考在教学过程中,与学生的相处是否和谐,是否过分强调纪律,教学的平等原则是否实现了。但是此种观点容易造成课堂教学中师生关系的虚无倾向,"批判一切""怀疑一切",认为课堂教学中师生之间的关系什么都不是，从而逃避责任，为师生关系“不作为”寻找借口。

第四种是刘建最为推崇的整合论的师生关系，这种观点认为师生关系的合理选择应是兼容各种不同，使之互补和贯通，以便涵盖多个层面和向度。整合论的师生关系考虑了前三种师生关系的长处与优势，避免了不足和缺失。提倡实在论的师生关系，是因为它基于理性与条理，使课堂教学中的人际关系更加具有实效性；提倡现象学的师生关系，是因为它富有人情味，彰显人的自由、平等，反对唯现象学主义，是因为它将我们引向关系对立的误区；提倡批判论的师生关系，是因为它让我们不断反思与自我批评，保持清醒的头脑，走正确的道路，反对唯批判主义，是因为它将带来虚无的师生关系。而整合论的师生关系力求构建集实在、理解、批判于一体的关系哲学，这种关系的知识不像实在主义所宣称的那样仅仅是反映、描述，也不仅仅是渗透在人身体之中的构建性的知识，而是三位一体，既注重处理课堂教学中师生关系的逻辑、技术、策略等实在的因素，又注重批评、自我批评与反思等因素。① 在这样的师生关系下，教师在课堂教学中讲科学、讲规律、讲原则，构建合理的师生关系；讲理解、讲尊重、讲平等，构建合情的师生关系；讲反思、讲批判、讲发展，构建合法的师生关系，“实现由异化的物的关系向和谐的人的关系的本真回归”，这才是真正和谐的师生关系。它既能提高课堂教学的效益，也是师生的共同愿景。

二、师生关系对课堂教学的影响

更多研究者从实践的层面上来探讨师生关系在课堂教学中的作用，探讨在课堂教学中营造何种师生氛围以促进课堂教学，提高课堂活力和教学效率，更好地落实教学目标。这些研究者很多都是来自一线的教师，他们的反思更多是对自身平日在各个学科、各个年段课堂教学的总结和思考。研究者们基本上都认为师生关系在课堂教学中的作用是相当明显的。消极、负面的师生关系不仅严重阻碍课堂教学的进行，而且也不利于课堂教学氛围的营造；相反，积极、和谐的师生关系，则可以成为课堂教学的“催化剂”和“指挥棒”。② 所谓“催化剂”是指良好的师生关系可以增加学生对课堂和教师的好感，提高学生对教学内容的兴趣，所谓“指挥棒”是指良好的师生关系会使教师在课堂中与学生之间的互动更加流畅，教学工作的开展更加顺畅。

当然这些研究都落实在不同的学科上。如梁开永从中学历史学科教学角度探讨了师生关系的重要意义。他认为我国中学历史教学长期以来以知识和技能为目的，把正

---

① 刘建.关于课堂教学中师生关系的哲学思考[J].当代教育科学，2010(13).

② 陈年喜.浅论师生关系在小学语文课堂教学中的重要性[J].科教文汇，2013(6).

确对待历史的态度、人生的价值理念培养降低至最低程度，师生关系有浓郁的功利色彩。这种师生关系剥夺了学生的自主性，伤害了学生的自尊心，严重摧残了学生的自信心，师生关系很容易处于对立之中。因此，构建和谐、平等的师生关系成为当前教育改革的一项重要任务，而和谐、平等的师生关系之于历史教学的作用就是能提高历史教学的有效性。和谐的课堂气氛中，师生之间，学生之间可以用平等的态度交换想法，最大程度发挥历史课堂教学的潜能。因此，教师在中学历史教学中要善于发现学生的潜力，使他们的个性能得到充分发展，促进中学历史朝着更有效的方向前进。

刘芳从师生互动的角度论述了中学思想政治课堂教学过程中师生互动的必要性和价值。① 她认为思想政治是一门学术性特别强的学科，它是对学生进行社会主义政治、思想、道德教育的一门主要学科。而中学生对这些纯理论的抽象知识既难产生兴趣，又不容易理解和掌握。因此在课堂教学过程中，教师要积极开展各种层次的互动，活跃课堂气氛，让学生参与到教学过程中来，让每一个学生在勤奋思考后获得启发并掌握知识，以此增强学生学习的信心。我国目前大部分中学思想政治课，都是教师“一言堂”式的理论填鸭式教学，考试也几乎都是固定的死记硬背内容，这就造成学生在接受教师课堂理论知识教学后不断背诵理论。而学生是否真正理解这些知识并不是教师关注的重点，学生成了被教育的一个工具。长此以往，学生习惯了这样的学习模式，变得不爱思考，也不敢提出在学习中遇到的问题，思维得到限制，创造性不足。但互动的思想政治课堂教学要让学生真正活跃起来，真正参与学习。此外，互动还可以让师生互教互学，取长补短，共同提高。

王学伟从师生关系的极端表现形态——师生冲突的角度来切入师生关系对课堂教学的影响。他认为教学中师生冲突表现主要有五种，即教学方式与学生情感体验之间的冲突、教学内容与学生的兴趣取向之间的冲突、知识之间的冲突、教师的言谈与学生喜好之间的冲突、互动中师生在答问权上的冲突，其中，教师的教与学生的学之间的冲突在多种冲突中占据核心地位。②

师生冲突的形式和形成原因有很多种，但都会对课堂教学造成不利影响，因此王学伟提出了解决课堂教学中师生冲突的几种策略。

一是要加强师生间的对话交流。平等对话是基础，因为只有平等对话，才能真正疏导；只有平等对话，才能走进内心；只有平等对话，才能接纳。教师只有把课堂的“话语权”交给学生，组织学生进行有效的交流讨论，让学生畅所欲言，才能让课堂气氛活跃

---

① 刘芳.中学思想政治教学课堂互动研究[D].苏州大学，2013.

② 王学伟.课堂教学中师生冲突研究[D].东北师范大学，2009.

起来，让学生的思维跳动起来。

二是教师要促进自身的专业化发展，不断对教学中出现的问题进行理性反思和探索。因此，学校的教育部门要为提高教师研究能力做好后备工作，需要为教师提供各式培训，加强研究性学习，并结合教研制度，提高教师课程开发能力和评价能力。

三是教师要尊重学生的人格，尊重学生在学习方面的思考，尊重学生主动学习的精神。教师要用一切可以利用的资源来完善人、培养人，一切要以学生的发展为中心。教师应主动思考如何更多更好地对学生进行教育和引导，启发学生多角度、多方面、多层次地思考，培养学生终身学习的能力。

四是教师要注重自身的教学艺术与教学理性。教学艺术是指教师在教学活动中，运用语言、动作表情等手段，创设教学环境，使学生掌握愉快高效学习的一些技巧。掌握这些技巧对提高教师的艺术修养、提高教学的有效性具有十分重要的作用。而教学理性在课堂教学中更是扮演着越来越重要的角色。新课改大力倡导自主、合作、探究性的学习，开放性的课堂好比战场，瞬息万变。学生不确定性的思维、对课程的反应以及个别差异等价值取向，使得课堂教学中不可控因素增加，而教师不可能对所有变化做出预案，这就需要教师不断关注学生的思维变化，顺着学生的思维走，快速收集教学过程中的各种信息，灵活果断采用恰当的策略与措施，有效地推进教学进程。

第三章　影响师生关系的因素

在马兰霞老师的指导和引领下，“课堂教学中的师生关系”开放性问卷经过四次易稿，最终形成了较为成熟科学的学生卷和教师卷。在前测阶段，六校借助问卷分别对教师和学生展开了抽样调查。下面，笔者将从教师和学生两个角度对调查问卷的结果进行呈现，并以此为依据对六校师生关系的影响因素进行分析。

第一节　六校师生关系现状之学生问卷分析

新课标认为课堂的主体是学生，课堂教学应该以学生身体和心理的健康发展、知识的增长、视野的开阔为基础。学生作为课堂的主体，会依据教师在课堂上的行为或语言、教师的吸引力、课堂上师生的配合度等因素对教师进行评价，从而决定师生关系的发展。

本次前测所用学生问卷共有 10 个问题：(1) 举例说明在课堂上，教师的哪些行为或言语让你感到愉快？(2) 在课堂上，教师的哪些行为或言语令你感到不舒服（郁闷、受伤、反感、愤怒……）？(3) 你觉得教师在课堂上最吸引你的地方是什么？(4) 你觉得教师在课堂上最令你感到无趣的地方是什么？(5) 如果你喜欢某个学科，那么，你喜欢的理由是什么？(6) 如果你讨厌某个学科，那么，你讨厌的理由是什么？(7) 你是否认为自己每节课都能认真配合教师的教学？若有时做不到，是什么原因？(8) 在什么情境下，你会希望教师请你发言或不请你发言，为什么？(9) 课堂上有时会发生师生冲突事件，据你的了解，发生这样的事的原因是什么？(10) 为了改善课堂教学，你觉得教师在哪些地方需要改进（针对目前所有教你的教师，不用点出姓名）？

为便于统计，笔者将上述 10 个问题分为 6 类，即学生对教师课堂表现的感受（问题 1 至 4）、学生对学科的态度（问题 5 至 6）、师生配合度（问题 7）、课堂提问（问题 8）、师生冲突（问题 9）、对课堂教学的建议（问题 10），并按照上述分类对 6 所学校分别进行统计分析。

一、学生对教师课堂表现的感受

松江六中学生认为教师在课堂上容易给学生带来良好课堂体验的三项是“教师面带微笑,语言风趣幽默”(59.4%)、“教师用表扬和鼓励帮助学生建立自信”(21.6%)、“教师和学生深入互动”(9.4%),而“教师一味追求分数不顾学生感受”(25.0%)、“拖堂抢课”(25.0%)和“默写罚抄很多遍”(13.3%)则是让学生感到不舒服的课堂行为。此外,“细致投入”(33.9%)、“生动有趣”(15.6%)的授课方式较能吸引学生注意力,“教师的个人魅力”(20.6%)也可以为课堂增光添彩。反之,“单一枯燥”(35.0%)、“照本宣科”(18.9%)的授课方式,“题目还没讲透就简单带过”(15.4%)等做法则会对学生的学习产生负面影响。

二中初中学生问卷调查结果显示,较受学生欢迎的两项是“教师面带微笑,语言风趣幽默”(58.9%)、“教师用表扬和鼓励帮助学生建立自信”(36.7%),而教师“指责或批评学生”(43.8%)和“有打、骂等体罚学生的行为”(32.6%)会让学生感到不舒服。此外,“生动有趣”(74.2%)、“细致投入”(9.7%)的授课方式较能吸引学生注意力,反之,“单一枯燥”的授课方式(57.3%)、“一节课都在讲作业”(14.6%)会让学生感到厌倦。

华实初中学生问卷调查结果显示,较受学生欢迎的两项是“教师面带微笑,语言风趣幽默”(38.4%)、“教师用表扬和鼓励帮助学生建立自信”(24.1%),教师若是“经常指责或批评学生”(38.1%)、“误解学生”(16.0%)或未能根据学生实际水平组织课堂教学从而给学生留下“教师抽我回答不会的问题,会的问题不抽我回答”(15.8%)的印象则会引起学生反感。此外,学生认为“生动有趣”(52.1%)的授课方式较能吸引其注意力,教师若是能够在授课时“联系身边事例”(13.0%)或“联系自己的亲身经历”(11.6%),则可以收到锦上添花的效果。反之,“单一枯燥”(14.4%)的授课方式、“教师一个人一讲到底”(13.5%)、“重复已经讲过的大道理”(11.0%)、“题目还没讲透就简单带过”(13.7%)则会让学生觉得无趣。

立达中学学生认为教师在课堂上容易给学生带来良好课堂体验的两项是“教师面带微笑,语言风趣幽默”(44.4%)、“教师用表扬和鼓励帮助学生建立自信”(33.3%),“教师耐心讲解,不厌其烦”(11.1%)也受到学生欢迎。而教师“经常指责批评学生”(50.0%)、“教师有打、骂等体罚学生的行为”(15.0%)则会让学生反感。此外,“生动有趣”(36.4%)、“细致投入”(31.8%)的授课方式较能吸引学生注意力,“立足课本内容适当拓展”(27.3%)也能激发学生兴趣,为课堂增光添彩。反之,“单一枯燥”(30.0%)的授课方式难以吸引学生注意力。

在茸一中学学生心目中,容易给自己带来良好课堂体验的两项是“教师面带微笑,语言风趣幽默”(44.4%)、“教师用表扬和鼓励帮助学生建立自信”(32.1%),“教师偶尔聊一下自己的家庭或自己的亲身经历”(9.9%)也颇受学生欢迎。而令该校学生普遍感到反感的课堂行为是教师“当众批评个别学生”(20.0%)、“经常指责或批评学生”(13.3%),他们认为这破坏了学习气氛。另外,“教师有打、骂等体罚学生的行为”(10.0%)也会引起学生不满。此外,“生动有趣”(59.3%)的授课方式受到半数以上学生欢迎。反之,“单一枯燥”(24.2%)的授课方式、“教师一个人一讲到底”(15.1%)、“重复已经讲过的大道理”(10.6%)等难以吸引学生注意力。

松江七中学生认为,教师在课堂上容易给学生带来良好课堂体验的两项是“教师面带微笑,语言风趣幽默”(47.8%)、“教师用表扬和鼓励帮助学生建立自信”(28.3%)。而容易让学生不舒服的是“教师有打、骂等体罚学生的行为”(23.8%)。其次是“教师不尊重学生”(19.0%)、“常说我们班不如别的班好”(16.7%)、“经常指责或批评学生”(11.9%)。“生动有趣”(63.2%)、“细致投入”(10.5%)的授课方式同样受到松江七中学生欢迎,“采用游戏的方式让学生玩中学”(13.3%)也是提高学生学习兴趣的好方法。反之,“单一枯燥”(23.5%)的授课方式、“一节课都在讲作业”(14.7%)难以吸引学生注意力。

可见,从教师课堂行为语言方面看,六校学生希望教师在课堂上用柔和的面部表情和幽默轻松的语言来营造和谐的课堂氛围,用适当的鼓励和表扬帮助学生建立自信。教师适当放开自我,偶尔聊一下自己的家庭有利于拉近师生之间的距离,从而形成和谐的师生关系。教师若是经常批评指责学生、占用下课和副课时间,体罚学生,则会让学生感到不满、难过、反感,从而使得师生关系疏远、僵化,不利于和谐师生关系的形成。在教师课堂吸引力方面,六校学生普遍认为生动有趣、细致投入的讲述更能吸引其注意力,适当的拓展内容更是可以让课堂锦上添花。强大的课堂吸引力可以提升教师的课堂魅力,从而对良好师生关系的形成起到促进作用。反之,单一枯燥、照本宣科的授课方式则会让学生困乏厌倦,从而使得学生失去兴趣,不利于良好师生关系的形成。

二、学生对学科的态度

松江六中学生对学科的态度与教师的课堂行为息息相关。其中较能让学生对学科产生喜爱的三项是“教师的上课方式生动有趣”(26.1%)、“教师亲切和蔼、师生关系良好”(25.6%)、“教师有问必答”(18.3%)。而“布置作业(包括背和默)太多”(23.9%)、“教师管得太多”(21.7%)、“听不懂教师的讲课内容”(18.0%)则会影响学生对该学科的兴趣。

较能让二中初中学生喜爱某个学科的因素是“教师的上课方式生动有趣”

（78.6%），其次是“教师亲切和蔼、师生关系良好”（15.3%），而“教师苛刻且死板、一味责罚”（61.7%）则会引起学生对该学科的厌恶。

华实初中学生认为较能让其对学科产生喜爱的三项是“教师的上课方式生动有趣”（22.9%）、“教师不断激励学生开动脑筋”（21.1%）、“教师亲切和蔼、师生关系良好”（12.1%）。而“需要死记硬背的知识太多”（19.6%）、“教师苛刻且死板、一味责罚”（15.8%）、“教师喜欢拖堂、占用休息时间默写订正”（15.8%）则会对学生的学习兴趣产生负面影响。

在喜欢某个学科的原因方面，较能让立达中学学生对某个学科产生喜爱的因素是“教师的上课方式生动有趣”（58.1%）。而“教师苛刻且死板、一味责罚”（35.7%）、“听不懂教师的讲课内容”（35.7%）则会影响学生对该学科的喜爱程度。

茸一中学学生认为较能让其对学科产生喜爱的三项是“教师的上课方式生动有趣”（32.2%）、“教师不断激励学生开动脑筋”（26.1%）、“教师亲切和蔼、师生关系良好”（11.3%）。而“教师讲课无聊”（26.7%）、“教师苛刻且死板、一味责罚”（21.7%）、“听不懂教师的讲课内容”（11.7%）则会对学生的学习兴趣产生负面影响。

松江七中学生认为较能让其对学科产生喜爱的三项是“教师的上课方式生动有趣”（45.5%）、“对这门学科有自信”（18.2%）、“教师亲切和蔼、师生关系良好”（11.4%）。而“教师苛刻且死板、一味责罚”（31.0%）、“教师有偏激行为（如骂人）”（9.5%）、“教师总说我们差”（9.5%）则会对学生学习兴趣产生负面影响。

可见，六校学生对学科的好恶与教师的课堂行为息息相关。教师的上课方式生动有趣会提高学生的学习兴趣。同时，教师亲切和蔼易于构建友善融洽的师生关系。从学生角度来看，该门课成绩较好、对该门课较为自信会使其对该门课产生喜爱。而教师苛刻且死板、一味责罚会引起学生不满；讲课太快，听不懂，作业太难会让学生跟不上课堂节奏，不利于学生自信心的养成；教师布置作业（包括背和默）太多会让学生疲惫、劳累，甚至影响第二天的听课情况。这些都会使学生对该学科失去兴趣，甚至反感教师，不利于师生关系的健康发展。

三、课堂师生配合度

松江六中学生认为，有时不能配合教师教学的主要原因有三个，即“与教师、同学发生不快，影响上课心情”（31.7%）、“感到困乏（有时连着上，没有下课休息时间）”（24.4%）、“上课太无聊时会开小差”（18.9%）。

二中初中学生认为，有时不能配合教师教学的主要原因有三个，即“上课太无聊时会开小差”（47.9%）、“感到困乏（有时连着上，没有下课休息时间）”（20.2%）、“教师讲课内容听不懂”（13.8%）。

对于华实初中学生来说，有时不能配合教师教学的主要原因是“感到困乏（有时连着上，没有下课休息时间）”（24.7%）、“被教师误解或者批评，心里不高兴”（24.0%）、“上课太无聊时会开小差”（12.3%）。

在立达中学，26.9%的学生认为自己“每节课都能够做到积极配合教师教学”。在不能做到的学生中，居于第一位的原因是“上课太无聊时会开小差”（30.8%），并列第二位的原因是“教师讲课内容听不懂”（11.5%）和“感到困乏（有时连着上，没有下课休息时间）”（11.5%）。这对师生配合度产生了一定的影响。

茸一中学学生认为，有时不能配合教师教学的原因居于前三的是“上课太无聊时会开小差”（35.6%）、“感到困乏（有时连着上，没有下课休息时间）”（22.2%）、“教师讲课速度过快”（11.1%）。

松江七中学生认为，有时不能配合教师教学的主要原因是“上课太无聊时会开小差”（38.5%）、“与教师、同学发生不快，影响上课心情”（19.2%）、“作业负担重，睡眠不足”（15.4%）。

课堂配合度是师生默契度的体现，较高的配合度会对拉近师生关系产生正面影响。在初中阶段，学生的心智还不是很成熟，自制力还有待提高。部分学生会因为在课堂上开小差无法跟随教师思路。教师拖课使得学生下课休息时间被占用，让学生感到困乏，对学生的课堂表现造成一定影响。同时，教师讲课速度过快，或内容较难令学生听不懂，也会对学生的课堂配合情况产生负面影响。学生不能融入课堂甚至游离课堂之外，会使其对该学科失去兴趣和信心，甚至产生厌烦情绪，从而对师生关系的发展产生负面影响。

四、课堂提问情况

在课堂提问情况方面，31.1%的松江六中学生希望经过思考的题目教师抽自己发言，18.3%的学生希望喜欢的内容多抽自己发言，5.5%的学生讲作业时希望教师抽自己发言，这样可以检验自己的答案是否正确。而在不愿意被抽到发言的情况中，28.9%的学生在没有想好的时候不希望被抽到发言，说明学生希望有一定的思考时间。

二中初中学生普遍希望被抽到发言的是“经过思考的题目”（96.5%）。此外，愿意被抽到发言的学生中还有少部分希望被抽到“只有少数人会的题目”（2.7%）和“自己喜欢的内容”（0.8%）。而在不希望被抽到发言的情况中，居于首位的是“没有想好的时候不希望被提问”（93.5%）。此外还有“公开课上不希望被提问”（1.9%）、“答不出要罚抄时不希望被提问”（1.9%）、“任何情况下都不希望被提问”（1.9%）以及“低头不看教师时不希望被提问”(0.8%)。

华实初中学生希望被抽到发言的情况居于前三的是“经过思考的题目”(39.0%)、“只有少数人会的题目”(24.0%)和“讲作业时”(14.4%)。而在不希望被抽到回答的情况中居于第一位的是“没有想好的时候不希望被提问”(32.9%),居于第二位和第三位的分别是“低头不看教师时不希望被提问”(21.9%)和“不喜欢的科目不希望被提问”(15.8%)。

立达中学学生普遍希望被抽到发言的是“自己会的题目”(78.6%)。有7.1%的学生在没有想好的时候不希望被教师抽到发言。

茸一中学学生希望被抽到发言的情况居于前三的是“经过思考的题目”(45.8%)、“举手时”(19.4%)和“只有少数人会的题目”(12.5%)。而在不希望被抽到发言的情况中居于首位的是“没有想好的时候不希望被提问”(75.0%),位列第二位和第三位的分别是“什么都不知道时不希望被提问”(7.8%)和“心情不好时不希望被提问”(4.7%)。

松江七中的学生普遍希望被抽到发言的是“自己会的题目”(82.7%),而不希望被提问的情况主要是“不会的时候”(33.4%)。

学生在课堂上的情绪是在不断变化的。教师应当留心学生的表现,从而了解学生的内心愿望。如果学生想要发言的愿望被适时满足,并且辅之以鼓励和赞许,学生对教师的印象很可能会变好。调查结果表明,多数学生在有时间去思考、得出成熟答案的情况下愿意被抽到发言,而在没想好时不希望被抽到发言;部分学生希望少数人会的题目被抽到发言,以此来树立信心;部分学生希望讲到自己喜欢的内容时被抽到发言,这样既可以和大家分享自己的喜好又不至于无话可谈;部分学生只喜欢默默听讲,任何情况下都不想被抽到发言,这部分学生可能是缺乏信心,课堂发言也较为被动,教师应当多给予他们鼓励与肯定,优化师生关系。

五、师生冲突情况

在松江六中学生看来,“学生缺漏作业、拖拉不订正”(32.8%)、“学生无理取闹,顶撞教师”(23.9%)、“学生课堂上写其他学科的作业”(25.0%)都会打乱教师的教学节奏,影响教师情绪,进而引发师生冲突。

在二中初中学生看来,“学生无理取闹,顶撞教师”(34.5%)、“学生上课不认真”(18.5%)、“讨论问题时意见不一致”(13.4%)、“教师冤枉了某个学生”(13.4%)均会对课堂秩序产生负面影响,引发师生冲突。

在华实初中学生看来,引发师生冲突的原因居于首位的是“教师冤枉了某个学生”

（22.1%），居于第二位的是“学生缺漏作业、拖拉不订正”（16.0%），居于第三位的是“学生无理取闹，顶撞教师”（14.0%）。

立达中学学生认为，“学生无理取闹，顶撞教师”是引发课堂冲突的主要原因（59.3%）。其他因素，如“学生缺漏作业、拖拉不订正”（11.1%）、“讨论问题时意见不一致”（7.4%）、“学生随意离开座位”（7.4%），均会对课堂秩序产生负面影响，从而引发课堂冲突。

在茸一中学学生看来，“讨论问题时意见不一致”（26.9%）、“学生无理取闹，顶撞教师”（23.9%）、“教师抽思想开小差的学生回答问题，学生回答不上”（11.9%）均会对课堂秩序产生负面影响。

在松江七中学生看来，“讨论问题时意见不一致”（27.5%）、“学生无理取闹，顶撞教师”（22.5%）、“教师不尊重学生”（10.0%）均会对课堂秩序产生负面影响，是较易引发课堂冲突的三个原因。

师生冲突在课堂上时有发生，无疑会对师生关系产生不利影响。师生应努力避免矛盾的发生。学生无理取闹甚至顶撞教师会扰乱正常的授课秩序，影响教师心情，从而引发师生冲突；学生出现缺漏作业、拖拉不订正的现象很可能会使教师占用课堂时间对其当众批评指正，从而影响课堂进度；讨论问题时意见不一致而教师没有及时化解矛盾或给出合理解释，也可能会上升为师生冲突。对于上述情况，教师应先从自身找原因，考虑自己作业的布置是否科学合理以及对待学生是否包容。教师应对学生进行正确引导，采用恰当的方法化解矛盾，从而引导师生关系朝着健康的方向发展。

六、学生对课堂教学的建议

在松江六中，31.1%的学生认为“教师应当提高课堂教学的趣味性，改善课堂气氛”。15.6%的学生认为“教师应当尊重学生，多鼓励、少指责”。13.3%的学生希望“教师不要老是用命令的口吻”。10.6%的学生希望“教师少拖堂”。

在二中初中，37.4%的学生认为“教师应当提高课堂教学的趣味性，改善课堂气氛”。15.1%的学生认为“教师在课堂上应当多一点互动”。14.0%的学生希望“教师少拖堂”。

在华实初中，26.1%的学生认为“教师不应喜怒无常，把不好的情绪随意发泄在学生身上”。16.0%的学生认为“教师应当提高课堂教学的趣味性，改善课堂气氛”。11.6%的学生希望“教师不要动不动就向家长告状”。10.1%的学生希望“教师讲课时拓展一些课外知识”。

在立达中学,16.7%的学生认为“教师应当提高课堂教学的趣味性,改善课堂气氛”。16.7%的学生希望“作业少一点”。11.1%的学生希望“课堂上多一点互动”。11.1%的学生希望“教师应当尊重学生,多鼓励、少指责”。

在茸一中学,35.1%的学生认为“教师应当提高课堂教学的趣味性,改善课堂气氛”。7.3%的学生希望“教师在课堂上多一点互动”。7.2%的学生希望“作业少一点”。

在松江七中,32.7%的学生认为“教师应当提高课堂教学的趣味性,改善课堂气氛”。14.3%的学生希望“作业少一点”。

综合六校的调查结果可知,六校学生对教师的建议集中在三点。其一,教师应提高课堂教学的趣味性,改善课堂气氛;其二,教师应尊重学生,多鼓励、少指责;其三,教师应少布置一些作业。

兴趣是最好的教师,如果教师增强专业修养,努力提高教学水平,使得课堂更加生动有趣,学生自然会被吸引。学生学习兴趣提高了,课堂专注度也会相应提升。初中生心智尚不成熟,希望得到鼓励和赞许以树立信心。教师应发现他们的闪光点,正确引导。作业不在于量,而在于质。有时,减少量也是提高质的一种手段。大量的作业会加重学生负担,让学生疲惫不堪,感到厌烦,不利于师生关系的良性发展。所以,控制作业量对于师生关系的发展也至关重要。

第二节 六校师生关系现状之教师问卷分析

师生关系是校园中的教师和学生在知识学习、课堂互动、课下交流等方面沟通交流所形成的人际交往状态。良好的师生关系对于构建高效课堂有着举足轻重的作用。

本次前测所用教师问卷共有 8 个问题:(1) 课堂上,学生什么样的表现会令你感到愉快? 这样的时候多吗? 是什么原因? (2) 课堂上,学生什么样的表现会令你感到不愉快? 这样的时候多吗? 是什么原因? (3) 课堂上,学生什么样的表现会让你十分生气,甚至难以控制自己的情绪? 一般你会用什么方法来处理这类事件? (4) 课堂上,你一般会请怎样的学生发言? 为什么? (5) 如果有学生不完成或者抄袭作业,你会采取哪些方式来处理? (6) 在课堂上遇到突发事件(如学生手机铃声突然响起),严重干扰了课堂教学秩序,据你的经验,这时最好的处理方法是什么? (7) 就你的课堂教学实践而言,你觉得要构建课堂教学中和谐的师生关系,还有哪些方面需要改进? (8) 为了在课堂上保持良好的心态,你希望得到哪些支持条件?

为了便于归纳统计,笔者就这 8 个问题以列表的形式对参与问卷调查的六所学校分别进行统计分析。

一、学生课堂行为表现 A

表 3-1　学生课堂行为表现 A

学生课堂行为表现 A	比例(%)
令你感到愉快的学生课堂行为表现	

共同体六所学校教师针对表 3-1 所给出的回答分别统计如下。

松江六中的教师认为,课堂上学生容易令教师感到愉快的行为表现是“积极思考,勇于表达”(79.2%)和“思维活跃有交锋”(20.8%),而学生这样的课堂行为出现次数也比较多(66.7%)。次数多的主要原因是“教学内容有趣”(45.8%)。

二中初中的教师认为,课堂上学生容易令教师感到愉快的行为表现是“积极思考,勇于表达”(78.6%)和“思维活跃有交锋”(21.4%),而学生这样的课堂行为出现次数并不多。次数不多的主要原因是“学生习惯于被动接受,不敢质疑”(28.6%)。

华实初中的教师认为,课堂上学生容易令教师感到愉快的行为表现是“积极思考,勇于表达”(48.0%)和“思维活跃有交锋”(28.0%),而学生这样的课堂行为出现次数较多。次数多的主要原因是“师生能相互理解,学生喜欢该学科”(36.0%)和“教学内容有趣”(20.0%)。

立达中学的教师认为,课堂上学生容易令教师感到愉快的行为表现是“积极思考,勇于表达”(46.1%)和“师生互动配合”(30.8%)。学生这样的课堂行为出现次数多的主要原因是“教学内容有趣”(23.1%)和“师生关系融洽”(7.7%)。

茸一中学的教师认为,课堂上学生容易令教师感到愉快的行为表现是“积极思考,勇于表达”(50.0%)和“思维活跃有交锋”(31.8%)。学生这样的课堂行为出现次数较多。次数多的主要原因是“教学内容有趣”(31.3%)和“班级氛围好”(12.5%)。

松江七中的教师认为,课堂上学生容易令教师感到愉快的行为表现是“积极思考,勇于表达”(80.0%)和“思维活跃有交锋”(20.0%),但学生这样的课堂行为出现次数并不多。次数不多的主要原因是“学生习惯于被动接受,不敢质疑”(50.0%)。

英国教育家怀特海认为,教育的目的就是使人具备活跃的智慧。而六校接受调查的教师中,绝大多数教师觉得学生积极思考,勇于表达最令自己愉快。部分教师觉得学生思维活跃有交锋也颇为重要。这些都说明教师已经意识到了思维培养在教学活动中的重要性。

教师对学生思维活跃的期望与学生在现实课堂中被动接受状态之间的矛盾源于教

师的传统教育理念。表现在具体的课堂中,即灌输讲授式教学仍占据主导地位,使学生不会思考,不会提问,不善质疑。要从根本上改变这种状态,需要教师自身做出努力,在课堂上真正确立学生的主体地位,舍得留出时间让学生用自己的心灵去感悟,用自己的观点去判断,用自己的思维去创新,用自己的语言去表达。

二、学生课堂行为表现 B

表 3－2 学生课堂行为表现 B

学生课堂行为表现 B	比例(%)
令你感到不愉快的学生课堂行为表现	

共同体六所学校教师针对表 3－2 所给出的回答分别统计如下。

松江六中的教师认为,课堂上学生容易令教师感到不愉快的行为排在前几位的是“上课走神”(33.3%)、“做与上课无关的事(如喝水、打翻水杯)”(25.0%)、“无精打采”(12.5%)、“调皮、起哄”(12.5%)。

二中初中的教师认为,课堂上学生容易令教师感到不愉快的行为排在前几位的是“上课走神”(57.1%)、“做与上课无关的事(如喝水、打翻水杯)”(21.4%)、“对教师的话置之不理”(14.3%)。这说明在师生关系中,教师非常重视学生对待自己的态度。

华实初中的教师认为,课堂上学生容易令教师感到不愉快的行为排在前几位的是“做与上课无关的事(如喝水、打翻水杯)”(28.0%)、“上课走神”(26.0%)、“对教师的话置之不理”(22.0%)。这与二中初中的问卷调查结果大致相同,只是所占比重有所不同。

立达中学的教师认为,课堂上学生容易令教师感到不愉快的行为排在前几位的是“无精打采”(26.2%)、“做与上课无关的事(如喝水、打翻水杯)”(20.8%)、“对教师的话置之不理”(18.5%)。

茸一中学的教师认为,课堂上学生容易令教师感到不愉快的行为排在前几位的是“做与上课无关的事(如喝水、打翻水杯)”(33.8%)、“对教师的话置之不理”(12.5%)、“无视课堂纪律”(12.1%)。

松江七中的教师认为,课堂上学生容易令教师感到不愉快的行为是“上课走神”(40.0%),还有一个其他学校未提及的但应引起重视的选项为“上课睡觉”(20.0%)。

六校接受调查的教师对这一问题的回答,排在第一位的是做与上课无关的事,排在第二位的是上课走神。这恰好与上一项调查结果形成呼应,说明教师非常看重学生在课堂上的听课效率,希望自己的课堂被尊重。这是建立良好师生关系的基础。

同时，因为调查对象分为语、数、英等考试科目教师及音、体、美等非考试科目教师，所以学生的态度存在一定的差异。艺术（音乐、美术）教师对于调皮的学生在课堂上起哄的现象比较反感，而在考试科目教师的课堂中，这种现象几乎不存在。这也折射出学生对待考试科目及非考试科目的不同态度。这与当前的教育体制有着密不可分的关系。

三、学生课堂行为表现 C

表 3－3 学生课堂行为表现 C

学生课堂行为表现 C	比例（%）
A. 令你感到愤怒甚至情绪难以自控的学生课堂行为表现 B. 处理的方法	

共同体六所学校教师针对表 3－3 所给出的回答分别统计如下。

松江六中的教师认为，学生容易令教师感到愤怒甚至情绪难以自控的课堂行为是"布置的学习任务完不成"（33.3%）、"简单的问题回答不出来"（16.7%）、"知错不肯认错，对教师的话置之不理，屡教不改"（12.5%）、"作业中多次犯同样的错误"（12.0%）。而教师采取的处理方式也是多样的，常用的方法是"现场冷处理，课后进办公室沟通"（34.0%）、"当场点名批评"（16.2%）。

二中初中的教师认为，学生容易令教师感到愤怒甚至情绪难以自控的课堂行为是"顶撞教师"（50.0%）和"破坏课堂纪律"（35.7%）。而教师大多选择"现场冷处理，课后进办公室沟通"（64.5%）。

华实初中的教师认为，学生容易令教师感到愤怒甚至情绪难以自控的课堂行为是"上课走神"（30.0%）和"顶撞教师"（26.0%）。而教师的处理方式主要有"现场冷处理，课后进办公室沟通"（30.0%）、"用幽默的语言适当提醒"（26.0%）、"当场点名批评"（12.0%）、"冷处理"（12.0%）、"先让班主任代为处理，课后再沟通"（8.0%）、"适时与家长联系，形成家校合力"（8.0%）等。

立达中学的教师认为，学生容易令教师感到愤怒甚至情绪难以自控的课堂行为是"上课走神"（37.8%）、"顶撞教师"（15.4%）、"作业中多次犯同样的错误"（15.4%）、"对教师油腔滑调"（15.4%）。针对这些问题，教师大多选择"现场冷处理，课后进办公室沟通"（40.8%），而其余的处理方法也较温和理性。

茸一中学的教师认为，学生容易令教师感到愤怒甚至情绪难以自控的课堂行为是"知错不肯认错，对教师的话置之不理，屡教不改"（31.3%）、"布置的学习任务完不成"（22.5%）、"做与上课无关的事（如上课传纸条、突然发出笑声）"（18.8%）。而教师的处理方式也颇为多样。除了大多选择“现场冷处理，课后进办公室沟通”（47.5%）以及其他学校常用的方式外，还使用了“整班教育，让学生明辨是非，不受影响”（6.3%）和“静默1至2分钟”（5.6%）等方式。

松江七中的教师认为，学生容易令教师感到愤怒甚至情绪难以自控的课堂行为是“做与上课无关的事（如上课传纸条、突然发出笑声）”（50.0%）、“做其他科目的作业”（30.0%）、“破坏课堂纪律”（20.0%）。而教师的处理方式也比较直接，有教师选择“当场点名批评”（40.0%），也有教师采取“突然请学生回答问题”（20.0%）的方式来提醒。

六校接受调查的教师对这一问题的回答，排在前几位的是学生顶撞教师，布置的学习任务完不成，对教师的话置之不理，多次批评不改，上课走神。这一结果说明教师非常重视学生对待教师及其布置任务的态度。这从侧面反映出中国传统的尊师重教的教育观念。而回答不出简单问题及作业多次犯同样的错误也占较大比重，这与学生对待学习的态度及上课时的状态息息相关。

从教师的处理方法来看，大部分教师能够做到冷静智慧处理。如当场冷处理，课后进办公室沟通，走到他（她）身边提醒，用幽默的语言提醒。也有个别教师选择“发火斥责”“与个别学生发生冲突的时候，请其他学生进行评判，如果是教师的错则会公开道歉”等值得商榷的处理方式。值得注意的是，有些处理方式虽然看似相同，但在细节处却体现出教育智慧。如有些教师让学生罚站一会儿，而有些教师虽让学生罚站一会儿，但会加一句“你能控制自己了就自动坐下”，两者相较，后者更能促进学生自我反省并照顾其自尊心。

要想改变学生的不良表现，除了平时加强各种形式的教育，使其切实认识到学习的重要性，还需要借助家长的力量，让他们配合教师的工作，督促学生学习。更重要的是，教师要具备反省意识，当学生完成不了任务或回答不出问题时，应反思自己布置作业的数量及难度是否恰当，思考自己的教学方式能否改进。教师要在实践中不断总结，增长教育智慧，科学处理学生的问题。

四、学生课堂发言

表 3－4 学生课堂发言

学生课堂发言	比例（%）
课堂上提问的学生类型及原因	

共同体六所学校教师针对表3－4所给出的回答分别统计如下。

松江六中的教师在课堂上提问学生时方式多样。其中，“难题请优等生，基本题请后进生”（41.3%）的提问方式占第一位，“抽举手发言的学生以鼓励其积极性”（25.0%）的提问方式占第二位。

二中初中的教师在课堂上提问学生时大多采用分层提问的方式。其中，“请各种层次的学生回答以便发现问题”占28.6%，“难题请优等生，基本题请后进生”占21.4%，“抽举手发言的学生以鼓励其积极性”占21.4%。

华实初中的教师在课堂上提问学生时分层提问的理念体现得更为明显。“难题请优等生，基本题请后进生”占42.0%，“请各种层次的学生回答以便发现问题”占28.0%。比较难得的是，“照顾全面，基本上一节课中所有学生都操练到”占18.0%。

立达中学的教师在课堂上提问学生时采取了兼顾全体的策略——“请各种层次的学生回答以便发现问题”（29.2%），侧重后进生的策略——“难题请优等生，基本题请后进生”（23.1%）、“多请基础较弱的学生”（23.1%）、“抽开小差的学生以吸引其注意力”（7.5%）。

茸一中学的教师在课堂上提问学生时比较偏重两端，即“抽开小差的学生以吸引其注意力”（23.8%）和“抽举手发言的学生以鼓励其积极性”（23.8%）。同时，方式方法更加多元，如“请学优生，既可以检测全班的掌握程度，又可以示范全班”（6.3%）、“教授新课时请举手发言的学生，复习课时请基础薄弱的学生”（4.3%）。

松江七中的教师在课堂上大多采用“难题请优等生，基本题请后进生”（60.0%）的分层提问方式。除此之外，他们还使用了“多请学困生发言，请优秀生总结”（20.0%）等方法。

在课堂上提问学生时，大多数教师会考虑学生的个体差异，难题请优等生，基本题请后进生。踊跃举手的学生会获得较多的话语权。部分教师会请基础薄弱的学生或上课开小差的学生回答，以发挥巩固或警醒的作用。兼顾各个层次的学生、关注想讲又不敢讲的学生的教师人数相对较少。这说明，在课堂提问时，大多数教师关注到了学生的差异，并采取了相应的策略，但仍未真正实现“面向全体学生”。而抽举手发言的学生处于第二位的数据足以表明“精英课堂”在现实教学中普遍存在。

在今后的教学中，教师应改进课堂教学方式，通过小组讨论等方式，调动大部分学生的积极性，使他们在课堂上发出自己的声音。同时，班级人数太多导致教师无法关注到每一位个体，这也是教育体制层面需要解决的问题。

五、学生作业

表3－5　学生作业

学　生　作　业	比例（%）
对学生不认真完成作业或抄袭他人作业的处理方式	

共同体六所学校教师针对表 3－5 所给出的回答分别统计如下。

松江六中教师的处理方式主要有两种，一是“先问清楚情况，再让学生补起来”（33.3%），二是“告诉家长”（20.8%），寻求家庭教育力量的支持。值得称道的是，部分教师还采用了发动学生来管理学生这一较为科学有效的方式，即“请其他学生监督”（12.5%）和“采取盯人战术”（12.5%）。

二中初中教师多采用“先问清楚情况，再让学生补起来”（85.7%）的方式。

在华实初中，大多数教师会选择“先问清楚情况，再让学生补起来”（48.0%），有30.0%的教师选择“让学生重做”。该校教师处理方式更为细致，既有情感上的关心——“及时催交，查明原因，与个别学生单独谈心”（14.0%）、“课后陪‘老大难’学生做作业”（4.0%），又有对抄袭他人作业这一情况的细化处理，如“对于抄袭他人作业的学生，要求他（她）擦掉答案，重新做一遍”（4.0%）。

在立达中学，大多数教师会选择“先问清楚情况，再让学生补起来”（28.5%），同时也会寻求外界的帮助，如“告诉家长”（13.1%）和“请其他学生监督”（7.7%）。难能可贵的是，为数不少的教师会进行自我反省，如“作业少点，分层布置，课内完成”（15.1%），并采取“同题抽测”（7.1%）等有效手段来防止抄袭。

茸一中学教师的处理方式与其他学校有相似之处。首先，“对抄袭他人作业的学生进行思想教育”（28.8%）；其次，“先问清楚情况，再让学生补起来”（10.0%）。与立达中学相似，11.7%的教师会“从自身找原因，反思是作业量太多还是难度太大”，并采取一些有效的遏制学生不良习惯的措施，如“记录不做的次数，与学期测评挂钩”（6.3%）、“对抄袭他人作业的学生先教育，再要求他（她）单独做完作业并给教师讲解做题思路”（6.3%）。

松江七中教师有两种处理方式，即“先问清楚情况，再让学生补起来”（60.0%）、“课后陪‘老大难’学生做作业”（40.0%）。

教师在处理学生作业问题时，常用的方式是先询问原因，再让学生补做，借助家长的力量。同时，教师会根据实际情况采取不同的措施，如扣学分等惩罚手段，发动学生监督的盯人战术，课后陪一些屡教不改的学生完成作业。值得注意的是，2.1%的教师选择“从自身找原因，反思是作业量太多还是难度太大”。这说明教师在对待学生的作业问题时采取的方式较为理性，能根据实际情况采取不同的手段。

在处理过程中，教师要注意自己的方式和态度。如“告诉家长”时，要注意与家长沟通的方式方法，站在解决问题的角度，心平气和地交流，力求获得家长的支持，同时也应让学生明白教师这样做是为了帮助他们进步，避免家长与学生产生敌对情绪。也有少数教师选择让学生重做，建议尽量避免采取这一方式，否则会将学生的学习问题转化为师生之间的矛盾。

六、偶发事件

表 3－6　偶发事件

偶　发　事　件	比例(%)
处理课堂偶发事件的方法(以学生手机铃响为例)	

共同体六所学校教师针对表 3－6 所给出的回答分别统计如下。

松江六中的教师在处理以学生手机铃响为例的课堂偶发事件时,除了有学校的制度作为保障,如“学校不允许学生带手机,此种情况很少发生”(45.8%),最常用的方法是“请学生关掉手机,不渲染,课后再处理”(20.8%)。有 20.8%的教师采取“先让学生关机,下课后再没收”的方法。选择“联系家长”(8.3%)、“当场没收”(4.3%)的比重较小。

二中初中的教师在处理以学生手机铃响为例的课堂偶发事件时,最常用的方法是“请学生关掉手机,不渲染,课后再处理”(57.1%),同时也有 24.3%的教师采取“先没收,下课后教育,再移交班主任”的方法。

华实初中的教师处理以学生手机铃响为例的课堂偶发事件的方法较为多样。38.0%的教师采取“请学生关掉手机,不渲染,课后再处理”的方法,12.0%的教师采取“幽默处理”的方法,12.0%的教师采取“先没收,下课后教育,再移交班主任”的方法。值得注意的是,部分教师会采取与家长共同教育的方法——“联系家长”(8.0%)、“事后与家长沟通,由家长代为保管手机”(8.0%)。

立达中学的教师在处理以学生手机铃响为例的课堂偶发事件时,最常用的方法是“请学生关掉手机,不渲染,课后再处理”(66.9%),同时也有 18.1%的教师选择“给学生解释的机会”。

茸一中学的教师处理以学生手机铃响为例的课堂偶发事件的方法比较多样。最常用的方法是“请学生关掉手机,不渲染,课后再处理”(56.3%),同时也有 12.5%的教师选择“幽默处理”的方法。值得注意的是,部分教师强调在处理之前进行价值判断,采用“有普遍教育意义的现场处理,没有普遍教育意义的课后处理”(6.3%)的方法。

松江七中的教师在处理以学生手机铃响为例的课堂偶发事件时,最常用的方法是“请学生关掉手机,不渲染,课后再处理”(80.0%)。

在处理这一问题时,近一半的教师选择请学生关掉手机,不渲染,课后再处理。这说明大部分教师能够较为冷静智慧地应对突发事件,将其对课堂的不良影响减至最小。

而11.3%的教师选择“学校不允许学生带手机，此种情况很少发生”。这说明在处理课堂偶发事件时，如果学校有相应的规章制度作为保障，教师的压力会相应减小。另外，有6.2%的教师选择“与家长沟通，让学生不要把手机带入课堂”。可见，家长的配合对于教师的班级管理起着不容忽视的作用。

七、构建良好师生关系

表3－7 构建良好师生关系

构建良好师生关系	比例(%)
教师在构建良好师生关系方面应做的努力	

共同体六所学校教师针对表3－7所给出的回答分别统计如下。

松江六中的教师在构建良好师生关系过程中，比较注重情感上的沟通交流，如“少批评，多鼓励”(33.3%)、“课后多与学生交流”(25.0%)，同时兼顾课堂效率，如“不轻易挤占其他课”(12.5%)、“语言简而精，尽量多给学生发言机会”(12.5%)、“风趣一些，课堂气氛轻松一些”(4.2%)。

二中初中的教师在构建良好师生关系应做的努力中，选择“课后多与学生交流”的占62.9%，选择“少批评，多鼓励”的占15.3%。值得注意的是，7.1%的教师认为“非考试科目教师与学生的课后交流很重要”。

华实初中的教师认为，构建良好师生关系应做的努力涉及各个方面。有在提高教师自身专业素养方面做出努力的：“在备课上多花费时间，提高课堂的吸引力”(12.0%)、“提高素质”(4.0%)。有在提高师爱艺术方面做出努力的：“风趣一些，课堂气氛轻松一些”(24.0%)、“少批评，多鼓励”(12.0%)、“讲究师爱艺术，让学生真切地感受到教师的关爱和帮助”(8.0%)、“不把不良情绪带进课堂”(4.0%)、“多传递正面、积极的信息”(4.0%)。还有在遵守规章制度方面做出努力的：“执行教学常规，不拖堂、不挤占学生课间休息时间”(4.0%)、“课上给表现优秀的学生发奖品”(16.0%)。

与华实初中情况相似，立达中学的教师也认为，构建良好师生关系应做的努力涉及各个方面，且思考角度更为全面。提高教师自身专业素养：“提高素质”(13.1%)、“在备课上多花费时间，提高课堂的吸引力”(7.7%)。提高师爱艺术，关注学生需求：“少批评，多鼓励”(5.4%)、“风趣一些，课堂气氛轻松一些”(7.7%)、“课后多与学生交流”(7.7%)。对考试制度的健全完善进行了思考：“考试内容简单一点”(5.4%)、“考试评价要科学”(2.7%)。值得注意的是，部分教师意识到了思想认识的重要性，从教师和学生两个角度提出要求：“改变权威专制的思想，师生平等”(13.1%)、“对学生要加强尊师重教意识教育”(2.9%)。

茸一中学的教师在构建良好师生关系过程中,比较注重情感上的交流,如“课后多与学生交流”(23.8%),比较注重课堂建设,如“在备课上多花费时间,提高课堂的吸引力”(11.7%)、“语言简而精,尽量多给学生发言机会”(8.8%)、“风趣一些,课堂气氛轻松一些”(6.3%)、“不把不良情绪带进课堂”(6.2%)。值得注意的是,茸一中学有12.0%的教师提出“要把握好师生关系,不能太近,也不能太远”。

松江七中的教师在构建良好师生关系过程中,比较注重思想观念上的转变,如“改变权威专制的思想,师生平等”(40.0%),同时提出“讲究师爱艺术,让学生真切地感受到教师的关爱和帮助”(20.0%)。

许多教师认为,要想在课堂中构建良好的师生关系,还有许多方面需要改进。较为重要的是要多和学生沟通交流,增进彼此的了解,对学生要有认同感,少批评,多鼓励,充分尊重学生的主体地位,不要轻易挤占其他课,课堂上多给学生发言机会,减少作业量。教师既要树立正确的育人理念,也要与学生在情感方面积极沟通,更要注意正面引导与评价。正如爱默生所说,“教育成功的秘密在于尊重学生”。教师要让学生接受赏识教育,在积极肯定的正面情感中不断成长。

八、支持条件

表3－8　支持条件

支　持　条　件	比例(%)
课堂上保持良好心态的支持条件	

共同体六所学校教师针对表3－8所给出的回答分别统计如下。

在“课堂上保持良好心态的支持条件”中,松江六中有45.8%的教师选择“减少杂事,让教师把更多精力投入教学”,有16.7%的教师选择“避免重复机械的工作,给教师多一点自我反思的时间”。由此可见,他们认为学校的支持非常重要。同时,教师认为校内和校际交流也不容忽视:12.5%的教师选择“前面教师尽量不拖堂,不影响后面教师的课”,4.2%的教师选择“希望班主任整顿班风、学风”,4.3%的教师选择“能有较好的适合本校学生的探究学习包”,有8.3%的教师希望“多与兄弟学校交流优质的试卷”。

二中初中的教师大多认为学校的支持至关重要:有21.4%的教师希望“得到上级的理解、支持,如班上后进生比较多”;7.4%的教师希望“开展一些活动,关注教职工身心健康”;7.0%的教师希望“学校少一点对教师的考核”;14.3%的教师希望“家长配合”。值得注意的是,7.0%的教师希望“提高本学科在学校和学生心目中的受重视程度”，这说明学科差异是学校中一个普遍存在的、不容忽视的问题。

华实初中的教师希望获得学校的支持，但在需求上更加多样化。在提高课堂效率方面，希望“减少教师的课时量以便充分备课”（22.0%）、“减少杂事，让教师把更多精力投入教学”（12.0%）、“避免重复机械的工作，给教师多一点自我反思的时间”（4.0%）。在班主任工作方面也有一定的需求：希望“得到上级的理解、支持，如班上后进生比较多”（4.0%）、“多进行实践，尤其是班主任工作平台的相互交流”（4.0%）。在学校制度方面，希望学校完善相关的制度，使其更合理及人性化：“学校少一点对教师的考核”（12.0%）、“开展一些活动，关心教职工身心健康”（12.0%）、“提高教师的福利待遇与考核的公平度”（4.0%）。

立达中学的教师希望得到学校的支持：“学校少一点对教师的考核”（15.4%）、“得到上级的理解、支持，如班上后进生比较多”（7.7%）、“能够在物质待遇方面有所提高”（7.7%）。值得注意的是，除了有7.7%的教师选择“开展一些活动，关心教职工身心健康”，还有23.0%的教师提出“开展师生互动活动，拉近距离”。此外，有7.7%的教师提出希望“组织教师参加心理辅导”，可见，目前的教学生活给教师带来了比较大的心理压力。还有7.7%的教师希望“改进考核制度”。

茸一中学教师的需求较为多样，归纳起来有六大方面。第一，学校的支持最为迫切，包括两方面。制度方面——既希望“得到上级的理解、支持，如班上后进生比较多”（14.3%），又希望“领导不要插手”（11.9%），希望“开展一些活动，关心教职工身心健康”（6.2%）、“学校少一点对教师的考核”（5.3%）、“组织教师参加心理辅导”（5.2%）。日常工作方面：“学校提供较好的教学环境和教学设备”（6.3%）、“不要三节课连排，太劳累”（6.3%）、“保障师生调节到最佳精神状态”（6.2%）等。第二，教师间的合作必不可少。“希望班主任整顿班风、学风”（14.3%）、“希望班主任支持”（6.3%）、“备课组集体备课，精心修改课件，少一些重复劳动”（5.3%）、“前面教师尽量不拖堂，不影响后面教师的课”（5.2%）。第三，希望“家长配合”（0.2%）。第四，加强对学生的培养与奖惩。希望“培养学生良好的习惯”（0.2%）、“对于屡教不改的学生，可以采取措施”（6.2%）。第五，“保持良好的心态”（0.3%）。第六，有0.3%的教师认为“每届学生都不一样，支持条件也应有所不同”。

松江七中的教师既需要学校提供相应的支持，如“开展师生互动活动，拉近距离”（30.0%）、“减少杂事，让教师把更多精力投入教学”（10.0%）、“学校少一点对教师的考核”（10.0%）、“希望多理解教师的苦衷”（10.0%）；也有对自身的要求，如“上课的形式应该更加丰富有趣”（20.0%）。同时，有20.0%的教师提出希望“上课之前能看到讲台上整洁，黑板擦干净”。

问卷调查结果显示,为了在课堂上保持良好的心态,教师希望得到的支持条件来自多个方面。第一,上级部门的支持:精简工作,让教师少些杂事,少些重复机械的工作,多把时间与精力放在专业发展上;提高教师的福利待遇,提高考核制度的公平性;关注教职工身心健康。第二,同事间要互相包容,加大合作力度,如尽量做到不拖堂,不影响其他同事的工作,班主任应加强班级管理与班风建设,兄弟学校及校内年级间多交流等。第三,家长的配合必不可少。第四,教师要提高自身专业水平,与学生多些良性互动,拉近彼此的距离。

第三节 六校师生关系影响因素分析

在第一节和第二节中,笔者对六校前测阶段的调查问卷进行了统计,并分别对六校师生关系现状进行了分析。对于学生问卷,笔者从学生对教师课堂表现的感受、学生对学科的态度、师生配合度、课堂提问、师生冲突、对课堂教学的建议六方面分析了调查结果,得出学生喜欢的课堂是充满趣味、被鼓励与肯定、课业负担较轻的课堂这一结论。对于教师问卷,笔者从教师对学生课堂表现的感受、教师对课堂冲突的处理、课堂提问、偶发事件、改进措施、支持条件六方面分析了调查结果,得出教师应认同鼓励学生,尊重学生的主体地位,合理控制作业量这一结论。在总结问卷分析结果的基础上,笔者总结了六校师生关系的影响因素,并从教师课堂行为的改进、学生默契配合、学校大力支持、家庭倾力协助四方面进行分析。

一、教师课堂行为改进

人本主义心理学认为,当个体的行为产生了积极的自我体验,又得到了他人的积极肯定时,他的人格就能够实现正常发展。从六校问卷调查的结果可知,学生喜欢的课堂是生动有趣并且能够收获鼓励与肯定的课堂。所以,教师的课堂行为及语言就成为影响师生关系的重要因素之一。虽然课程改革已实施多年,但在实际教学中,教师的教学仍以“授受式”为主,且提问方式以教师提问和学生回答的线性结构为主,其余的学生只是旁观者。这种教师讲授、学生记录倾听、精英学生霸占课堂话语权的师生关系,严重影响了学生学习知识的积极性,从而影响了课堂效果。我们要明确学生才是学习的主人,要让学生积极主动地参与进来,去体验学习方法,在这样的过程中学习知识,从不知到知。教师与学生应该是合作者,不应由教师掌握主导权。教师要改变教学模式,营造轻松愉快的教学环境、和谐交流的课堂氛围,让学生在课堂上发挥主观能动性。孔子提出:“知之者不如好之者,好知者不如乐知者。”教师应通过课堂行为帮助学生产生对所学科目的兴趣。为了丰富课堂形式，教师也可以组织学生分组讨论，以探究研讨的方式，让学生发现问题，提出质疑，师生共同讨论解决。这种课堂交流形式有助于培养学生独立思考问题的能力，让他们能切身体会自己在课堂上的主体性。教师应该尊重不同的观点，即使学生在课堂上所提的观点错误，问题不合时宜，也不应该责备，因为这是他们内心真实的想法。只有这样，课堂上的沟通交流才是平等的。

二、学生默契配合

从六校问卷调查结果可以看出，学生在课堂上的精神状态和配合程度会影响教师的课堂教学情况，也成为影响师生关系的重要因素之一。在课堂中，教师与学生如果沟通良好，情绪投入，配合默契，那么这节课的效果肯定是很不错的。如果师生因各种原因产生不合作的情绪，互相埋怨、抵触，就很难取得一个满意的效果。所以，在课堂中，只有教师的满腔热情是远远不够的，还必须有学生的默契配合。调查结果显示，学生在课堂上活跃积极、勇于表达，思想活跃有交锋会让教师心情愉悦，有助于和谐课堂氛围的形成，反之，学生顶撞教师，故意破坏课堂纪律则会打乱教师的教学进程，带来不好的课堂体验。所以，学生在课堂上应积极配合教师，做到认真听讲，积极思考并举手发言，展现出良好的精神面貌。学生应严守课堂纪律，不要做出影响课堂进度的举动，如顶撞教师、玩手机、随意走动。总之，在课堂中，师生互帮互助，互信互爱，教师能够一切为了学生，学生能够积极配合教师，师生关系就能在和谐中共存、在健康中发展，最终实现教学相长，课堂效率自然会高。

三、学校大力支持

学校相关制度要求教师要自觉、自律，约束自己的行为，强调教师与学校环境相互依存、相互促进。优秀的制度文化往往会催生一支优秀的教师队伍。有效的学校制度文化可以指引教师工作的方向，引导教师发挥才能，激励教师奋发进取，有利于人文精神的生长。在课堂突发事件的处理上，六校教师希望学校能够有相关制度作为支撑和保障，使其顺利开展工作。而在需要哪些支持条件这一问题上，多数教师表示希望学校少一些考核，若是班上学困生较多，希望得到校领导的理解和体谅，多给一些时间进行管理和教育，并且希望减少杂事，让教师把更多精力投入教学。因此，学校制度不仅应给予教师一定约束和规范，更要对教师工作起到帮助和支持的作用。教师工作的顺利开展有利于和谐师生关系的形成。

四、家庭倾力协助

一个学生的发展离不开学校和家庭。家长和教师如果能够相互信任，携手合作，就能使学生快乐健康地学习和成长。家长应当理解学校与自己教育的出发点是相同的，都是为了孩子的未来在努力，只是方法和手段不同。明确了这个大前提之后，在出现问题时家长应配合学校，共同形成方案去规范孩子行为，切忌互相埋怨、推诿。在处理问题的具体过程中，家长应心平气和、实事求是，切忌因为孩子所犯的错误大发雷霆，当众责骂孩子，或为了自己的面子而包庇孩子，阻挠学校对孩子的处理。在一些问题的处理上，放手让学校和教师决断也不失为一种好办法。作为孩子教育过程中的两种主要力量，家庭和学校如果能形成合力，就能够互相配合和支持，共同为孩子创造良好的成长环境。家庭对教师工作的倾力协助与大力支持将有助于教师日常工作的开展，从而有利于正常教学秩序的形成和保持，对师生关系的和谐发展起到促进作用。

第四章　构建课堂教学中新型师生关系的四重机制

在课堂教学中，我们不仅要明确新型师生关系构建的影响因素，更要在分析这些因素的基础上进行探索，采取有效措施使师生关系更加和谐，从而提高课堂教学的有效性，提升教师的职业幸福感，增强学生学习的主动性和趣味性，构建现代和谐校园。在实践探索中，六校共同体改善师生关系的四重机制包括教学行为自测、同行听课检测、学生科研观测、流动教师观测。

第一节　基于教学行为自测的师生关系改善

一、教学行为自测的方式

作为课堂的引导者，教师要善于自我观测，在自测的基础上对自己已完成的教学实践活动进行审视，对其中所体现的师生关系进行理性思考并反思总结，以指导日后的教学。如果教师能通过自测反思教学，就能提高对教学、教育和师生关系的认识，在“自测反思—实践—自测反思”的过程中不断改善师生关系，实现专业成长。在六校共同体的集体探索下，研讨出的教学行为自测的有效方式主要是利用量表自测和进行教学反思。

自测量表的形成建立在对共同体师生关系的具体分析之上，从形成初稿到最终定稿实行，有一个不断改善、探索的过程。利用量表自测，养成自我监控的习惯，是共同体中的教师自觉关注师生关系的一个重要体现。

（一）形成自测量表

根据课堂教学中的师生关系开放式问卷中教师卷和学生卷第三次编码整理结果，共同体形成了《教师课堂教学行为自我监测方案》（草案），表 4－1 是自测量表的初稿。

表 4-1　松江七中课堂教学中影响师生关系因素的自测量表(草案)

平等和谐的师生关系对于提高人才培养质量具有非常重要的作用,为了构建平等和谐的师生关系,更好地促进教学相长,我校拟通过问卷对课堂教学中影响师生关系的因素进行调查,本量表采取无记名形式,请根据您的实际情况在对应的选项下打"√",谢谢您的参与和支持。

序号	指　标　项	没有	偶尔	经常	不确定
1	教师面带微笑,亲切和蔼				
2	教师善于用幽默风趣的语言,营造轻松的课堂氛围				
3	教师用表扬和鼓励帮助学生建立自信				
4	教师在课堂上有体罚学生的行为				
5	教师上课时耐心细致地讲解,不厌其烦				
6	教师能耐心倾听学生的回答				
7	在教学过程中,教师与学生有深入的互动				
8	教师在课堂上用侮辱性语言骂学生				
9	教师讲课时会适当拓展课外知识				
10	教师会用很多方法鼓励学生积极发言				
11	教师会用罚抄来督促学生学习				
12	教师讲课速度符合学生的接受能力				
13	教师讲课条理清晰				
14	教师用伤害学生自尊的语言训斥学生				
15	教师教学方式灵活有趣				
16	教师布置的作业难易适中				
17	教师在课堂上情绪失控,训斥学生				
18	教师布置的作业量比较适中,学生能够接受				
19	教师上课情绪饱满,很投入				
20	教师拖堂,影响学生上厕所				
21	教师会用恰当的方式提醒个别开小差或违反纪律的学生				
22	教师对待学生公平公正,一视同仁				

续 表

序号	指　标　项	没有	偶尔	经常	不确定
23	教师在课堂教学中接听或拨打电话				
24	教师上课时能保持情绪稳定				
25	教师教学过程让学生感到愉快				
26	课堂上学生有被教师忽视的感觉				
27	课堂上教师数落我们班不如别的班				
28	课堂上教师的鼓励让学生有了自信				
29	教师布置了大量作业,学生难以接受				
30	如果有学生没听懂,教师会耐心辅导				
31	教师的板书很清晰				
32	教师会用幻灯片辅助教学				
33	教师因个别学生的错误迁怒全班				
34	为避免伤害学生自尊,教师批评时很注意措辞和语调				

草案共有34项指标,既有负向指标,又有正向指标。六校共同体在这一草案的基础上结合课堂实践召开了《教师课堂教学行为自我监测方案》讨论会,并根据每所学校、每个学科的特点对方案进行修改,形成了具有各校特色的学科自测量表,确定了以下方案和问卷。

教师课堂教学行为自我监测方案

亲爱的教师:

您好!

本方案共有33项指标,其中22项是正向指标,11项是负向指标,这些指标源自我们前期进行的“课堂教学中的师生关系”开放式问卷调查,主要是从学生的视角来观察教师的课堂教学行为。通过前期调查,我们发现:教师的情绪自控能力会影响课堂教学中的师生关系;和谐师生关系的构建离不开学生,教师要真诚地倾听学生的意见和建议,及时反思自己的课堂教学行为。在调查时我们还发现:在我们身边存在着一批优秀教师,他们渴望提升自己的教育教学水平,促进自身的专业化发展。我们形成该自测量表,旨在通过分数统计来促进教师自我监测。自我监测的过程和结果仅用于教师改进自身行为,不进行横向比较。各项指标可以根据学科特点调整。

教师要进行自我诊断，仅仅依靠学生的反馈和监测是不够的，还需要教师自身、学校、家长、社会等多元评价。

课堂教学中的师生关系状况征询问卷

亲爱的同学：

你好！

作为任课教师，我非常希望在课堂教学中建立起一种和谐的师生关系，提升教学质量，所以，我真诚地希望你给出意见和建议。请你对这一阶段我在课堂教学中的表现进行评价，认真填写以下内容，不要有任何顾虑。你填写的内容越符合你的真实想法，对我的帮助就越大。谢谢合作！

你的教师：________

____年____月____日

序号	指　标　项	没有	偶尔	经常	不确定
1	教师面带微笑，亲切和蔼				
2	教师善于用幽默风趣的语言，营造轻松的课堂氛围				
3	教师用表扬和鼓励帮助学生建立自信				
4	教师在课堂上有体罚学生的行为				
5	教师上课时耐心细致地讲解，不厌其烦				
6	教师能耐心倾听学生的回答				
7	在教学过程中，教师与学生有深入的互动				
8	教师讲课时会适当拓展课外知识				
9	教师会用很多方法鼓励学生积极发言				
10	教师会用罚抄来督促学生学习				
11	教师讲课速度符合学生的接受能力				
12	教师讲课条理清晰				
13	教师用伤害学生自尊的语言训斥学生				
14	教师教学方式灵活有趣				

续 表

序号	指　标　项	没有	偶尔	经常	不确定
15	教师布置的作业难易适中				
16	教师在课堂上情绪失控,训斥学生				
17	教师布置的作业量适中,学生能够接受				
18	教师上课情绪饱满,很投入				
19	教师拖堂,影响学生课间休息				
20	教师会用恰当的方式提醒个别开小差或违反纪律的学生				
21	教师处理学生问题不够公平公正				
22	教师在课堂教学中接听或拨打电话				
23	教师上课时能保持情绪稳定				
24	教师教学过程让学生感到愉快				
25	课堂上学生有被教师忽视的感觉				
26	课堂上教师数落我们班不如别的班				
27	课堂上教师的鼓励让学生有了自信				
28	教师布置了大量作业,学生难以接受				
29	如果有学生没听懂,教师会耐心辅导				
30	教师的板书很清晰				
31	教师会用幻灯片辅助教学				
32	教师因个别学生的错误迁怒全班				
33	为避免伤害学生自尊,教师批评时很注意措辞和语调				

注:(1)统计说明

① 若选择栏没有、偶尔、经常、不确定中某一项为33题全选,该问卷为废卷;② 第4、10、13、16、19、21、22、25、26、28、32共11个指标为负向题,其余22个指标为正向题;③ 正向题赋值方法如下:没有为-1分,偶尔为2分,经常为4分,不确定为0分;④ 负向题赋值方法如下:没有为1分,偶尔为-2分,经常为-4分,不确定为0分;⑤ 正向题与负向题分别计分。

(2)使用方法

① 本量表仅作为教师自我监测工具,参与课题研究的教研组成员针对自己在课堂教学中的师生关系状况自行实施测量和统计,并就测量结果写一份简单的小结;② 形成教师自我监测机制,定期实施测量,可以根据情况规定每周一次、每两周一次或者每月一次;③ 正向题源自教师在学生中受欢迎的原型,该题得分符合学生的愿望;负向题源自教师在学生中不受欢迎的原型,该题得分不符合学生的愿望,此统计旨在帮助教师多次自测后进行纵向比较;④ 该自测量表中的33项指标为基本指标,测试学科可以依据学科特点设置学科相关指标;⑤ 教师自我测量是为了改进教学行为,教师个体既是施测者也是被测者,测量结果作为教师的个人隐私,应由施测教师个人保管或处理,但考虑到施测教师又是课题组成员,其施测小结应作为课题研究资料交课题组保管。

将上表与草案相比较，指标项主要有三处改动。第一处，草案中第8项“教师在课堂上用侮辱性语言骂学生”与第14项“教师用伤害学生自尊的语言训斥学生”都指向语言伤害，为避免重复，在定稿中删除了第8项。第二处，草案中第20项“教师拖堂，影响学生上厕所”，在定稿中改为“教师拖堂，影响学生课间休息”。课间休息时间不单单指上厕所时间，而是由学生自由支配的休息时间，所以，定稿的表述更恰当。第三处，草案中第22项“教师对待学生公平公正，一视同仁”，在定稿中改为“教师处理学生问题不够公平公正”。将正向题改为负向题，在自测中对教师的提醒作用更加明显，突出要公平公正对待学生。

此外，导语的改动也比较大，草案中交代了问卷调查目的，并表达了谢意，但问卷调查对象并不清楚。相比之下，定稿充满了人文关怀，虽然只是一个简单的称呼，却更像是教师与学生平等、推心置腹的笔谈。定稿中还详细阐述了统计说明和使用方法，尤其是分别统计正向题、负向题得分，能让教师非常直观地了解自己在学生中受欢迎或不受欢迎的具体原因，这样就能参照测量的结果扬长避短，使师生关系更加融洽。

（二）利用自测量表进行课堂教学实践

共同体六校根据本校参与研究学科的特点调整自测量表，在参与学科教师中进行自测的目的是让教师养成自我监测习惯，让关注师生关系成为教师的一种自觉、自愿的行为，帮助教师在提高课堂效率和提升学生思维品质的同时，找到影响师生关系的根源问题和改善师生关系的方法。

在具体的课堂实践中，六校共开设11堂教学展示课，涉及语文、数学、英语、物理、美术等学科，在课堂中发现六校教师对师生关系的研究点，进一步推进项目研究。根据学校参与共同体项目研究的学科情况，结合中期督导检查的意见和建议，我们继续以共同体的课堂教学中师生关系状况观测与分析量表为依据，在学科项目组进行先行先试。主要的实践活动有：

2014年12月，就前期量表中发现的教师在课堂教学中存在的问题，六校继续推进备课研究。教师以备课组为单位，结合自己所教班级学生的特点进行差异性备课，在重难点突出的前提下，满足所教学生的多样化需求。在上课时，教师依据学科特点及教材内容设置，科学合理设计新课导入、前后内容的衔接，实行分层教学，满足不同层次学生的需求，在备课、上课时重点关注师生关系。2014年11至12月松江六中开展了推行“以学施教”，追求“生态课堂”中青年教师教学评比活动，六校共同体学校教师参加了活动。

2015年3月，我们成立了松江七中“构建课堂教学中新型师生关系的行动研究”实践项目组。语、数、英、生命科学和音美学科组的教研组组长和部分骨干教师参加项目组，在共同体六校前期课堂教学中的师生关系问卷调查和自测量表的基础上，深入课堂进行教研活动。同时，共同体成立了以六校学科名师为首的8个共同体学科名师工作室，涉及多个学科，由六校共同体的其他学科名师担任工作室顾问，共招募学员52人。学校和工作室主持人推荐学员，填写好学员手册和学员报名单，工作室主持人根据自己学校情况和学科情况组织学员每月开展共同体项目研究和课堂研讨活动。茸一中学开展了以“在实践中前行”为主题的课堂教学研讨活动，语数英及其他学科未满35周岁的教师全员参加，共同体学校部分教师参加了听课研讨活动。

2015年3月至4月，松江七中共同体实践项目组的教师，依据“课堂教学中新型师生关系”自测量表进行自测，撰写自测小结和自测前后对比小结。项目组教师依据观课量表进行课堂观课。我们在数学、语文、英语、音乐学科进行了观课量表的前测，根据前测结果，对观课量表进行了第三次调整。共同体六校秘书长和部分学科教师先后两次参加“在课堂中改进师生关系——松江七中共同体开展利用观课与分析量表的开课研讨活动”，对量表进行调整。

2015年6月，松江七中共同体实践项目组教师顺利开设了18节项目研讨课，并认真完成了5月自测量表的自测，撰写了自测小结和学期末的项目组工作总结，召开了实践项目组学期工作总结会，为项目的后续研究做好铺垫。

利用自测量表的课堂实践活动非常多，现以松江七中张新琪老师的课堂教学设计为例进行说明。

“一千张糖纸”依据量表的课堂教学设计

一、第一稿

（一）教学设计

教学环节	教师活动预设	学生活动预设	设计意图
一、导入主题，即兴演讲	结合课文主题，以“诚信”为话题演讲（名言、典故皆可）	思考准备后自由交流	教师结合课文主题创设情境，为学生学习做好准备工作
二、检查预习，巩固字词	检查学生预习和字词读音掌握情况，出示幻灯片上的生字词及其拼音，要求学生齐读两遍	扫除阅读障碍，完成字词积累	预初年级字词积累是重点，教师要引导学生利用注释和字典扫除阅读障碍，完成字词积累

续　表

教学环节	教师活动预设	学生活动预设	设计意图
三、自读课文，整体感知	提出问题： 课文第二节提到"累距离我们多么遥远"，但课文第十二节又讲到"我忽然有一种很累的感觉"，"我"为什么会有这样的变化	研读文本并归纳： "遥远"是因为孩子们精力充沛，无忧无虑，生活快乐，很少感觉到累。"有一种很累的感觉"是因为孩子们历经千辛万苦后搜集的糖纸不过是表姑的一个玩笑，他们内心感到绝望和悲愤，进而觉得累	教师提出问题，引导学生深入阅读文本，通过对关键语句的思考，把握文章内容，理顺思路
四、探究课文，品味赏析	提出问题： （1）课文哪些地方具体描写了"我们"在四合院觉得"累距离我们很遥远" （2）为什么"我们"对被表姑逗着"我们"玩的话语感到如此绝望和悲愤 （3）哪些描写可以体现"我们"希望破灭后的绝望和悲愤	朗读、思考、分析问题： （1）朗读课文第二段时，注重排比修辞手法 （2）着重分析课文第七至九段，抓住关键词语，注重朗读的语气 （3）朗读课文第十二和十三段	从朗读到对词句的赏析再到理解、感悟，加深了学生对文本的理解，提高了学生查找、概括及表达的能力
五、深入理解，把握主旨	提出问题： （1）这样的变化，可以归结为文中的哪一个词 （2）最后三段能否删去，为什么	回答问题： （1）欺骗 （2）不能，卒章显志，画龙点睛，采用了"议论"的写作表达方式	教师引导学生在叙事基础上了解"议论"的作用，并要求学生将这种写法用于自己的写作实践
六、课文小结，布置作业	总结全文，归纳主旨，布置作业： （1）抄写词语 （2）表姑的话是不是欺骗？谈谈你的见解，写一段 200 字左右的话	完成作业	将语文学习与生活实践联系在一起，提高学生遣词造句的能力

（二）板书设计

种种游戏	欺	寻找糖纸
累很遥远	——————→	**很累的感觉**
无忧无虑、快乐	骗	绝望、悲愤
单纯、活泼		

（三）通过自测量表发现需要修改之处

第一次课后自测结果

序号	指　标　项	没有	偶尔	经常	不确定
1	教师面带微笑，亲切和蔼			√	
2	教师善于用幽默风趣的语言，营造轻松的课堂氛围		√		
3	教师用表扬和鼓励帮助学生建立自信		√		
4	教师在课堂上有体罚学生的行为	√			
5	教师上课时耐心细致地讲解，不厌其烦			√	
6	教师能耐心倾听学生的回答			√	
7	在教学过程中，教师与学生有深入的互动			√	
8	教师讲课时会适当拓展课外知识		√		
9	教师会用很多方法鼓励学生积极发言			√	
10	教师会用罚抄来督促学生学习	√			
11	教师讲课速度符合学生的接受能力			√	
12	教师讲课条理清晰			√	
13	教师用伤害学生自尊的语言训斥学生	√			
14	教师教学方式灵活有趣		√		
15	教师布置的作业难易适中			√	
16	教师在课堂上情绪失控，训斥学生	√			
17	教师布置的作业量适中，学生能够接受			√	
18	教师上课情绪饱满，很投入			√	
19	教师拖堂，影响学生课间休息	√			

续　表

序号	指　标　项	没有	偶尔	经常	不确定
20	教师会用恰当的方式提醒个别开小差或违反纪律的学生			√	
21	教师处理学生问题不够公平公正		√		
22	教师在课堂教学中接听或拨打电话	√			
23	教师上课时能保持情绪稳定			√	
24	教师教学过程让学生感到愉快		√		
25	课堂上学生有被教师忽视的感觉		√		
26	课堂上教师数落我们班不如别的班	√			
27	课堂上教师的鼓励让学生有了自信		√		
28	教师布置了大量作业，学生难以接受	√			
29	如果有学生没听懂，教师会耐心辅导			√	
30	教师的板书很清晰			√	
31	教师会用幻灯片辅助教学			√	
32	教师因个别学生的错误迁怒全班	√			
33	为避免伤害学生自尊，教师批评时很注意措辞和语调			√	

反思：上课时亲切和蔼，情绪饱满，非常有耐心，对学生以鼓励为主，教学设计思路清晰，板书设计重点突出。需要改进的地方是引导学生回答问题时要注意机会均等，教学方法还可以灵活些。细致梳理，有以下几处需要修改：第一，前两个环节用时较长，即兴演讲、圈画生字词、朗读课文等用时应控制在六至七分钟。第二，当学生在文中寻找作者和世香攒糖纸的过程如何艰辛时，第一个回答的学生思考较为全面，找到了文中三四处词句，且分析得较为完整，导致后面发言的学生难度增加，积极性不高，原本想要发言的几个学生都放弃了，教师上课时并未加以规定和掌控，这一环节留给其他学生交流的机会大大减少。第三，教师设计了三个问题，在实际教学过程中，学生率先对第三个问题有了一定的感知，回答时直接提到文中两个关键段落，导致整个环节与教师预设的问题顺序有了较大的变动，教师教学预设和学情分析不够充分。第四，当有学生运用期望值很高、郑重其事等较好的语言准确分析攒糖纸的艰辛过程时，教师应及时表扬和总结。第五，针对学生富有创造性的发现和分析，如有学生发现文中“当年”和“很多年后”这两个表示时间的关键性词语，有助于分析欺骗这件事对作者的童年影响之大，教师应给予恰

当的反馈。

自测之后修改稿如下：

二、第二稿

（一）教学设计

教学环节	教师活动预设	学生活动预设	设计意图
一、结合课文主题演讲	结合“欺骗”这一课文主题，进行课前自由演讲（可以是与课文、作者、主题相关的内容）	思考准备后进行自由交流	教师结合课文主题创设情境，为学生学习做好准备工作，演讲的题材、内容、形式不限，给了学生较大的自由发挥空间
二、朗读课文，整体感知	（1）整体朗读课文3分钟 （2）请学生自行圈画生字新词，出示幻灯片生字词及其拼音，要求学生齐读两遍 （3）请学生简要复述课文主要内容	（1）扫除阅读障碍，完成字词积累 （2）复述课文主要内容，应包括攒糖纸、献上、逗着“我们”玩、欺骗等关键词	预初年级字词积累是重点，教师要引导学生利用注释和字典扫除阅读障碍，完成字词积累
三、研读课文，品味赏析	（1）课文第二段提到“累距离我们多么遥远”，但课文第十二段又讲到“我忽然有一种很累的感觉”，“我”为什么会有这样的变化（可答可不答） （2）为什么“我”会有这样的心理变化 （3）课文哪些地方具体描写了“我们”在四合院中的“不累”	（1）学生可从课文中找出答案并简要归纳，也可带着问题直接进入下面的思考 （2）从儿童时期的无忧无虑、不知疲倦、快乐多彩、纯真、尽情玩耍、痛痛快快到攒好糖纸后的绝望和悲愤 （3）朗读课文第二段时，注重排比修辞手法，体会“我们”尽情玩耍、不知疲倦、纯真、顽皮劲儿和痛快劲儿	（1）教师提出问题，引导学生深入阅读文本 （2）围绕核心问题，设置连续性问题，带领学生思考关键语句，把握文章内容，理顺思路 （3）从朗读到对词句的赏析再到理解、感悟，加深了学生对文本的理解，提高了学生查找、概括及表达的能力

续　表

教学环节	教师活动预设	学生活动预设	设计意图
	(4) 课文哪些地方描写了我们的“累” (5) 文中哪里可以看出这些糖纸是被精心打扮过的 (6) 这些精心打扮过的糖纸是如何攒到的 (7) “我们”辛苦攒够了糖纸后发生了什么	(4) 朗读课文第十二和十三段，体会“我们”此时的绝望和悲愤以及内心的藐视，理解“我们”为什么把精心打扮过的糖纸扔向天空 (5) 抓住“一张一张”“轻轻”等词语，着重分析课文第九段 (6) 着重分析课文第七和八段，抓住“再也”“巨大的诱惑力”等词语，归纳“买糖纸—寻糖纸—等糖纸—盼糖纸”的过程，了解“我们”为得到糖纸采取的种种措施和过程的艰辛 (7) 着重分析课文第十和十一段，抓住“献上”（郑重其事，期望值很高，很正式，认真对待，十分重视）和“表姑逗着你们玩呢”（满不在乎，无所谓的口吻，轻描淡写）等词语	
四、深入理解，把握主旨	(1) 引导学生明白正是因为表姑这种满不在乎的态度，“我们”才从“丝毫不感到累”转变为“感觉到很累”，从“无忧无虑”到“悲愤”，把表姑的所作所为与一个词联系在一起	(1) 欺骗 (2) 体现了表姑欺骗这件事情对“我”的伤害之深 (3) 不能，卒章显志，画龙点睛，揭示中心主旨，采用了“议论”的写作表达方式	教师引导学生在叙事基础上了解“议论”的作用，并要求学生将这种写法用于自己的写作实践

续 表

教学环节	教师活动预设	学生活动预设	设计意图
	(2) 要求学生齐读第十四段，分析“总是”“马上”的表达作用 (3) 要求学生齐读最后三段，思考最后三段可否删去并说明原因		
五、课文小结，布置作业	(1) 总结全文，归纳主旨：表姑的欺骗、伤害，让“我们”从“无忧无虑、丝毫不感到累”转变为“绝望和悲愤、感觉到很累”，说明在对待他人，特别是对待孩子时应该诚信 (2) 布置作业 抄写词语，积累有关诚信的词句和故事	完成作业	积累相关词句和故事，拓宽知识面

(二) 板书设计

累多么遥远 (无忧无虑、快乐)	欺骗之深 → 伤害之深	很累的感觉 (绝望、悲愤)

(三) 通过自测量表发现需要修改之处

鉴于第一节课课后自测反映的问题较多，第二节课教师试图在以下几方面改进。

第二次课后自测结果

序号	指 标 项	没有	偶尔	经常	不确定
2	老师善于用幽默风趣的语言，营造轻松的课堂氛围			√	
3	老师用表扬和鼓励帮助学生建立自信			√	
14	老师教学方式灵活有趣		√		
27	课堂上老师的鼓励让学生有了自信		√		
30	老师的板书很清晰			√	

反思：与前一次比较，教师在情境创设方面有很大改进，课堂氛围比较轻松，学生发言的积极性提高，连平时不太喜欢回答问题的学生也主动举手，畅所欲言。但在师生互动过程中存在以下问题：第一，为了更加形象地表现作者从“感觉累很遥远”到“有很累的感觉”这一心理变化过程，教师可采用心理变化轨迹或图形的方式，帮助学生理解作者“蓄势逆转”的写作手法。第二，板书设计中“很累的感觉”前应加个“有”字，变为“有很累的感觉”。第三，在分析从“感觉不到累”转变为“感觉到很累”时，可根据学生回答将之归纳为“身体上的不累”和“心理上的累”。

三、第三稿

（一）教学设计

教学环节	教师活动预设	学生活动预设	设计意图
一、结合课文主题演讲	结合“欺骗”这一课文主题，进行课前自由演讲（可以是与课文、作者、主题相关的内容）	思考准备后进行自由交流	教师结合课文主题创设情境，为学生学习做好准备工作，演讲的题材、内容、形式不限，给了学生较大的自由发挥空间
二、朗读课文，整体感知	（1）整体朗读课文3分钟 （2）请学生自行圈画生字新词，出示幻灯片生字词及其拼音，要求学生齐读两遍 （3）请学生简要复述课文主要内容	（1）扫除阅读障碍，完成字词积累 （2）复述课文主要内容，应包括攒糖纸、献上、逗着“我们”玩、欺骗等关键词	引导学生利用注释和字典扫除阅读障碍，完成字词积累；通过复述课文主要内容，培养学生的概括能力和语言组织能力
三、研读课文，品味赏析	提出问题： （1）课文第二段提到“累距离我们多么遥远”，但课文第十二段又讲到“我忽然有一种很累的感觉”，“我”为什么会有这样的变化（可答可不答） （2）为什么“我”会有这样的心理变化 （3）课文哪些地方具体描写了“我们”	（1）学生可从课文中找出答案并简要归纳，也可带着问题直接进入下面的思考 （2）从儿童时期的无忧无虑、不知疲倦、快乐多彩、纯真、尽情玩耍、痛痛快快到攒好糖纸后的绝望和悲愤 （3）朗读课文第二段时，注重排比修辞手法，体会“我们”尽情玩耍、不知疲	（1）教师提出问题，引导学生深入阅读文本 （2）围绕核心问题，设置连续性问题，带领学生思考关键语句，把握文章内容，理顺思路 （3）从朗读到对词句的赏析再到理解、感悟，加深了学生对

续 表

教学环节	教师活动预设	学生活动预设	设计意图
	在四合院中的“不累” (4) 课文哪些地方描写了我们的“累” (5) 文中哪里可以看出这些糖纸是被精心打扮过的 (6) 这些精心打扮过的糖纸是如何攒到的 (7) “我们”辛苦攒够了糖纸后发生了什么	倦、纯真、顽皮劲儿和痛快劲儿，此时的不累主要是指身体上不觉得累 (4) 朗读课文第十二和十三段，体会“我们”此时的绝望和悲愤以及内心的藐视，此时的累主要是指心理上的累，理解“我们”为什么把精心打扮过的糖纸扔向天空 (5) 抓住“一张一张”“轻轻”等词语，着重分析课文第九段 (6) 着重分析课文第七和八段，抓住“再也”“巨大的诱惑力”等词语，归纳“买糖纸—寻糖纸—等糖纸—盼糖纸”的过程，了解“我们”为得到糖纸采取的种种措施和过程的艰辛 (7) 着重分析课文第十和十一自然段，抓住“献上”(郑重其事，期望值很高，很正式，认真对待，十分重视)和“表姑逗着你们玩呢”(满不在乎，无所谓的口吻，轻描淡写)等词语	文本的理解，提高了学生查找、概括及表达的能力
四、深入理解，把握主旨	(1) 引导学生明白正是因为表姑这种满不在乎的态度，“我们”才从“丝毫不感到累”转变为“感觉到很累”，从“无忧无虑”到“悲愤”，把表姑的所作所为与一个词联系在一起	(1) 欺骗 (2) 体现了表姑欺骗这件事情对“我”的伤害之深 (3) 不能，卒章显志，画龙点睛，揭示中心主旨，采用了“议论”的写作表达方式	教师不仅要让学生体会主旨，还要让学生理解在叙事基础上的“议论”能起到画龙点睛、点明中心的作用

续　表

教学环节	教师活动预设	学生活动预设	设计意图
	(2) 要求学生齐读第十四段,分析“总是”“马上”的表达作用 (3) 要求学生齐读最后三段,思考最后三段可否删去并说明原因		
五、课文小结,布置作业	(1) 总结全文,归纳主旨:表姑的欺骗、伤害,让“我们”从“无忧无虑、丝毫不感到累”转变为“绝望和悲愤、感觉到很累”,说明在对待他人,特别是对待孩子时应该诚信 (2) 布置作业 抄写词语,积累有关诚信的词句和故事	完成作业	积累相关词句和故事,拓宽知识面

(二) 板书设计

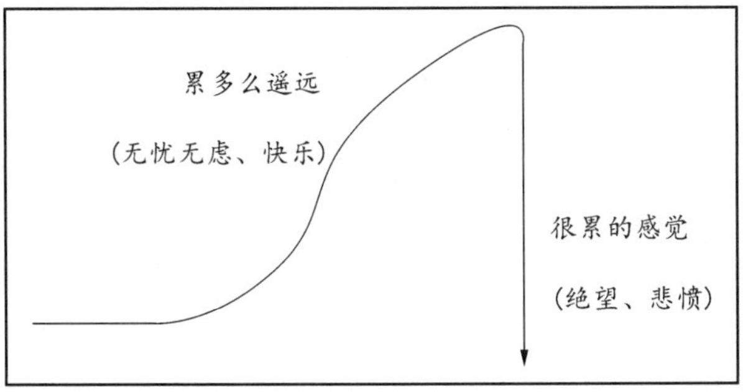

(三) 通过自测量表发现需要修改之处

在自测过程中,要自我反馈,具体要求有三个,即自我观察、自我分析、自我评价。教师在自我观察和分析的基础上,客观评价自己的教学设计,逐步修改教学设计和板书,积极引导学生思考和表达,也让自己在课堂上逐步增强学生意识,尽量调动学生的积极性,照顾各个层次的学生,使师生关系更加和谐。

反思:教学反思是教学过程中的一个必要环节,是提高教学效率的重要途径,也是教师积累教学经验的一个有效方法。教学反思是一个教学实践过程的结束,同时又是对一个新的教学实践过程的指导。共同体教师在利用自测量表自测的同时,坚持撰写常规的教学反思,或简短,或详细,或针对课堂某一方面论述,或全面分析,能够加深其对师生关系的认识,从而改善师生关系。

(松江七中　张新琪)

二、教学行为自测所呈现的新型师生关系

陈桂生在《师道实话》一书中论述了师生关系的三个原则,即作为教育工作关系的师生关系的原则是教学相长;作为一定历史时期社会关系缩影的师生关系原则是民主、平等;作为一般人际自然关系的师生关系原则是尊师爱生。① 师生关系应该是民主、平等、和谐的。其中,民主和平等是新型师生关系构建的前提,和谐是新型师生关系构建的目的和理想状态。所以,新型师生关系指向师生在教育教学活动中相互支持、相互配合、相互促进、教学相长的共同发展状态的达成。

在上述自测案例中,教师就在尽力构建民主、平等、和谐的新型师生关系,虽不是尽善尽美,但是一个很好的示例。

其一,作为师生关系的主导者,教师在课堂中有爱心,也有耐心。在学生发言时,教师能耐心倾听学生的回答;在学生遇到比较难的问题时,教师能耐心细致地讲解,不厌其烦。教师条理清晰,讲课速度比较符合学生的接受能力,板书也一目了然。教师在布置作业时,能考虑到不同层次学生的学习能力,作业难度和数量有一定梯度,符合因材施教这一教育原则。

其二,教师与学生在教学活动过程中是平等的关系。例如,师生共读的方式贯穿整节课,产生了非常好的教学效果。首先,教师不再是高高在上的传道者,而是与学生共读、共品的合作者。其次,教师作为课堂教学的引领者,能用自己有声有色的朗读带动学生,激发学生的学习热情和兴趣,提高学生的学习主动性。

其三,教师努力为学生营造自主、开放的学习氛围,尊重、鼓励学生的创造性发现。在传统师生关系中,教师掌握课堂的绝对话语权,限制了学生主观能动性的充分发挥。在案例中,教师针对学生在预习时发现的较难回答的问题,积极进行引导,让学生在探索过程中发展思维能力。

---

① 陈桂生.师道实话[M].上海:华东师范大学出版社,2004.

其四，教师采用比较科学的评价方式，用数据来研究师生关系的动态变化，了解师生关系与学生各方面需求的关联性，并在实际的课堂教学中不断改进不足之处，真正做到从学生的成长需求出发。

三、基于教学行为自测的师生关系改善的评价和建议

积极利用自测量表自测体现了教师对改善师生关系的深切渴望，发挥了教师作为课堂引导者的主观能动作用。但通过实践，我们也发现了一些亟待改进的地方。

其一，自测量表中的一些指标明显不适合教师自评，如指标 11"教师讲课速度符合学生的接受能力"；指标 15"教师布置的作业难易适中"；指标 17"教师布置的作业量适中，学生能够接受"；指标 21"教师处理学生问题不够公平公正"；指标 24"教师教学过程让学生感到愉快"；指标 25"课堂上学生有被教师忽视的感觉"；指标 27"课堂上教师的鼓励让学生有了自信"。这些指标都是从学生角度来评价的，并且不同学生对同一问题的评价极有可能存在差异，教师在这些方面的自评只能是主观臆断，客观真实性不能得到保证。

其二，自测量表中的指标可分为固定指标和灵活指标。如"教师会用幻灯片辅助教学"这一指标并非课堂必需。而且，教师手写板书对于学生来说，其实是一种无声的示范，会使他们记录得更认真；幻灯片的限制太多，使得课堂上的生生对话、师生对话未能深入。板书呈现了一堂课中师生思维的动态活动过程，这是幻灯片无法取代的。又如指标 1"教师面带微笑，亲切和蔼"，有流于形式之嫌。事实上，每位教师性格不同，面对文本特点不同，不可能一一做到"面带微笑"，建议将此条修改为"教态亲切"。

其三，自测量表经调整后指标仍有重复之处，如指标 3"教师用表扬和鼓励帮助学生建立自信"和指标 9"教师会用很多方法鼓励学生积极发言"，都指向教师应采用有效方法或手段促使学生积极参与课堂，树立自信，可以合并。

其四，六校在自测量表的运用过程中，应结合本校特点对指标进行适当调整，指标的具体内容在具体问题、具体分析的基础上应有所差异。而实际情况却是，六校使用的自测量表基本相同，最多删减其中一项指标，其他一字未改。与此形成明显对比的是，六校的学生问卷调查结果存在一定的差异性，建议各校参照学生问卷的调查结果重新斟酌自测量表的指标，使之更有针对性，结合不同年级、不同学科的特点调整自测量表。

其五，课堂反思仍侧重于一己之得。各备课组或年级组应定期开展教研活动，发现一些共性和个性问题，就这些问题（尤其是共性问题）进行研讨，集众人之智慧，事半

功倍。

还有两点要注意。第一，应以全部学生为主体，尽量做到全员参与、全程参与，深度参与。教师要注重回答问题机会的公平分配，保证大多数学生有均等的回答机会。一些有难度的问题请表现力强的学生回答；简单问题，点名基础薄弱的学生回答；一般难度问题，提问相对内向的学生回答。第二，改变以往师问生答这一对话模式，改为小组讨论、全班交流的网状模式，让每个学生都动起来。讨论前有组织（小组讨论，分工明确，人人参与，要做记录），讨论中有话题，发言中有互动和点拨（避免单向传输，只听不议）。师生之间通过小组讨论交流的方式平等对话，共同探究，合作讨论，畅所欲言，使得教师不再是教育活动的唯一组织者，也不再是知识信息的唯一拥有者，而是从管理者向指导者和激励者转变。

总之，教师要重视教学艺术，关注课堂评语。从自测案例可以看出，教师的评语往往对一节课的氛围起着决定性作用。合理的评语对于引导学生深入思考，激发学生学习热情有着重要的作用。教师应力求让学生享受成功的喜悦，体会思考、顿悟的快乐。

第二节　基于同行听课检测的师生关系改善

在师生关系的改进中仅有教师的自测、自我约束是远远不够的，还需要他律的机制，因此，我们引入了同行听课检测，在他测中寻求师生关系改善的路径。同行听课起源于西方，随着时代发展逐渐被引入我国，现已成为我国教育事业发展中提高教师专业化程度以及课堂教学质量的有效途径。共同体学校以学科教研组为基础，以观测量表为工具，积极进行同行教师之间的交流、互动、合作，对课堂中师生关系改善问题进行了研究和探讨。

一、同行听课观测量表

我们借鉴美国弗兰德斯“师生言语互动分析系统”（Fias）的编码思想，以现场记录方式搜集教师的相关信息，同时借鉴目前国内普遍使用的等级量表法，形成了《课堂教学中师生关系状况观测与分析量表》。该观测与分析量表属于专题量表，聚焦课堂教学中的师生关系状况。该量表由两个量表组成。

(一) 教师课堂教学行为评价量表

表 4-2　教师课堂教学行为评价量表

授课者：________　学科：________　班级：________　时间：________　评价者：________

评价项目	评价指标	评价等级			
		A	B	C	D
表情与情绪	1. 面带微笑，和蔼可亲，面部表情随教学内容不同而有所变化				
	2. 情绪饱满，以积极的情绪激发学生学习热情				
	3. 教学时有激情，能感染学生，课堂氛围活跃，富有生气				
	4. 没有出现因情绪失控而伤害学生自尊的现象				
语言与语调	5. 语言清晰，语气亲切，快慢适中，表达自然流畅，表意准确				
	6. 运用启发性语言，拓展学生思维，调动学生学习的积极性				
	7. 与学生互动时合理反馈，多用鼓励性评价				
	8. 善于运用幽默艺术，营造宽松和谐的教学氛围				
	9. 没有使用讽刺、辱骂或其他伤害学生自尊的语言				
教学艺术	10. 课堂导入新颖，能激发学生兴趣或吸引学生注意力				
	11. 教学过程中能准确把握教学重点，善于化解教学难点				
	12. 能综合运用多种符合学科特点和本课教学内容的教学形式				
	13. 课堂举例适时、适当、贴切，尽可能联系学生的生活实际				
	14. 提问目标明确，时机恰当，难易适中，善于引导学生思维碰撞，促进学生思维发展				
	15. 发扬教学民主，鼓励学生质疑，耐心倾听、虚心接纳学生的意见和建议，积极引导学生				
学生意识	16. 讲课的音量、板书的字体、展示的多媒体素材能够顾及全班每一个学生				
	17. 站立的位置不遮挡任何一个学生的视线				
	18. 提问或与学生互动时，能够照顾各个层次的学生				
	19. 在学生练习时能及时发现有困难的学生并进行点拨或辅导				
	20. 非教学需要，没有出现让学生长时间站立的现象				

续 表

评价项目	评 价 指 标	评价等级			
		A	B	C	D
教学机智	21. 个别学生注意力不集中时,能用暗示等方式巧妙引导				
	22. 发生冲突事件时,能够机智化解,把其对教学的影响降到最低				
课堂逸事记录					

在课堂教学中的师生关系开放式问卷教师卷和学生卷的基础上,我们进行了第三次编码整理,确定了教师课堂教学行为自我监测方案,形成了上述观测与分析量表,聚焦研究课堂氛围中的师生关系(具体过程在第一节已论述,此处不再说明)。

表4-2主要从教师的主观性因素入手,通过正反两方面的对比研究师生关系。具体包括:教师的表情与情绪对师生关系的影响;课堂教学中教师的语言与语调对师生关系的影响;课堂教学中教师的教学艺术、学生意识、教学机智对师生关系的影响。此外,课堂是充满变化的,随时会出现预设之外的情况,我们设置了"课堂逸事记录"一栏,便于听课教师将课堂上师生之间的互动捕捉并记录下来。

(二)学生课堂学习状态评价量表

表4-3 学生课堂学习状态评价量表

评价项目	评 价 指 标	评价等级			
		A	B	C	D
注意状态	1. 倾听时是否全神贯注				
	2. 目光是否追随发言者				
参与状态	3. 是否全员全程参与学习				
	4. 是否积极思考并踊跃发言				
	5. 是否兴致勃勃地参与课堂教学活动				
	6. 是否敢于质疑、提出问题并展开讨论				
	7. 是否自觉进行练习				
	8. 是否有学生辅助教师的教学				

续　表

评价项目	评　价　指　标	评价等级			
		A	B	C	D
交往状态	9. 是否有友好合作行为				
	10. 与他人(师或生)交流时语言是否得体				
	11. 学习氛围是否民主、和谐、活跃				
情绪状态	12. 对所学内容是否充满自信				
	13. 是否获得满足、成功、喜悦等体验				
	14. 是否积极回应教师要求				
整体评价	[优] 10 个 A 及以上,其余为 B 或 C [良] 5 个 A 及以上、10 个 A 以下且无 D;全 B [差] 无 A 和 B;10 个 D 及以上 [中] 除去以上 3 种,其他情况为中				
课堂教学中的亮点与建议					

上海市中小学生学业质量绿色指标体系的测试结果显示:师生关系与学生学业水平呈明显的正相关,师生关系对学生学业成绩有明显的正向预测作用。① 大量数据表明,良好和谐的师生关系是进行正常的教学活动、提高教学效率的根本保证。经验表明,有些学生喜欢某个学科,是从喜欢任课教师开始的;有些学生某门课成绩好,是因为其与任课教师有良好互动。因此,良好和谐的师生关系应该是一种师生在人格上平等、在活动中民主、在相处氛围上融洽的关系,其核心是师生心系对方、互相尊重,而课堂上学生的学习状态可以从侧面反映师生关系。

根据课堂教学中的师生关系开放式问卷(学生卷)第三次编码整理,我们对其中的评价项目进行了讨论和筛选。针对“作为一个学生,你是否认为自己每节课都能认真配合教师的课堂教学,如果有时做不到,是什么原因”这一问题,有 115 人次的学生反映有时控制不住自己,会开小差,有 112 人次的学生表示自己有时会感到困乏,这反映了课堂上学生的注意状态不佳。那么学生高度注意时会有怎样的表现呢?当教师在讲授知识时,学生应该全神贯注地倾听;当其他同学在回答问题时,学生的目光应该与教师一样,追随发言者。

于是,我们从注意状态、参与状态、交往状态、情绪状态等方面评价学生课堂学习状

① 岳亚军.“上海市中小学生学业质量绿色指标体系”给我们的启示[EB/OL](2012-03-01)[2015-03-12]. http://blog.sina.com.cn/s/blog_3f6ca77201011pwp.html.

态,并借助评价结果(A/B/C/D 的数量)来整体评价学生课堂学习状态(优/良/中/差)。我们还在表格的最下面一栏留白,便于听课教师记录课堂教学中的亮点与建议。

(三) 相互印证的观测体系

两个量表,前者侧重观测教师行为,后者侧重观测学生状态。由于教师始终是课堂师生关系的主导方,教师在课堂教学中的正向情绪和行为是构建良好课堂师生关系的关键,而学生在课堂中的学习状态,则是教师教学行为导致的结果。因此两个量表中,前者反映的是课堂师生关系形成的原因,后者反映的是课堂师生关系形成的结果;后者是课堂师生关系评价的主要依据,前者则是该课堂师生关系形成的原因所在。这两个量表是相互印证的关系。

二、基于观测量表的开课研讨活动

(一) 活动主题与前期准备

2015 年 3 月,我们成立了松江七中"构建课堂教学中新型师生关系的行动研究"实践项目组,以"合作教研,决战课堂"为主题,组织语文、数学、英语、生命科学和音美学科组的教研组组长和部分骨干教师参加,主要在共同体六校前期"课堂教学中的师生关系"问卷调查和"课堂教学中的师生关系"量表自测的基础上,深入课堂进行教研活动。项目组教师依据观课量表进入课堂观课,同时我们在数学、语文、英语、音乐学科进行观课量表的前测,顺利开设了 18 节项目研讨课。

在深化"构建课堂教学中新型师生关系的行动研究"总项目研究的基础上,共同体成员还从不同角度切入申请子课题,如立达中学的"营造魅力课堂,促进师生关系";茸一中学的"改进课堂教学,优化师生关系";二中初中的"依据教学五环节,提升师生关系";华实初中的"渗透乡土历史,优化师生关系";松江六中的"打造绿色课堂,推进师生关系"。

(二) 深入课堂的行动研究

在"同质促进,异质互补"的理念下,共同体成员就各自的子课题进行了深入课堂的行动研究,以观测量表为抓手,以部分学科组为阵地,以同行听课检测为方式,改善师生关系。

立达中学提倡"引发教学"这种教学模式,教师在课堂教学中不断引导、启发学生,鼓励学生动起来,让课堂活跃起来。活力课堂是一种全方位激发活力,全过程优化教学,全面提高教学效率,最大限度实现师生共同价值的课堂。

茸一中学从集体备课、课堂上教师的语言亲和力、教师在教学中的随机应变和有效提问等角度来优化师生关系，提高教师课堂教学驾驭能力。为此，备课组从问题出发，设计以探究和解决问题为基础的认识活动，提供亲身体验的机会，发展学生的兴趣爱好，开阔学生的视野，精选作业，达到减负增效的目的。该校还主张学生采用自主探究、合作交流的学习方式，灵活利用课程资源和信息技术进行学习。

二中初中在共同体的引领下，带领全校教师开展子课题的研究实践，积极开阔教师的教育视野，提升教师的教育理念，使得全校教师的教育理念有所转变，即原本只关注教学目标的达成，转变为关注学生的学情；原本只关注课堂教学的预设，转变为关注课堂教学的生成；原本只关注学生的成绩分数，转变为关注学生学习能力的培养；原本只关注教师的"教"，转变为关注学生的"学"；原本只关注学生的智力因素对成绩的影响，转变为关注学生的非智力因素对成绩的影响。

华实初中以"渗透乡土历史，优化师生关系"为切入点。历史组教师先后开设了"改革开放""暴虐与抗争""禁锢与封闭""阿拉伯帝国"等教学研讨课。这些教学研讨课课例设计贴近学生生活，课堂氛围融洽，课程资源丰富。教师结合松江乡土历史，带领学生在轻松愉快的氛围中感受松江的历史变迁。在历史课堂中，学生不仅可以学习相对久远的历史知识，还可以了解身边的历史知识，感受历史的脉搏。该校历史组教师还成立了松江乡土历史社团。在社团中，师生一起了解松江的乡土人情，学习松江方言，品尝松江特产，过程轻松，内容丰富，乡土气息浓厚。在乡土历史社团课上，师生是平等相待的朋友，也是一起学习分享的伙伴。

松江七中从改善师生关系视角出发，研究了"指向改进的初中教学诊断机制研究""课堂教学中师生关系状况"等课题，使课堂真正走上转型之路，从"填鸭式""一言堂"的模式转变为"开阔学生视野，提升学生兴趣"的模式。如英语组积极开展唱英语歌曲、看原版英美电影活动，把学生的被动接受转变为主动学习；在课堂中，以活动为主线，以语用为目的，活跃了课堂气氛，拉近了师生关系。

松江六中积极探索绿色教育之路。在"绿色六中"的创建体系下，松江六中积极构建和谐的师生关系，推进"三大行动"：(1) 以"绿色管理"为支撑，推进新型师生关系的和谐创建；(2) 以"生态课堂"为抓手，践行新型师生关系的和谐创建；(3) 以"绿色校本课程建设"为载体，深化新型师生关系的和谐创建，让初中生经历自主、合作、探究的学习过程，释放巨大的学习潜能，在快乐的学习过程中发展自我。

六校共同体在不同学科中都尝试开展了以构建和谐师生关系为主题的研讨课，并由观课教师撰写了相应的观课案例，下面以松江六中姚健慧老师执教的一节艺术课为例进行分析，观课者为柯晨老师。

艺术组"撕贴出来的青花瓷瓶"一课的教师课堂教学行为评价量表见表 4－4。

表 4-4 教师课堂教学行为评价量表

授课者：姚健慧 学科：美术 班级：六(4)班 时间：2016.4.1 评价者：柯晨

评价项目	评价指标	评价等级			
		A	B	C	D
表情与情绪	1. 面带微笑，和蔼可亲，面部表情随教学内容不同而有所变化	√			
	2. 情绪饱满，以积极的情绪激发学生学习热情	√			
	3. 教学时有激情，能感染学生，课堂氛围活跃，富有生气		√		
	4. 没有出现因情绪失控而伤害学生自尊的现象	√			
语言与语调	5. 语言清晰，语气亲切，快慢适中，表达自然流畅，表意准确		√		
	6. 运用启发性语言，拓展学生思维，调动学生学习的积极性		√		
	7. 与学生互动时合理反馈，多用鼓励性评价		√		
	8. 善于运用幽默艺术，营造宽松和谐的教学氛围	√			
	9. 没有使用讽刺、辱骂或其他伤害学生自尊的语言	√			
教学艺术	10. 课堂导入新颖，能激发学生兴趣或吸引学生注意力			√	
	11. 教学过程中能准确把握教学重点，善于化解教学难点	√			
	12. 能综合运用多种符合学科特点和本课教学内容的教学形式	√			
	13. 课堂举例适时、适当、贴切，尽可能联系学生的生活实际	√			
	14. 提问目标明确，时机恰当，难易适中，善于引导学生思维碰撞，促进学生思维发展		√		
	15. 发扬教学民主，鼓励学生质疑，耐心倾听、虚心接纳学生的意见和建议，积极引导学生		√		
学生意识	16. 讲课的音量、板书的字体、展示的多媒体素材能够顾及全班每一个学生	√			
	17. 站立的位置不遮挡任何一个学生的视线	√			
	18. 提问或与学生互动时，能够照顾各个层次的学生		√		
	19. 在学生练习时能及时发现有困难的学生并进行点拨或辅导	√			
	20. 非教学需要，没有出现让学生长时间站立的现象	√			
教学机智	21. 个别学生注意力不集中时，能用暗示等方式巧妙引导	√			
	22. 发生冲突事件时，能够机智化解，把其对教学的影响降到最低	√			

续　表

评价项目	评　价　指　标	评价等级			
		A	B	C	D
课堂逸事记录	在上课环节进行到剪窗花时，教师了解到多数学生没有操作过，便现场冷静快速地示范讲解，使教学活动得以顺利继续				

表 4-5　学生课堂学习状态评价量表

评价项目	评　价　指　标	评价等级			
		A	B	C	D
注意状态	1. 倾听时是否全神贯注	√			
	2. 目光是否追随发言者	√			
参与状态	3. 是否全员全程参与学习		√		
	4. 是否积极思考并踊跃发言		√		
	5. 是否兴致勃勃地参与课堂教学活动		√		
	6. 是否敢于质疑、提出问题并展开讨论		√		
	7. 是否自觉进行练习	√			
	8. 是否有学生辅助教师的教学		√		
交往状态	9. 是否有友好合作行为	√			
	10. 与他人(师或生)交流时语言是否得体	√			
	11. 学习氛围是否民主、和谐、活跃	√			
情绪状态	12. 对所学内容是否充满自信	√			
	13. 是否获得满足、成功、喜悦等体验	√			
	14. 是否积极回应教师要求		√		
整体评价	[优] 10 个 A 及以上，其余为 B 或 C [良] 5 个 A 及以上、10 个 A 以下且无 D；全 B [差] 无 A 和 B；10 个 D 及以上 [中] 除去以上 3 种，其他情况为中	良			
课堂教学中的亮点与建议	课堂环节紧凑合理，教师表述严谨科学，作业设计表现感强				

本节课是在上海杨思中学上的，教学环节紧凑合理，教师表述严谨科学，是一节优

秀的教学研讨课。从课程架构到细节处理都十分到位,姚老师认真的教学态度非常值得其他青年教师学习。姚老师指出将瓶子上图案展开即可得到两幅连续设计图。学生通过讨论归纳图片要点(图案构成等)提高归纳素材、架构画面的能力。学生尝试创作后,姚老师又通过总结引导学生发散思维,培养学生解决问题的能力。

这节课时间有限,内容却很丰富,有以下几点值得思考。

教学目标达成:本节课的教学重点在于瓷瓶的造型,难点在于设计以及制作有青花纹样的花瓶。教学过程中,教师能准确把握教学重点,有效化解教学难点,教案内容丰富详细,但在三维教学目标阐述时,对“新颖”的花瓶和“个性化”的图案表述不够严谨,如果在教学活动中没有对此定下标准,将为最后的作业评价带来问题。情感、态度与价值观目标的叙述过于宽泛,建议改为“感受中国传统青花瓷的美感,激发对青花瓷造型及纹饰的兴趣”。教案应详略得当,如导入环节可以删去预设学生反应的相关语句,其他教学环节也要在表述上进行精简化处理,使结构更清晰。同时,缺少学术作品评价标准的阐述。

教学内容设计:本节课是根据七年级“寻找民间美术”相关内容拓展出的一节课。教师预设学生利用手撕的方式完成器形,然后用窗花装饰完成作品。教师教态自然,语言亲切有感染力,很容易就拉近了和学生的距离。值得一提的是,在上课环节进行到剪窗花时,教师了解到多数学生没有操作过,便现场冷静快速地示范讲解,使教学活动得以顺利继续。这体现了教师良好的心理素质和应变能力。本节课教学重点在于瓷瓶的造型,可以不强调甚至不提起官窑和民窑的区分。考虑到复杂程度对作业的影响,也可以只涉及民窑。

教学资源运用:教师示范的作品数量和质量都较高,体现了其较好的专业素养和认真的教学态度。作品示范适时恰当贴切,课件展示时充分发挥多媒体的优势,讲清楚了青花瓷上纹饰和平面设计的关系。课件中的器物背景建议调暗或用辅助线突出轮廓,便于学生理解。解说示范作品时可以强调一下作品中的团花和真正意义上的青花有区别。

教学效果呈现:作业形式简单易懂,学生也有很大的发挥空间。用手撕出器形是本课的一个特色,但在实际观课时我们感受到学生能较为熟练地使用工具,如果不是出于对造型风格的考虑完全可以直接剪出。有必要在布置作业时强调器形和纹样的组合要求。如果能提供学生同色系画笔作为辅助,效果会更好。

从以上观课案例可以看出,观课教师能按照两张观课量表对本节课进行基本的量化评价。从《教师课堂教学行为评价量表》来看,该授课教师在 22 项评价指标中有 14 个 A、7 个 B、1 个 C。其中,该授课教师在表情与情绪、学生意识方面做得最好,能做到面带微笑、和蔼可亲、情绪饱满,在教学过程中课堂氛围比较活跃。在语言与语调、教学艺术方面总体上较为出色：该授课教师语言幽默,给学生以启发,与学生互动时多用鼓励性评价;善于化解教学难点,举例适时适当,尽可能联系学生的生活实际,美中不足的是课堂导入不够新颖,提问或与学生互动时,没有照顾各个层次的学生。从《学生课堂学习状态评价表》来看,该授课教师在 14 项评价指标中获得 8 个 A、6 个 B,整体评价为良。其中,学生的注意状态和交往状态非常好,情绪状态较好,但我们也明显发现,这节课中学生的参与状态不够理想,没有积极回应教师要求,这中间可能有借班上课的原因,教师和学生之间存在陌生感。如果本节课是在本校本班学生中进行的,效果肯定会更好。

三、基于同行听课检测的师生关系改善的评价和建议

（一）基于同行听课检测的师生关系改善的评价

美国著名心理学家罗杰斯认为,成功的教学依赖于一种真诚的理解和信任的师生关系,依赖于一种和谐安全的课堂气氛。[①] 然而良好的师生关系并非在一堂课中构建的,而是形成于一堂堂课中。基于上述同行观课案例,虽然不同学校构建课堂教学中新型师生关系的方式方法和侧重点有所不同,但其对良好师生关系的认识是一致的,主要表现在以下几方面。

1. 民主与平等

杨荣说:“在教育教学过程中,教师应把自己定位为一名服务者,把课堂还给学生,以人格平等的态度对待每一个学生,正确领会教师引领和学生为本的理念。”[②]因此,教师应充分发扬在教育教学上的民主精神,允许学生有根据地发表自己的见解,要肯定和赞许学生表达出的不同想法,在师生之间实现平等对话。教师公平公正、发扬民主,学生才能最大限度地发挥主观能动性。

2. 尊重与信任

韩金森说:“教师要尊重学生的人格,把学生视作一个独立完整的社会人。”[③]教师要重视学生的情感体验,尊重学生的自尊心,不要随意轻视谩骂、冷嘲热讽、体罚甚至变相体罚学生。教师要相信他们每个人都有自己的优点和长处,相信他们身上都有无限的潜能,相信他们通过自己的拼搏一定能实现梦想。在日常教学中,教师要及时对学生的成就进行表扬和奖励,引导他们妥善处理问题。这样,学生也会信任教师,向教师诉

---

① ［澳］Bill Rogers.课堂行为的有效管理策略［M］.蔡艳芳,马慧,郭燕飞,译.北京：中国轻工业出版社,2013.

② 杨荣.论高校和谐师生关系的构建［J］.中国成人教育,2008(6).

③ 韩金森.构建和谐师生关系的策略研究［D］.河北师范大学,2014.

说心事。

3. 理解与合作

教师应随时随地了解学生的个性差异和心理特点，了解他们的心理发展、兴趣爱好、认知水平、思维方式和行为习惯等，设身处地理解他们的行为。教师还应走进学生的内心，理解学生的所作所为，做学生的知心朋友；师生间相互配合，教学相长，建立一种亲密的伙伴关系。①

从同行观课检测反馈中，我们发现只有少数教研组基于观课量表有的放矢地进行师生关系评价，多数教研组习惯性地按照以往的评课方式，即从教学三维目标的达成度、教学内容的设计、教学策略的选择、教学资源的运用、教学效果的呈现等方面分别进行论述，有的观课教师还补充了课堂氛围、对授课教师教学基本功（板书、教态、语言、重难点和学情把握）的评价。如果说观课教师对于观测量表中的教师课堂教学行为“表情与情绪”“语言与语调”“教学艺术”还能穿插在观课案例中体现出来，那么“学生意识”“教学机智”这两项则鲜有教师进行具体观察。其中的原因可能是：

量表中的部分评价指标在实际教学中属于基本要求，很多有一定教龄和经验的教师都会注意到此类问题，因此在观课时直接忽略不计了。如“站立的位置不遮挡任何一个学生的视线”“非教学需要，没有出现让学生长时间站立的现象”。

量表中的部分评价指标在教师听课时很难有确凿的证据支持，在不了解听课班级学情状况下，无法评价判断。如“提问或与学生互动时，能够照顾各个层次的学生”“个别学生注意力不集中时，能用暗示等方式巧妙引导”。授课教师应在课前打印班级的座位表并进行标记，注明优等生、中等生和学困生，以帮助听课教师进行相对客观的观测和评价。

量表中存在一些生成性指标，如“在学生练习时能及时发现有困难的学生并进行点拨或辅导”“发生冲突事件时，能够机智化解，把其对教学的影响降到最低”，该类指标并非每节课都有，在有教师来听课的情况下，发生的概率会更低。

评课教师不仅应关注教师如何“教”，还应关注学生如何“学”，因此，“学生课堂学习状态评价表”对于教师观课有很好的引导作用，也可以为听课教师判断授课教师的教学效果提供依据。但在观课案例中，我们较少看到观课教师从这个角度给出较为客观的评价，取而代之的是笼统的“整节课充满欢乐”“课堂氛围比较轻松，和谐融洽”“学生积极性高，气氛热烈”。如此一来，评价表便偏离了设计的初衷，体现不出其价值。

---

① 周国良，熊春林.论高校和谐师生关系的基本特征[J].高等农业教育，2010(5).

（二）基于同行听课检测的师生关系改善的建议

1. 聚焦“课堂教学中师生关系状况”观察量表并合理改进

听课与评课是一门艺术，更是一门科学。善观察者可见常人所未见，不善观察者入宝山空手而回。听课与评课要想做到听出特点，抓住实质，评出水平，令人心悦诚服，并非一件易事。听课要听出门道，评课才能有的放矢，才能评得有味道。

教师是课堂教学的设计组织者，学生是课堂的受众和参与主体，听课者要重点观察教师的“教”和学生的“学”。教学是教师“教”和学生“学”的辩证统一过程。因此，听评课不仅仅是在观察教师，更要观察学生在课堂上的学习行为表现、学习情绪和学习效率。只有全面分析教师的教学行为和学生的行为表现，才能正确判断课堂教学是否激发、调动了学生的学习能动性和积极性，才能客观评价教师教学策略和手段的运用是否符合学情。学生是学习的主体，观察者在听课的过程要观察学生作为主体的参与程度，还要观察学生的可持续学习情况、思维的活跃程度、创造性。而以上这些，需要评课者充分利用观课量表并不断合理改进和更新量表。

2. 让师生关系和课堂教学效果形成良性循环

教育很重要的一点是看教师与学生之间的关系如何，良好和谐的师生关系能架起师生之间信任的桥梁，实现师生的共同发展。教师的主要任务就是引导学生去感知教材、感知图片、感知视频材料，使之初步构建知识体系。同时，教师还要引导学生去思考，去体验，去参与，去活动，去交流，去倾听，去践行。

在课堂教学中，教师的角色是多样化的，包括传道者、授业者、解惑者、引导者、帮助者、研究者、学生的知己和朋友。要构建良好的师生关系，教师就要深刻地了解自己的不同角色，学会在不同角色之间灵活转换，与学生和谐融洽地相处。教师还应不断更新教育理念，在“精”上做文章，在“情”上花时间，多钻研、多学习、多交流，营造宽松的教学氛围。教师要懂得爱学生，树立服务意识；懂得欣赏学生，学会科学评价；懂得信任学生，理解宽容学生；懂得尊重学生，树立平等意识，构建和谐的师生关系。

3. 师生合作增强情感交融体验

教师应允许学生提出不同意见，给学生提供思维发展的空间，特别是对有创新思维的学生，应在给予肯定、鼓励的同时恰当引导，不要轻易否定。教师一味在课堂上进行知识灌输，很难调动学生学习的积极性，即使教师自己把问题和难点都讲明白了，也可能出现学生只知道概念表面的意思、对深层次的内涵理解不到位的情况。此时，教师不妨采取师生合作、生生合作的形式，先将学生进行分组，确保小组内部成员之间存在一定的差异，增进学生之间的交流与合作，再将准备要讲解的内容以小组的形式进行合理分配，使小组经过充分的讨论和总结达成一定的共识，最后在课堂上呈现出来，激发小组学习的动力。这样既营造了课堂的活跃气氛,又给予每一个学生参与表现的机会,增强了师生间情感交融的体验。

第三节　基于学生科研观测的师生关系改善

良好师生关系的构建,离不开学生。教师要真诚地倾听学生的意见和建议,及时反思自己的课堂教学行为。因此,共同体成立了"构建课堂教学中新型师生关系的行动研究"学生科研员项目组,进行了开放式问卷调查,并从学生科研员的角度对实践组教师的课堂进行跟踪观察记录,同时撰写观察日记。

一、学生科研观测的方式

(一) 开放式问卷

在马兰霞老师的指导和引领下,松江七中就课堂教学中的师生关系开放式问卷进行筹备,四次易稿,最终形成了学生卷和教师卷。共同体六校进行了学生卷的抽样调查,最终调查结果如下:

"课堂教学中的师生关系"开放式问卷(学生卷)

第三次编码整理

1. 在课堂上,教师有过的哪些行为或言语令你感到愉快(可以举例说明)?

(1) 教师面带微笑,语言幽默风趣,在课堂营造轻松的氛围(322 人次)

(2) 教师用表扬和鼓励帮助学生建立自信(177 人次)

(3) 教师耐心讲解,对听不懂的学生能耐心指导(22 人次)

(4) 教师偶尔聊一下自己的家庭(适度开放自我,27 人次)

(5) 教师偶尔用一下学生熟悉的网络语言(8 人次)

(6) 教师和学生深入互动(24 人次)

(7) 学生能得到教师的物质奖励(17 人次)

(8) 学生身体不适或情绪低落时,教师能给予关心(8 人次)

2. 在课堂上,教师有过的哪些行为或言语令你感到不舒服(郁闷、受伤、反感、愤怒……可以举例说明)?

(1) 教师经常指责或批评学生(119 人次)

(2) 教师常说我们班不如别的班好(30 人次)

(3) 教师过于追求分数而不顾学生的感受(46 人次)

(4) 学生做作业时,教师在一旁发泄自己的情绪(3 人次)

(5) 学生听不懂,教师表现出不耐烦(32 人次)

(6) 教师拖堂、抢课、挤占副课和下课休息时间(54 人次)

(7) 教师误解或冤枉学生(53 人次)

(8) 教师有打、骂等体罚学生的行为(54 人次)

(9) 教师每天要求学生必须提前到学校(1 人次)

(10) 教师在讲课时没讲清楚过程(1 人次)

(11) 教师一生气就叫家长来学校(10 人次)

(12) 上课时,教师接电话、发短信(1 人次)

(13) 教师因为个别学生的错误而责怪全班学生(8 人次)

(14) 教师布置作业多,不体恤学生(4 人次)

(15) 语文教师说“学英语是最没用的”(1 人次)

(16) 教师不尊重学生,如当众批评某个学生、喜欢讽刺挖苦学生(32 人次)

(17) 教师威胁、恐吓学生(3 人次)

(18) 教师让学生默写罚抄多遍(24 人次)

(19) 教师用不正面的语言刺激学生,如“这题你一定做不出”(5 人次)

(20) 教师抽我回答我不会的问题,而我会的问题不抽我回答(23 人次)

(21) 教师拍桌子(5 人次)

3. 你觉得教师在课堂上最吸引你的地方是什么?

(1) 教师讲课生动有趣,语言幽默,表情丰富(283 人次)

(2) 教师讲课细致投入(102 人次)

(3) 课堂上师生配合默契(33 人次)

(4) 教师讲课时不拘泥于课本,有拓展内容(39 人次)

(5) 教师讲课时能讲学生不注意的地方(16 人次)

(6) 教师能联系自己的亲身经历(25 人次)

(7) 教师采用游戏的方式让学生玩中学(5 人次)

(8) 教师设计的活动符合学生的实际情况(14 人次)

(9) 教师具有个人魅力(19 人次)

(10) 教师面带微笑,语言亲切(8 人次)

(11) 教师板书漂亮、清楚,使用精致的幻灯片(5 人次)

(12) 教师讲课时能联系身边事例,有耐心(19 人次)

4. 你觉得教师在课堂上最令你感到无趣的地方是什么?

(1) 教师讲课方式单一枯燥(165人次)

(2) 教师完全按照课本讲解,没有拓展内容(43人次)

(3) 教师题目还没讲透就简单带过(45人次)

(4) 课堂笔记或作业太多(27人次)

(5) 教师讲与课堂教学无关的内容(22人次)

(6) 教师课堂上经常要求学生背书、默写(21人次)

(7) 教师一节课都在讲作业(47人次)

(8) 教师一个人一讲到底(49人次)

(9) 教师重复已经讲过的大道理(34人次)

(10) 上课时,教师说话啰唆,不停唠叨(8人次)

(11) 教师总是让学生做试卷(6人次)

(12) 教师让学生自己看书、做题(17人次)

(13) 教师死板,骂人(4人次)

(14) 教师不听学生说完就让他(她)坐下(4人次)

(15) 教师出的题目太简单(3人次)

(16) 教师带着情绪上课(2人次)

(17) 教师讲课内容听不懂(3人次)

(18) 教师用方言讲课(7人次)

5. 如果你喜爱某门学科,喜欢的理由是什么?

(1) 教师上课方式生动有趣,有演示、动手操作、游戏等(253人次)

(2) 教师亲切和蔼,师生关系良好(99人次)

(3) 教师不断激励学生开动脑筋(20人次)

(4) 对这门学科有自信,自己这门课的成绩好(63人次)

(5) 教师有问必答(38人次)

(6) 教师问题讲得清晰(26人次)

(7) 教师理解和尊重学生,是学生的好朋友(23人次)

(8) 教师上课能拓展课外知识,开阔学生的视野等(12人次)

(9) 教师讲课内容吸引学生(12人次)

(10) 作业少(3人次)

(11) 教师经常进班级关心学生(5人次)

(12) 教师有物质奖励(11人次)

6. 如果你讨厌某门学科，讨厌的理由是什么？

（1）教师苛刻且死板、一味责罚（143人次）

（2）教师讲课速度过快，听不懂，作业太难（81人次）

（3）教师有偏激行为（如骂人）（32人次）

（4）教师无视学生的要求（13人次）

（5）教师布置作业（包括背和默）太多（78人次）

（6）教师总说我们差（21人次）

（7）教师太过严肃，课堂气氛紧张（19人次）

（8）教师喜欢拖堂、占用休息时间默写订正（33人次）

（9）教师让学生死记硬背（17人次）

（10）教师讲课不生动（32人次）

（11）教师管得太多（21人次）

（12）教师上课不认真，水平不高（5人次）

7. 作为一名学生，你是否认为自己每节课都能认真配合教师的教学？若有时做不到，原因是什么？

（1）感到困乏（有时连着上，没有下课休息时间）（112人次）

（2）控制不住自己，会开小差（115人次）

（3）作业负担重，睡眠不足（22人次）

（4）教师讲课速度过快，或内容太难听不懂（67人次）

（5）与教师、同学发生不快，影响上课心情（66人次）

（6）被教师误解或者批评，心里不高兴（51人次）

（7）教师在讲废话（8人次）

（8）害怕犯错，不敢举手（4人次）

8. 在什么情境下，你希望教师多抽你发言或不抽你发言，为什么？

希望发言的情况：

（1）经过思考的题目、我会的题目希望教师抽我发言（256人次）

（2）讲作业时希望教师多抽我发言，以便检查我的答案是否正确（24人次）

（3）我喜欢的内容多抽我发言（52人次）

（4）只有少数人会的题目抽我发言（48人次）

（5）我举手时抽我发言（16人次）

（6）任何情况下都抽我发言（6人次）

（7）我有新的想法和解题思路时抽我发言（18人次）

不希望发言的情况：

(1) 我没有想好的时候不要抽我发言(256 人次)

(2) 公开课上不要抽我发言(15 人次)

(3) 答不出要罚抄时不要抽我发言(23 人次)

(4) 我低头不看教师时不要抽我发言(33 人次)

(5) 任何情况下都不要抽我发言，我喜欢默默地听讲(42 人次)

(6) 我心情不好时不要抽我发言(3 人次)

(7) 我不喜欢的科目不要抽我发言(23 人次)

9. 课堂上有时会发生师生冲突事件，据你所知是什么原因导致出现这种状况？

(1) 讨论问题时意见不一致(62 人次)

(2) 学生无理取闹，顶撞教师(137 人次)

(3) 学生课堂上写其他学科的作业(48 人次)

(4) 学生缺漏作业、拖拉不订正(90 人次)

(5) 教师不听学生的提问或想法(12 人次)

(6) 教师冤枉了某个学生(36 人次)

(7) 教师随便打骂学生(10 人次)

(8) 教师根据学生的当下表现推断他(她)的未来(20 人次)

(9) 教师语言过激(26 人次)

(10) 学生上课不认真(22 人次)

(11) 教师抽思想开小差的学生回答问题，学生回答不上(8 人次)

(12) 学生情绪冲动，心情不好(2 人次)

(13) 教师当面批评学生(5 人次)

(14) 学生不遵守纪律(9 人次)

(15) 教师不尊重学生(4 人次)

(16) 容易的题目学生回答不出来(2 人次)

10. 为了改善课堂教学，你觉得教师在哪些地方需要改进(针对目前所有教你的教师，不要指出姓名)？

(1) 提高课堂教学的趣味性，改善课堂气氛(210 人次)

(2) 尊重学生，多鼓励、少指责(63 人次)

(3) 讲课时拓展一些课外知识(38 人次)

(4) 不要喜怒无常，把不好的情绪随意发泄在学生身上(26 人次)

(5) 批评学生时不要讽刺挖苦,不要讲粗话(23 人次)

(6) 批评学生时不要夸大事实、以偏概全(27 人次)

(7) 少拖堂(45 人次)

(8) 平时与学生多沟通,拉近师生距离(1 人次)

(9) 不要随意说学生“没救了”(3 人次)

(10) 作业少一点(46 人次)

(11) 不要冲动,随意打骂学生(13 人次)

(12) 讲课思路更加清晰,能举一反三(6 人次)

(13) 幻灯片做得可爱一点(8 人次)

(14) 课堂上多一点互动(26 人次)

(15) 不要老用命令的口吻(25 人次)

(16) 要认真讲解过程,不要只报答案(5 人次)

(17) 公平对待学生(4 人次)

(18) 不要在大家学习的时间批评学生(7 人次)

(19) 不要动不动就向家长告状(17 人次)

学生卷共十个问题,侧重于对教师的教学行为、教学语言和教学方式进行评价。通过调查发现,能最大程度调动学生学习积极性从而使课堂气氛更加融洽的教学行为、教学语言和教学方式包括:教师面带微笑,语言幽默风趣,在课堂营造轻松的氛围;教师用表扬和鼓励帮助学生建立自信;教师讲课生动有趣,语言幽默,表情丰富;教师讲课细致投入;教师上课方式生动有趣,有演示、动手操作、游戏等;教师亲切和蔼,师生关系良好;经过思考的题目、我会的题目希望教师抽我发言;我喜欢的内容多抽我发言;提高课堂教学的趣味性,改善课堂气氛;尊重学生,多鼓励、少指责……总之,多数学生希望教师亲切和蔼,教学方法生动有趣,教学气氛轻松,能保护自己的自尊和增强自己的自信。有趣、轻松的课堂氛围是学生衡量师生关系的一个重要指标。而多数教师更看重的却是课堂的有效性。如何使一节课做到趣味性和有效性的统一呢?当两者不可兼得时又该如何处理呢?

(二)观察记录和观察日记

共同体成立了“构建课堂教学中新型师生关系的行动研究”学生科研员项目组,对实践组教师的课堂进行跟踪观察记录,同时撰写观察日记。该项目组对表现优异的学生科研员进行了表彰,激励学校其他科研员以此为榜样,认真做好对项目组教师的观察记录工作,为项目研究留下宝贵的资料;从学生角度反观教师的课堂教学行为及表现,在激发学生研究主体意识的同时,凸显了课堂教学中师生关系研究的全面性。

在学生的观察记录和观察日记中,《我们的李老师》《致我心中的大明星》《我眼中的潘老师》等给我们留下了深刻的印象。以下是观察记录《我们的李老师》。

我们的李老师

李老师是个幽默的人,上课时,她会用生动有趣的语言带领我们探索奇妙的数学世界,了解那些活泼的小数和负数,认识那些可爱的加减乘除符号。

李老师很温柔。她总是笑眯眯地和我们说话、聊天。她像一个大姐姐一样对待我们,却并不把我们当成小孩子。例如,她不允许我们在学校哭闹,认为学会控制自己的情绪是我们成长的第一步,要求我们无论多么伤心或气愤都不要把这些情绪表现出来。

……

李老师也有一些小问题。她分不太清平舌音和翘舌音,会把"擦"读成"chā",也会把"差"读成"cā",不过这没关系,哪个人又是完美的呢?

通过观察记录不难发现,学生喜欢幽默的教师和活泼的课堂。学生很在意教师在课堂中的情绪变化,这要求教师具备个人情绪管理能力,上课时面带微笑,关心学生,不因个别学生的错误而迁怒全班。学生喜欢能与他们成为朋友的教师。这要求教师信任学生,与学生平等对话。学生记录过程中,对教师在课堂上的教法和教具使用的目的、突发事件的处理等关注较少。这可能是因为学生缺乏课堂整体意识。

二、学生科研观测所呈现的新型师生关系

在调查时,针对问题 1,选择人次最多的选项依次是:教师面带微笑,语言幽默风趣,在课堂营造轻松的氛围(322 人次);教师用表扬和鼓励帮助学生建立自信(177 人次);教师偶尔聊一下自己的家庭(适度开放自我)(27 人次)。可见,教师信任学生,关爱学生,鼓励学生,有助于营造轻松的氛围。

在学生的观察记录和观察日记中,出现得比较多的词语有微笑、爱、关心等,以下摘录了几段内容。

因为有老师对我的温馨提醒,我会懂得当所有人赞扬我时,我应该脚踏实地;因为有老师的温暖鼓励,我会懂得当跌落谷底时,我应该重新振作;因为有老师的善意关心,我会懂得别人为我着想时,我应该为大家着想。

老师用关爱为我们架起了心灵沟通的彩虹桥;用负责为我们打下了良好的学习基础;用严谨帮我们养成了好习惯。

老师的笑容让我信心十足。我开始复述了,我感觉自己的声音提高了好多,同学们也诧异地看着我……我在心中默想:是老师的微笑帮助我找到了更好的自己,是老师的微笑给了我信心与勇气。

归纳下来,学生科研观测所呈现的新型师生关系主要体现在两方面。第一,爱与尊重是构建良好师生关系的前提和基础。教师关爱学生、尊重学生,学生亲近教师、相信教师。学生的尊师,是对教师爱生的回应。第二,理解和赏识是构建良好师生关系的关键。教师真诚地肯定学生的表现,不仅能激发学生向上的动力,更能深刻地影响学生的个性发展。因此,适度的鼓励和表扬,能让学生获得成功的喜悦。其实,每一个学生都有自己的闪光点,被人欣赏和赞美,特别是被教师欣赏和赞美无疑是一种幸福,而教师欣赏学生也是一种教书育人的境界。

三、基于学生科研观测的师生关系改善的评价和建议

学生科研员的观测,在最大程度上体现了学生作为学习主体的重要性,一方面,对目前师生关系需要改善的地方提出了期待;另一方面,对师生关系比较和谐的方面予以肯定。应该说,这些观测都是比较客观的,为师生关系的进一步改善提供了参考。基于学生科研观测所反映的情况,教师应在三方面有所作为。

第一,教师要得到学生的信任和爱戴,不仅要有责任心、事业心,还要寻找多种方法,掌握多种技巧,成为学生的知心朋友。教师要与学生平等交流,在和谐融洽的气氛中完成教学任务。教师要以大局为重,宽容对待学生,使自己的教育手段更加成熟,全面而科学地看待教育过程。

第二,课堂教学应是充满生机和活力的。它不应拘泥于传统的教学模式,而应以激发学生的学习兴趣,提高学生的思维能力为目标,教师应结合学情和教学内容采用灵活多样的教学方法。陶行知先生认为,第一流的教师是创造型的教师,要"敢探未发明的新理""敢入未开化的边疆"(《第一流的教育家》)。教师有了创新意识,才能更好地培养学生的好奇心和求知欲,培养学生的探究精神和创新思维。

第三,确定学生科研员人选时可以采用轮流的方式。这样既可以减轻学生的负担,又可以人人参与,让学生科研这一方式更加客观公正,也让学生意识到人人都是课堂的主人公,改善师生关系与每个人息息相关。

第四节 基于流动教师观测的师生关系改善

共同体学校本着“资源共享、合作共赢”的原则，以校本教研为载体，以教育教学管理活动为主线，借助教师区域内交流互动机制，形成学校特色的教师培训模式，提高教师研究课堂教学的积极性与主动性，促进教师专业发展，并基于流动教师观测促进师生关系改善。

一、搭建平台开展柔性流动

（一）流动设想和实施方案

教师柔性流动，均衡教育才有活力。六校共同体遵循“以校为本、校际联动、各司其职”的基本原则和总体思路，以“同质促进，异质互补，文化融合”为愿景，形成了以松江七中校长为组长，其他学校校长为副组长，共同体联络员为组员的共同体柔性流动工作小组，并根据教育局对柔性流动工作的具体要求，确定了柔性流动工作方案，对柔性流动教师的工作职责进行了详细的规定。具体实施方案如下：

松江七中学校发展共同体教师柔性流动实施方案

（征求意见稿）

为贯彻落实《国务院关于深入推进义务教育均衡发展的意见》和市、区《教育改革和中长期发展规划纲要》，深入实施松江区强师兴教行动计划，扩大松江区义务教育阶段学校发展共同体建设成果，深化学校管理和运行体制改革，推动区域义务教育均衡、优质、公平、开放发展，根据《松江区第二轮义务教育阶段学校发展共同体建设实施意见》和《构建课堂教学中新型师生关系的行动研究》项目方案，形成本方案。

一、指导思想

为进一步推进松江区义务教育阶段学校均衡优质发展，建立科学合理的人才流动机制，把松江七中共同体作为责任主体，进一步拓宽松江城区内教师互动、交流的渠道，丰富校本研修，为全区建设一支素质优良、结构合理的师资队伍，提高教育教学质量和办学水平。

二、任务要求

（一）共同体骨干教师柔性流动要求

1. 人员数额

松江七中共同体各成员单位每年互派中层干部1至2位，互派骨干教师3至4位。参加柔性流动的中层干部和骨干教师在柔性流动期间原则上不再从事本校的教育管理和教育教学工作。

2. 柔性流动教师基本要求

50岁以下、教龄3年及以上的在职教师；能够胜任中小学学科教学工作和班主任教育管理工作，具有较强的校本研修能力；属于校级及以上骨干教师序列。

（二）柔性流动教师的工作职责

1. 中层干部工作职责

服从受援学校的各项工作安排，主动承担教育教学工作和管理工作；承担一定量的学科教学工作，在学科教学上发挥榜样示范作用；切实做好受援学校安排的各项工作，强化责任意识，对分管领导负责；蹲点一个年级组，指导并协助年级组长开展年级组各项工作；蹲点一个教研组，指导并协助教研组组长开展校本研修工作；带教1位青年教师；执教一节校级展示课，开办一次教研组内的讲座；柔性流动期满应完成一篇教育管理方面的研究文章。

2. 骨干教师工作职责

承担教育教学工作，指导受援学校开展校本研修工作；至少执教一节校级公开课，主持一次校本研修活动；积极参与受援学校教育科研工作，可根据受援学校工作需要，负责一项课题研究；以师徒结对形式，带教1至2位青年教师；柔性流动期满应完成一篇教育教学方面的研究文章。

（三）柔性流动教师奖励制度

实行教师流动与职称评审挂钩制度，有柔性流动任教经历的教师，在同等条件下优先晋升；实行教师流动与岗位聘任挂钩制度，有柔性流动任教经历的教师，在岗位聘任时，同等条件下优先聘任；实行教师流动与评优评先挂钩制度，学校在推荐各类先进教师时，要优先推荐有柔性流动任教经历或流动任教时间较长的教师，并将特别优秀的教师优先纳入学校和区后备人才培养计划；实行柔性流动经费奖励制度，经考核合格的柔性流动教师，每学年奖励8000元；建立年度柔性流动教师工作总结和表彰大会制度，总结年度教师柔性流动工作经验，及时解决柔性流动工作中的问题，表彰教师柔性流动工作先进个人和先进集体。

建立健全柔性流动骨干教师的管理和考核制度（具体办法略）。

三、日程安排

2013 年 7 月初，松江七中共同体学校参加松江区义务教育阶段学校发展共同体教师柔性流动动员工作会议，形成骨干教师柔性流动工作实施方案，进行广泛宣传，动员教师积极参与柔性流动工作。

2013 年 8 月 10 日前，松江七中学校汇总本共同体柔性流动骨干教师申报表后上报教育局。

教育局审批通过后，2013 年 8 月 15 日前，松江七中共同体柔性流动骨干教师去受援学校报到。

自柔性流动骨干教师去受援学校报到日始，柔性流动骨干教师按受援学校工作制度正常工作，接受受援学校的管理。

此后，共同体以《松江七中学校发展共同体“共管共建章程”》《2013 年松江七中发展共同体教师柔性流动实施方案》等为基础，通过召开共同体工作启动会和流动教师恳谈会等，及时沟通共同体学校在项目推进中遇到的问题。2013 年（第一轮）有 22 位教师参加柔性流动。表 4－6 为 2013 年松江七中共同体柔性流动教师名单。

表 4－6　2013 年松江七中共同体柔性流动教师名单

派出学校	类别	姓 名	性别	职务骨干	职　称	年级学科	受援学校	备注
牵头学校 松江七中	中层	易顺有	男	政教副主任	中学一级	初中/英语	松江六中	单向
	教师	封锦文	男	区学科名师	中学一级	初中/数学	松江六中	单向
		胡晓春	男	备课组组长	中学一级	初中/语文	二中初中	单向
		陆伟强	男	教研组组长	中学一级	初中/地理	立达中学	双向
		毛燕萍	女	备课组组长	中学二级	初中/信息科技	二中初中	单向
		吴勤芳	女	—	中教一级	初中/化学	松江六中	单向
成员学校 二中初中	中层	宋　俊	女	大队辅导员	中学二级	初二/心理	立达中学	单向
	教师	杨丽丽	女	—	中学一级	初二/语文	松江六中	单向
		邵婷婷	女	—	中学二级	初一/数学	松江六中	双向
		耿小燕	女	—	中学二级	预初/英语	九峰学校	体外支教
成员学校 立达中学	中层	刘红丽	女	政教副主任	中学一级	初中/思品	二中初中	单向
	教师	孙汉创	男	备课组组长	中学一级	初中、高中/英语	华实初中	单向
		汤春红	女	—	中学一级	初中/地理	松江七中	双向

续　表

派出学校	类别	姓 名	性别	职务骨干	职　称	年级学科	受援学校	备注
成员学校 松江六中	中层	程　博	女	政教副主任	中学一级	初二/历史	华实初中	单向
	教师	刘晓慧	女	—	中学二级	初一/数学	二中初中	双向
		马联明	男	—	中学高级	预初/语文	茸一中学	单向
		蔡立群	女	—	中学一级	初二/英语	立达中学	单向
成员学校 华实初中	中层	姚玉芳	女	教导主任	中学高级	初中/英语	松江七中	单向
	教师	钱雪萍	女	—	中学二级	初中/化学	二中初中	单向
		孙　璐	女	—	中学一级	初二/数学	松江六中	单向
		诸伊菁	女	—	中学二级	初二/英语	松江六中	单向
成员学校 茸一中学	教师	汪　海	男	—	中学二级	初中/语文	立达中学	单向

在第一轮柔性流动的基础上，我们形成了第二轮教师柔性流动实施方案，进一步规范教师柔性流动制度。表 4－7 为 2014 年松江七中共同体柔性流动教师名单。

表 4－7　2014 年松江七中共同体柔性流动教师名单

派出学校	姓 名	性别	职务骨干	职　称	学　科	受援学校
牵头学校 松江七中	徐树新	男	校级骨干	中学一级	数学	二中初中
	徐永明	男	校级骨干	中学一级	英语	立达中学
	葛廷侠	女	校级骨干	中学一级	语文	华实初中
成员学校 二中初中	杨　敏	女	校级骨干	中学一级	语文	立达中学
	叶耀文	男	校级骨干	中学二级	数学	立达中学
	宋琳洁	女	校级骨干	中学二级	英语	华实初中
成员学校 立达中学	彭国华	男	备课组组长	中学一级	语文	二中初中
	罗　阳	女	教导副主任	中学一级	数学	松江七中
	陈火忠	男	校级骨干	中学一级	化学	松江七中
成员学校 松江六中	钟　颖	女	校级骨干	中学一级	语文	立达中学
成员学校 华实初中	俞琦恒	男	校级骨干	中学一级	语文	松江六中
	李康立	女	校级骨干	中学二级	英语	二中初中
	钱雪萍	女	校级骨干	中学二级	化学	二中初中

（二）流动的过程和奖励表彰

六校共同体领导十分关心柔性流动教师的工作和生活。各校的校长、书记等相关领导亲自将柔性流动教师送到受援学校，帮助他们熟悉新的工作和生活环境；召开柔性流动教师恳谈会，了解柔性流动教师的工作和生活情况，利用节假日为柔性流动教师送温暖；积极搭建平台进行柔性流动教师课堂教学活动，如立达中学流动到松江七中的汤春红老师开展了“世界地形”课堂教学活动，松江七中流动到松江六中的吴勤芳老师开展了“专题复习：混合气体证明装置组合”课堂教学活动。柔性流动教师程博、易顺友、陆伟强从不同视角谈了自己在受援学校的所见所闻和所思所想。罗阳老师作为柔性流动教师代表在教育局的柔性流动大会上进行了发言。我们通过奖励表彰推动柔性流动工作开展。封锦文、吴勤芳、刘红丽、钱雪萍、蔡立群、程博、汤春红、马联明等教师被评选为优秀柔性流动教师。

二、流动示范展示柔性流动教师风采

（一）流动教师规划设想

在最初接到任务时，很多教师表示了担心和欣喜，担心的是要面对新的环境、新的任务、新的压力；欣喜的是通过这个全新的学习和交流平台，他们将收获一笔宝贵的教学财富。他们更感受到“使命光荣、责任重大”，他们会严格要求自己，为进一步推进松江区义务教育学校均衡优质发展贡献自己的力量！

在流动前，他们写下了自己的目标。他们会以严谨的态度做好教学实践工作；以进取的态度做好教学研究工作；以谦虚的态度做好教学交流工作；以积极的态度参与受援学校的各项活动。他们用真诚的文字写下了一篇篇美丽设想，表达了自己对教师职业和教育事业的理想信念。

下面摘录其中一篇文章。

交流教师美丽设想

感谢共同体和校领导给予我这次机会。我非常期盼这次为期两年的交流活动。在实践前，我对自己的教育方式进行了深刻的反思，计划在这段时间好好提升自己，充实自己。

教师职业在我国有着很长的发展历史，从孔子到蔡元培、陶行知，再到今天的很多优秀教师，每个人都有独特的教育魅力。他们治学严谨、学识渊博、勇于创新、亲切善诱，深受学生喜爱。如今，随着科技进步，知识发展，人才竞争日益激烈，教师教育优秀人才的任务更重，更需要提高自身素质和水平。发达国家在教师专业素养方面的努力值得我们借鉴,1989年美国专业教学标准委员会发布了政策性文件《教师应该知道什么,应该能够做什么》,规定教师要具有广博的学科知识以及与教学相关的学生发展方面的知识,强调教师要具有专业判断力、应变能力、就目标和方法途径与人沟通的能力;日本规定教师资格证每十年要更新一次,教师在完成规定的进修任务后,应接受使命感、人际关系能力、对学生的理解力、对所教学科的专业知识、学科的指导能力五项指标的资质考核评价。教师的专业性既包括学科专业性,也包括教育专业性。教师专业发展是逐渐深化的过程。教师应有专业自觉,不断加强自己的学科学习和实践发展。

加入交流教师团队后,我对教育有了更深层次的认识和理解。课程改革要求教师调整教的方向(树立正确的教育思想),巩固教的动力(加强专业精神),塑造教的依托(形成专业人格),要求教师拥有独特而丰富的教育智慧,而有效教学能够帮助教师形成自己独特的教学风格,有益于教师探索并积累教育智慧。教师要深刻认识到,教学有效性是影响教育事业成败的关键因素,也是影响课程改革成效的重要因素。

教育活动是教师利用自己的智慧来影响学生,并推动学生身心素质发展的过程。提高教学素养和技能不仅能促进教师的专业发展,而且能促使学生有效学习。教师必须不断自我反思和改进,不断研究、学习和提高,在育人过程中树立更高的理想,承担更大的责任,提高教学素养和技能,培养自身较强的创新能力、叙事研究能力、课例研究能力,从而帮助学生有效学习。带着这样的美好设想,我来到了二中初中这个大家庭,希望在交流期间我可以不断提升和完善自己。

(华实初中　李康立)

(二)流动教师心得体会

结束后,流动教师认真审视自己的提高和进步,感到幸福而充实。他们真切体会到两所学校间的相似与不同,感受到采用不同方法对待学生所带来的不同结果,在交流过程中开阔了视野。从立达中学流动回二中初中的叶耀文老师说:“在交流学校,我了解了翻转课堂,体验了机器人编程等新兴技术在教学中的应用……如果有机会,我真想再去别的学校看看,肯定会有更多收获。”流动后的交流会上,很多教师表示自己在思想、工作、生活上都获益匪浅。二中初中的宋琳洁老师讲到她在华实初中的收获:“在这里,我遇到了无私分享的战友;遇到了多才多艺的同伴;遇到了真诚可爱的孩子们;遇到了感恩喜悦的自己……”这些收获将成为流动教师宝贵的财富和珍贵的记忆。

下面摘录其中两篇文章。

幸福而充实的一年

时间过得真快，为期一年的交流生活即将结束。回顾过去的点点滴滴，我感慨万分，交流生活给我留下了许多宝贵的财富，让我受益匪浅。我在理化办公室感受了二中初中教师忘我的奉献精神和认真的工作态度，他们是我的学习榜样。在双方领导的大力支持和其他同事的无私关怀下，我顺利地完成了一年的支教工作。现将我的交流经历总结如下：

一、努力适应，很幸福

我对二中初中并不陌生，因为以前批试卷时来过，这次来感觉很亲切。华实初中的侯校长陪同我来到教导处，教导处钱老师温和亲切的笑容让我感觉非常温暖，这让我更好地融入了新环境。支教的这一年是我生完孩子重返岗位的一年，非常感谢二中初中的领导，在第一学期不仅减少了我的工作量，而且在我的课时安排上比较集中，让我能够在踏实工作之余兼顾家中的小宝宝，免除了我的后顾之忧。让我感觉最为愉快的是能够成为二中初中理化组的一员，在这个大家庭里我感受到了家的温暖。我与办公室里的各位教师和谐相处，团结互助。每当我有不解之处，他们总会倾力相助，教给我教育教学的有效方法。在这一年的时间里，我感受到了二中初中领导的关爱和同事的关心，这让我感觉很幸福。

二、努力工作，很充实

在这一年里，我严格要求自己。踏进二中初中，我就告诉自己，我是这里的一员，是这里学生的老师，学生在哪里老师就在哪里。在每一个平凡的支教日子里，我都积极投入教育教学工作，刻苦钻研，辛勤付出。

我第一学期承担初三(5)班一个班的化学教学工作，第二学期承担初三(5)班和(8)班的化学教学工作，按照学校要求，以提高学生分析问题和解决问题能力为目标，严格做好教育教学工作，切实培养学生的创新思维和创造能力。同时，我以热点材料为背景创设问题，鼓励学生灵活运用基础知识，不断提高学生分析、解决问题的能力。我还充分发挥了化学实验的作用，常借助图片、模型等手段进行教学。

对于化学学科教学来说，一年的时间，学习节奏很快，内容也很多。因此，在开展教学工作时，我会关注每一个学生，特别是一些学困生的心理、学习变化。同时，我会不断激发学生的兴趣，营造良好的课堂气氛，课堂教学语言尽量简洁明了，布置的作业少而精，减轻学生的负担。课余时间我与学生打成一片，通过组织素质活动与学生培养感情，通过聊天谈心了解学生的喜好，从而拉近与他们的关系。我像大姐姐又像妈妈一样爱着学生，做他们的良师益友。

在化学组里，我结识了许鉴老师。作为化学教研组组长兼班主任的他，工作认认真真，一丝不苟，令人敬佩。班主任的工作很繁杂，而且因为毕业班学生的心理压力很大，对于班主任来说承担的责任就更大了，但他不仅把班主任工作做得很出色，还积极主动完成领导交办的各项任务。作为班主任的他，不管严寒酷暑都第一个到办公室，然后直接进教室管理秩序。虽然班级里的学生经常会出一些状况，但他总是用自己的爱和耐心去化解一个个问题。他脚踏实地，与我们一起努力，积极传授知识，创新教育方法。他风趣幽默的教学风格时刻感染着每一个学生，在他的课堂上，学生能轻松学到很多知识。作为教研组组长，他带领我们积极参加教研活动，交流新的教学理念和方法。在一次次的探讨和研究过程中，我们相互学习，相互促进，不断提高教学水平。

我能感受到他对教育事业的热情。我想，在他心中，学生的成人比成材更重要，他一定能够让每一个学生都有远大的志向和健康向上的心理。

交流生活是充实和幸福的，交流教师不仅能够学习不同学校的优秀学习方法，提高教学水平，积累丰富的教学经验，而且能够融入一个新的集体，交到很多可信赖和学习的好朋友。

交流工作又是短暂和忙碌的，值得我们回味。感谢教育局的领导为我们搭建了这样一个平台，为我们提供了这么好的学习机会，感谢华实初中的领导给了我交流的机会，感谢二中初中的领导在支教期间对我的关心和帮助。在接下来的教育教学过程中，我会以最大的热情投入到工作中去，不管在哪里都会做好自己的本职工作。

（华东师范大学松江实验中学　钱雪萍）

新的出发，新的抵达

时间过得真快，还记得2013年8月31日，我带着无限的牵挂和不舍暂别坚守12年的松江六中，以共同体柔性交流教师的身份来到华实初中，初来这所美丽校园的场景还历历在目，可一个学年今天就要结束了！带着为松江六中“取经”，在华实初中跟岗学习的任务，我积极投身教学一线，参加各类会议和培训，学习各种学校管理方法，一年下来，收获颇丰！我深深感受到华实初中在“蓝精灵爸爸”费校长的带领下变成了一个多么美丽的精神家园：安静实在、只争朝夕、追求卓越！可爱的华实初中是全体教师静心育人、低调实干的“精灵村”，而教师无私无畏的职业奉献和坚守使华实初中的教育事业持续发展！

10年华实是两代华实人独立自主奋斗的结果。聚精会神抓师资建设，齐心协力抓教学质量，攻克优质生源萎缩、教师思想波动等一个又一个难题，是一条艰难的探索之路！2013年开始，华实初中在10年办学的基础上有了新发展，捷报频传，学校也得到了上级领导、兄弟学校、社会各界的认可和赞誉。作为教育管理机构，华实初中在哪些方面是值得学习的呢？从管理到教学一线，我归纳了以下几方面内容：

一、行政会议更注重中层管理者思想境界的提升

每周五1个小时的行政会议，是围绕某个热点教育话题展开的。一个教育事故、一个校长的读书体会、一个精彩的讲座分享，提供的恰恰是当前管理者在琐碎的工作中很难听到却又极度需求的知识养料；贴近实际的教育教学案例，解决的恰恰是我们这样的人在管理中纠结的心理问题。在这样的会场上，我生怕漏记一个字或一个关键词，会后我还要反复"咀嚼"，消化这样的精神食粮。我不能肯定地说中层交流一定会让我给自己学校带回什么，但它一定能让我变得更有力量！

二、行政管理更注重中层管理者情商的培养

初到华实初中，费校长对我说："共同体搞中层柔性交流，不讲大目标，能让中层跳出教育看教育，真正学到、看到、想到就达到了目的，至于做那是另一个话题。"我把这些话听进了耳朵里，记在了心上。我开始坚持写华实日志，期待回到松江六中后把学到的这些方法应用于自己的工作实践。费校长亲切随和的话语，激发了我的教育理想和激情。费校长从我与华实可能结下的情谊和情愫出发确定了这个工作目标，让我明白了华实初中注重人文关怀的校本文化基点及这所学校对"实在的华丽"和"朴素的教育"的追求。

三、行政工作更注重科研引领和特色成果的形成过程

学校教育重在改善课堂，让学生主动学习并学得扎实，让教师有爱和激情。怎么"把周而复始的学校教育做得更好"不是创新和特色上的问题，而是"恰到好处，讨巧，接地气"的小切口、低坡度、广弥漫的教育课题。当上海教育高调定位"艺术育美"时，华实决策层、执行部门和一批有才华的青年教师孜孜不倦地做起了校本的原创音乐剧，整合了各种艺术教育元素，八年五部原创作品搬上华实的校园舞台，走进华实的家长社区群，走向松江教育大舞台，展现了"育教于美"的大德育。2014年，我见证了这项实践行动研究课题成为国家特色项目课题！同样，在教育部倡导"两纲教育"的指针下，华实初中把开展社区风筝节活动定位为"把传统文化和传统项目引入学生美育课堂"，以达到帮助学生感受文化并积极创新的目的。2014年，学校鼓励和支持风筝节项目以课题的形式参加区级申报。

音乐剧和风筝节两大项目有助于我们深刻理解一所普通学校务实、勤勉、科学

求真的教育实践,理解其始终坚持理论先行、实践验证原理、知行合一的脚踏实地的真诚教育探索。教育的关键在于落实。落实需要为事者有真诚的人品,发扬“水”的品性,刚柔并济,就像华实的一道地标风景——“行云流水”的智慧。

相聚是缘分,相处靠真诚!一年时间不长,很快我就能回到松江六中,把两校管理中的有益经验应用于工作实践。

交流学习的生活就像一杯清茶,淡淡的清香总让人回味无穷。感谢领导能给我提供这样的机会,感谢给予我帮助的领导与同事,你们在我的心间播下了勤勉和快乐的种子,这让我对今后的工作充满信心,我将载着满满的收获重新出发,期待新的抵达!

(松江六中德育处副主任 程 博)

三、基于流动教师的师生关系改善的评价和建议

(一)基于流动教师的师生关系改善的评价

在共同体柔性流动项目的研究与推进中,流动教师在观察和反思中发现六校有这样一批优秀教师。

他们师德有范:良好的师德一定要表现在行为上,才能为学生做出表率。

他们师行有度:一个从来不会轻易伤害学生自尊的教师,学生一定会敬重他(她)。

他们师教有心:长篇大论、喋喋不休,不一定就是好的教育;无声无息、只言片语,只要用心把握,反而更有教育意境。

他们师语有情:一位教师是不是真的热爱学生,往往可以从其处理问题时的方式上表现出来。教师的言行是其教育观、学生观的自然流露。教师是教育者,也是服务者。教师应该先服务,再教育,只有服务好了,才有真心的教育;教师是引导者,也是陪伴者,只有经常和学生在一起,学生才愿意跟着教师走,教师才能真正成为引导者。

在流动教师交流反馈时,来自二中初中的叶耀文老师说:“我在两所学校之间比较了各种做法的优劣,从而反思自己的教育理念和教学方法,这对我的工作有很大的帮助。”

流动教师像一道美丽的人文风景,在共同体中闪烁着独特的光芒。他们带着真诚来到受援学校,又满载着收获回到自己的学校开启新的征程。

(二)基于流动教师的师生关系改善的建议

1. 进一步细化和完善共同体教师柔性流动工作

结合共同体两轮教师柔性流动工作,我们认为在制度和管理上应进一步细化。比如,采取措施帮助流动教师更好更快地适应受援学校的工作和生活环境;定期召开流动

教师恳谈会，及时了解柔性流动教师的工作和生活情况；进一步规范奖励表彰制度，推动柔性流动工作顺利开展。

2. 进一步做好优质资源的共享、引领、示范和辐射工作

通过柔性流动制度，我们从课堂教学、学生活动、学校品牌等方面在六校教师间搭建了互相展示与交流的平台，真正达到了同质增优、异质互补的互利共赢目的。下一步，可以搭建更完善的平台以进行柔性流动课堂教学展示，并建立相关的共同体网站和微信平台，便于两所学校的教师共同研讨。

第五章　课堂教学中新型师生关系构建的实践案例

第一节　初中语文课堂教学中新型师生关系构建的实践案例

一、课堂教学中的实践与探索

《语文课程标准》强调，教学过程是师生交往、共同发展的互动过程。互动是课堂教学中新型师生关系的本质要求，意味着师生互教互学，形成一个真正的学习共同体；意味着师生互相尊重、民主参与、平等对话，教师从“居高临下的权威”转向“平等的首席”；意味着教师的“教”、学生的“学”真正成为师生富有个性的动态创造过程。

和谐的师生关系要求教师主动站在学生的角度，从学生的学情和认知规律出发，真正做到以学生为主体，将课堂还给学生。在这一方面，松江七中潘春艳老师执教的《秋天的怀念》一课值得我们思考。

秋天的怀念

一、教学目标

第一，反复朗读，抓住人物的动作、神态、语言等描写，深刻领会母亲对“我”无私、博大、宽容、深厚的爱。

第二，体会“花”的象征意义，勇敢面对残缺，活出精彩。

第三，理清“我”对母亲的情感变化线。

（说明：这是一篇回忆性散文，文章主要写了一位重病缠身的母亲，体贴入微地照顾双腿瘫痪的儿子，屡次要儿子去看花，鼓励儿子好好活下去的故事。而在母亲去世后，儿子才理解了母亲，歌颂了伟大而无私的母亲，表达了自己对母亲深切的怀念，这份怀念中还有对母亲深深的愧疚。）

二、教学重点

第一，反复朗读，抓住人物的动作、神态、语言等描写，深刻领会母亲对“我”无私、博大、宽容、深厚的爱。

第二，体会“花”的象征意义，勇敢面对残缺，活出精彩。

三、教学难点

理清“我”对母亲的情感变化线。

（说明：文章通过生活中的几件小事，甚至只是细微的动作、只言片语、不易察觉的神态来表现深沉无私的母爱，非常感人，因此，对这些细微之处进行圈画、品析、朗读就是本文的学习重点。教师通过示范分析、示范朗读引导学生感悟母亲始终如一的爱。最后一段中对于菊花的描写，也是本文的重点，教师要通过问题“怎样活才是‘好好活’”引导学生思考并小组讨论，体会菊花在本文中的象征意义，即母亲希望在困境中的儿子像菊花一样在秋风中挺立，散发出属于自己的芬芳。作者对母亲的情感隐含在字里行间，是教学难点，教师要通过细节描述，文中语句的朗读以及拓展来帮助学生领会作者对母亲的怀念、愧疚之情。）

四、教学过程

教学环节	教师活动预设	学生活动预设	设计意图
一、诗歌导入，创设情境	（1）朗诵一段诗，请学生思考诗歌想要表达什么 预设：《一个人》，表达一个人的力量看似弱小，实则强大 （2）过渡：在史铁生的人生中，也有这样一位重要人物，影响了他的一生 （3）了解作家：史铁生，1951年生于北京，著名小说家。18岁去陕北延安插队。21岁因病致瘫，转回北京。23岁起到北京某工厂当了7年工人。后患尿毒症，靠透析维持生命。28岁发表第一篇小说《法学教授及其夫人》，陆续发表中、短篇小说和散文多篇，其散文《我与地坛》被公认为中国近50年来最优秀的散文之一，小说《老屋小记》获首届鲁迅文学奖 （4）今天我们一起学习中国当代作家史铁生的回忆性散文《秋天的怀念》	（1）聆听诗歌 （2）思考并表达自己的看法	（1）借助诗歌表达主旨并引入课文中的母亲 （2）通过深情朗诵将学生带入感恩的情境中 （3）了解史铁生人生经历，从而为解读文本提供支架

续　表

教学环节	教师活动预设	学生活动预设	设计意图
二、朗读课文，整体感知	请学生自由朗读课文，边读边思考课文主要内容 预设：本文的中心事件是看花，可分为拒绝去看花、答应去看花、和妹妹去看花三个部分	(1) 自由朗读课文 (2) 概括主要内容："我"双腿瘫痪后脾气暴躁，对生活失去信心，重病缠身的母亲体贴入微地照顾"我"，为了鼓励"我"好好活下去，曾多次提出带"我"去北海看花，都遭到"我"的拒绝；后来"我"终于答应母亲去看菊花，母亲却去世了，没有看成；又是一个秋天，妹妹推"我"去北海看了菊花	培养学生的概括能力，让学生整体把握"我"的态度变化，为下一个环节的深入阅读打好基础
三、细读课文，品味真情	(1) 请学生思考"我"为什么拒绝去看花 (2) 朗读指导 (3) 请学生思考最后一节中，"我"去看花，懂得了要好好活，这体现了当时我有怎样的心态 (4) 请学生思考母亲如何让儿子从颓废绝望中走出，振作起来，重获新生；从课文中找出母亲的言行举止感动自己的地方，先自己思考批注，再4人一组讨论完善	(1) 思考并圈画相关句子 预设：第1节第3句话 (2) 个别读，同桌互读，齐读 (3) 从"好好活"体会"我"已经从身体的阴影中走出来，振作了精神，获得了生活的勇气和信心 (4) 思考批注，讨论完善	通过品析、朗读关键词句来体会母爱的伟大与无私

续 表

教学环节	教师活动预设	学生活动预设	设计意图
四、质疑讨论，明确主旨	(1) 请学生联系上下文思考怎样活才算母亲说的“好好活” (2) 请学生联系上下文思考“我”对于母亲的情感除了怀念，还有什么 (3) 出示《我与地坛》《病隙碎笔》《永生》中的句子	(1) 品读最后一段中的环境描写 (2) 联系上下文思考（愧疚、自责、后悔） (3) 体会这些句子表达的情感	(1) 亲近文本，品读作者字里行间的真情 (2) 通过《我与地坛》等文字，让学生更好地体会文章内容
五、布置作业，巩固提高	(1) 请学生有感情地朗读并选背自己喜欢的段落 (2) 请学生阅读《我与地坛》	阅读，背诵	落实重点和难点，帮助学生更好地理解母子情深

五、板书设计

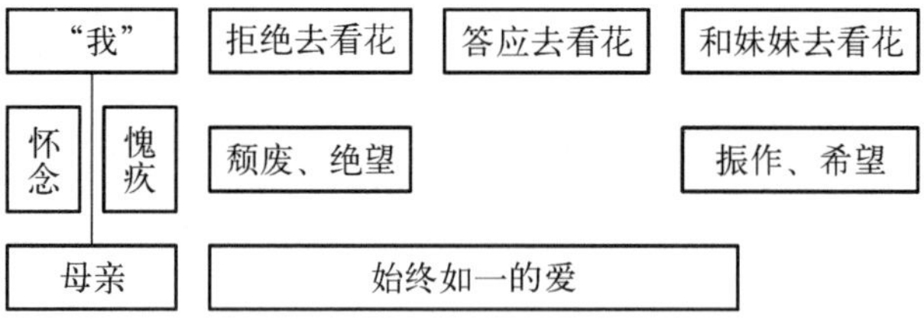

六、教后反思

这是一篇回忆性散文。情感是散文的生命线，在教这篇散文时，教师通过“我”的情感变化（包括对母亲和对自己）和母亲对“我”的情感（始终如一）来凸显文章主旨。在分析过程中，注意朗读指导，引导学生沉浸文本，由浅入深，由表及里，凸显文本核心价值，让学生实现对已有认知的超越。在整个学习过程中，教师始终与学生一起，相互启发，交流共进。

（松江七中　潘春艳）

语文课堂教学的关键之一是文本解读，正确解读文本是课堂教学中师生关系的重要支撑。语文教师常常会遇到一个问题，即课文学生自己能读懂，那该怎么教。学生在课堂上无事可做，要么注意力不集中，要么做自己的事情，这样一来，师生关系就会比较尴尬。因此，教师课前要认真研读文章，找出文本的核心价值，在课堂上带领学生思考，形成一个认知链条，不断刺激学生认知中的未知领域，让他们不断挑战并有所收获，这样他们就愿意参与到课堂中来，师生关系才会和谐、融洽。

有了正确的文本解读，还需要体现在教学设计中。教师通过文本解读出的核心价值，要想影响学生，就需要通过巧妙的方式予以转化，根据学情选择教什么和怎么教。合理的教学设计如同指南针，能够帮助学生以最快的速度，花最少的力气找到方向和终点。

教学设计的合理实施离不开教学语言的正确把控。在语文学科中，教学语言非常重要。于漪老师曾说，她课前会把上课要说的话写好并背好，课上再讲出来。这种做法短期内看似很耗时间，长期来看却意义非凡。教师的每一句话都斟酌过，学生听课时就像在美丽的语言世界里受熏陶，获得了美的享受，水平自然会提高。

课后作业是对学生知识掌握情况的一种检测，能够反映课堂教学中的师生关系。学生能够从作业的反馈中了解自己的学习情况，因此，教师要精心布置并批改作业。作业布置要有梯度，有一个思维提升的过程，这样一来，学生便会认真倾听教师的讲课内容，师生关系也随之得以改善。

改善课堂教学中的师生关系，功夫实则在课外。教师精准把握教材内容，不懈追求教学设计，严格把关教学语言，精心设计课后作业，在课堂上凸显人格魅力，就能吸引、感染、影响学生。

潘老师的这节课也引发了观课教师的诸多思考，以下是松江七中汤英老师的思考：

这节课中，教师的教学目标主要有三个。在具体教学中，教师教学问题的设置环环相扣，教学策略上给予学生充分的指导，教学资源运用得恰到好处。教师主动站在学生的角度，从学生的学情和认知规律出发，真正做到了以学生为主体，将课堂还给了学生。可以说，这节课教学效果显著，三个教学目标基本达成，学生参与课堂的积极性很高，师生关系和谐。

第一，课堂导入新颖，能激发学生兴趣。教师通过深情朗诵一段诗来导入，借助这段诗表达的主旨引入课文中的母亲。因为课文中的母亲正是用自己的生命和爱帮助作者从残疾的阴霾中走出来，点燃了作者生活的希望。教师通过深情朗诵将学生带入感恩的情境中，教学情绪饱满，又善于运用启发性语言由此诗引出此文，既拓展了学生思维，又调动了学生学习的积极性，学生整节课的学习兴趣浓厚，参与程度很高。

第二，课堂提问环环相扣，层次清晰，指向明确。教师抓住文中“我”的态度转变和母亲始终如一的爱进行问题设置。在整个课堂教学中，教师注重各个环节间的有效衔接，提问目标明确，问题难易适中。教师还很注重引导学生解决问题，课堂举例适时、适当、贴切。如在让学生回答“母亲如何让儿子从颓废绝望中走出，振作起来，重获新生”这一问题时，教师先进行了示范。这样的有效引导，让学生在接下来的环节中能顺利品读文章，解决问题。学生回答问题后，教师能及时给予鼓励，让学生获得成功的体验。因此，学生在课堂上积极思考，友好合作，有效进行了讨论、思考、交流等活动，顺利完成了学习任务。

在阅读教学中,教师采用了示范朗读、个别读、同桌互读、齐读等有效的阅读方法和个人探究、小组讨论等多种教学策略,引导学生思维碰撞,促进了学生思维发展。

第三,整节课教学资源运用得恰到好处。如教师在细读课文环节,将学生找出的“我为什么拒绝看花”的关键句在幻灯片中展示出来,重点标注了关键的动词、副词、形容词,让学生直观体会“我”双腿瘫痪后颓废、绝望的心理。板书设计紧密结合文本内容和问题设置,清晰严谨,帮助学生理清了文章的思路。

虽然整节课的教学目标基本达成,也充分体现了和谐的师生关系,但教师的面部表情稍显严肃,建议教师面部表情丰富些。同时,课堂最后如果能让学生联系实际生活谈谈自己的感受,引发学生思考,更有助于发挥课文的价值导向作用。

一节好的语文课还要充分尊重学生学情,切实解决学生学习中的难点问题。在这一方面,松江六中江丽琴老师执教的《马来的雨》一课值得我们思考。

马 来 的 雨

一、教学准备

《马来的雨》是六年级第二学期第六单元“域外风情”中的第三篇文章。由于大部分学生对于马来西亚比较陌生,为了拉近文本与学生之间的距离,我设计了一份预学案。在预学案中,我采用知识链接的方式为学生提供了一些关于马来西亚的信息。学生也可以自己上网查找相关内容,进一步了解马来西亚的地域和文化特色。

针对本文写作特点,我还在预学案中设计了一些语言形式和内容理解方面的思考题。在学生充分预习课文内容的基础上,教师的设计才能做到把学生的既有知识作为教学的起点,一切从学生出发。

我还准备了一个关于马来西亚的小视频,把课文中提到的《用马来西亚的天气来说爱你》作为背景音乐,课前播放后,既活跃了氛围,消除了学生的紧张感,又能带给学生一种直观的视觉和听觉冲击。

二、教学设计说明

六年级的学生大多没有去过马来西亚,也没有感受过真正的马来雨,因此,教师上课时应该带领学生反复品读优美语句以帮助学生感受马来雨的魅力。通过预习,学生能从文中找出概括性的词语来说明马来雨的特点和作者对马来雨的喜爱,了解作者通过不同场景、不同角度来表现马来雨魅力的写作方法,但对于本文写作特色、选景特点、结构布局的理解还不够深入。上课时,教师可以通过师生合作朗读和共同探讨的方式进行解决。

在“相互尊重,民主平等,和谐融洽,交流互动,教学相长”的基本理念指引下,课堂应以学生为主体，以教师为主导。在课前将本节课的部分核心问题设计为预习题，能帮助教师了解学生学习情况，学生通过自学已经掌握的内容在课堂上可以少讲，学生不能解决的问题应作为重点教学内容讲解，学生自主学习中的普遍疑问可以提出来在课堂上一起讨论，教学相长。当然，教师不仅要充分尊重学情，切实解决学生学习中的难点问题，还要带领学生一起充分朗读课文，营造一种浓厚的语文学习氛围，让学生沉浸课堂，热爱课堂。

三、教学设计及教学过程

（一）教学目标

1. 知识与技能目标

理解本文通过听觉、触觉、视觉所表现出的马来雨的特征。

2. 过程与方法目标

在反复品读中体会文章语言的表现力，掌握本文多角度描写景物以及第 1 至 5 小节“蓄势”的写作手法，感受本文语言波澜起伏的美。

3. 情感、态度与价值观目标

体会作者对马来雨的喜爱，对亲近自然的渴望之情。

（二）教学重难点

1. 教学重点

在反复品读中体会文章语言的表现力，掌握本文多角度描写景物的写作手法。

2. 教学难点

掌握本文第 1 至 5 小节“蓄势”的写作手法，感受本文语言波澜起伏的美。

（三）板书设计

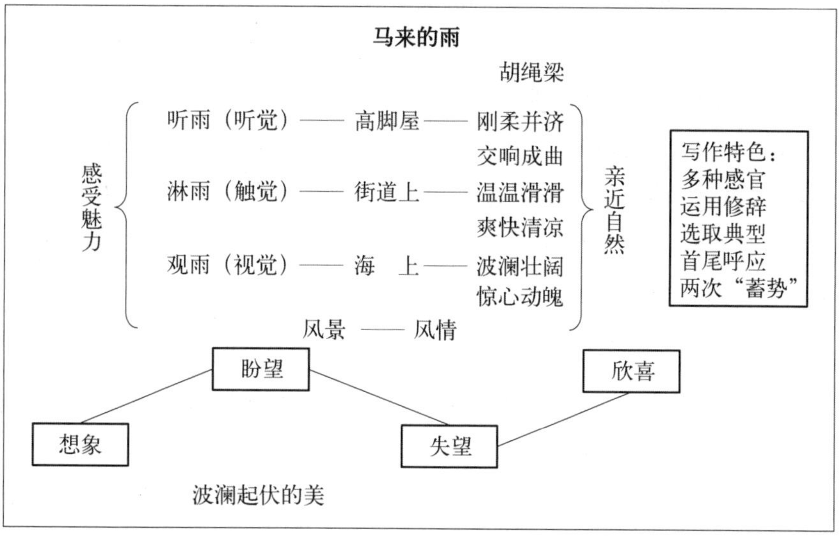

四、教学过程

(一) 播放视频,情境导入

(课前播放关于马来西亚的配乐风景视频)

师: 请大家想象一下马来西亚最具魅力的天气会出现在哪个季节。

生: 雨季。

师: 今天让我们跟随作者胡绳梁一起来感受马来雨的魅力。

(板书文章名和作者名)

(二) 欣赏美文,初读感悟

师: 谁来说说作者描写了哪些亲近雨的方式? 作者分别是从哪些感官角度来写的? 地点在哪里?

(生回答,师板书)

板书:

听雨(听觉)——高脚屋
淋雨(触觉)——街道上
观雨(视觉)——海　上

(三) 追踪美点,品味语言

师: 我们先跟随作者一起去高脚屋听雨。请大家自由朗读第6小节,找出作者从听觉角度描写雨的句子,并说说高脚屋的雨声让人有一种怎样的感觉。

生1: 刚柔并济。

(师板书)

师: 请你分别找出刚的部分和柔的部分。

生1:"那雨打在宽宽的芭蕉叶上,声音变得很圆润"是柔的部分。

师: 雨打在芭蕉叶上的声音是柔的。你从哪里读出了刚?

生1: 雨落在屋顶的铁皮锌板上,"极富大珠小珠落玉盘的韵味"。这里引用了白居易《琵琶行》中的诗句。作者运用比喻的修辞手法,将大雨点比作"大珠",将小雨点比作"小珠",将"屋顶的铁皮锌板"比作玉盘,生动形象地表现出雨声的清脆、响亮、铿锵有力,极富音乐美。

师(追问):这句话中为什么用"敲"字而不用"落"字?

生1:"敲"字有一种音乐的美感,而"落"字不能体现这种美。

师: 这种韵味是如何体现的?

生1: 通过"雨骤时,沿铁皮凹槽泻下的水帘声响从四壁迫来,金戈铁马声盈屋”这句话体现。

师(追问):这种声音是怎样的?从哪些具体的词中体现出来?

生1:这种声音很响,气势磅礴。从“泻”“迫”“盈”等词中体现出来。

(生齐声朗读相关语句并读出重音)

生2:“雨稀时,偶有大雨点击在铁皮上,碎碎的细乐声中有了重音节”这句话也能体现。

师(追问):这句话中为什么用“击”字而不用“落”字?

生2:“击”字让人感觉这种声音很清脆,而且有一种音乐的美感,就像打击乐一样。

(生齐声朗读,并体会乐感)

师:可见,作者把高脚屋的雨声比作了一曲交响乐。让我们一起演绎一下这曲交响乐。

(师读“屋顶多盖铁皮锌板,那雨点敲在上面,极富大珠小珠落玉盘的韵味”,生全体齐读刚的部分,女生齐读柔的部分,师读最后部分)

师:在高脚屋听过交响乐后,让我们一起走上街道淋淋雨。淋雨的感觉是怎样的呢?作者又是如何从触觉的角度来描绘雨的?请大家自由朗读第8至9小节,找出相关语句。

生3:温温滑滑、爽快清凉。

(师板书)

师:你从哪些语句中读出了这种感觉?

生3:从“雨急,水滴也重,可打在身上并不痛,滑滑地淌到地上去了,雨不凉,可暑气不再有,心里温温的有了点春的感觉”等语句中读出。

师(追问):春的感觉是什么样的?

生3:让人感觉很温暖,很舒适,很愉悦。

师:“吹面不寒杨柳风”,像母亲的手抚摸着你,这就是春的感觉。在读的时候,大家应该重点读这些词。

(生齐读)

师:爽爽快快在街头淋过雨,我们再到海上去观雨。这又是怎样一种感受呢?请大家自由朗读第10小节,找出相关语句。

生4:格外壮观,海天一体,波澜壮阔,爽快透彻,惊心动魄。

(师板书)

师:你从哪些语句中读出了这种感觉?

生4：从“密密的雨千针万线似的，欲将海与天缝在一起……将海和天搅成咸湿的一团”等语句中读出。

师（追问）：这样写有什么好处？

生4：运用比喻的修辞手法，将雨比作千针万线，写出了雨很密、很细。

师：还有没有比这更壮观的？

生4：“那雨被拉成斜斜的线条……可视的音符”这句更壮观。

师（追问）：这样写有什么好处？

生4：运用比喻的修辞手法，将远处的岛比作音符，将雨比作五线谱，写出雨的壮观和急骤。

（师读“海是马来雨的源泉和舞台……”，生读“密密的雨……可视的音符”，师再读“细雨适宜湖泊，骤雨才适合海洋”）

（四）解答疑难，探究写法

师：纵观全文，作者分别从听觉、触觉、视觉三个角度为我们描绘了马来雨的独特魅力。但是，马来西亚有许多迷人的景点，为什么作者独独选了高脚屋、街道上、海上这三个地方进行描写呢？

生5：这三个地方都很有马来西亚特色，比如文中提到的“被粗粗的……好处”“街道两边……避雨”“素有海洋公园……离不开海的衬托”，这些都只在马来西亚这个特定的地方才有。

师：可见，这里的雨景，只有结合了当地特有的景致和生活方式才格外有魅力，所以作者说“同样的雨，落在不同的土地上，会绽出不同的水花”。这种水花，不仅是一种美丽的风景，而且是一种独特的风情。

（师板书，生齐读“雨拉开的幕，是风景，也是风情”）

师：在文章的最后，作者说“马来西亚的魅力，在雨季”，这句话照应了前文的哪句话？

生6：第一句话。

师：它在文章结构上的作用是首尾呼应。在预习的过程中，有部分同学不理解这两句为什么会有一个“应”字的差别。现在，谁能解答一下这个问题？

生7：开头的“应”表明是未到马来西亚时对雨的想象，结尾是切身感受马来雨后的赞美，增强了情感，深化了主旨。

师：非常棒！请大家齐读第1至5小节，梳理这一部分中作者对马来雨的情感变化，思考“文章第6至10小节已经写出了马来雨的特点，为什么还要写第1至5小节”这一问题。

生8：作者先是想象马来雨“满地水灵灵……迷蒙的帆影”，得知真实的马来雨是“噼噼啪啪……干脆利落”后开始期盼雨，因盼不到而略感失望，在不抱希望时，一场突如其来的雨让作者异常欣喜。

师：蹲下是为了跳得更高，因此，前文两次写对雨的失望，就是为了更好地表现对雨的赞美，这种写作手法叫欲扬先抑，又叫“蓄势”。文章两次运用“蓄势”表现马来雨的魅力，让我们感受到了一种波澜起伏的美。

（五）解答疑难，体会情感

师：在预习过程中，有同学注意到了“高脚屋的雨声，是平民的音乐”“现代文明有时离大自然是远了些的”这两句话。作者为什么要在写完“听雨”“淋雨”部分后发出这样的感慨？这些语句是多余的吗？

生9：不多余，文中主要表现了人们亲近雨的不同方式，也表现了人与自然和谐相处的美。这两句话恰好表现了作者为平民能享受到这样的美景而高兴，为现代文明使人们少了亲近自然的乐趣而遗憾，表现了作者对亲近自然的渴望之情。

（师板书）

师：这是一篇景美、文美、情更美的散文，希望大家课后能多多品读。

五、课后练习

（一）赏析题（二选一）

第一，摘录你最喜欢的语句，读或背诵给同学或老师听。

第二，尝试与同学或老师合作，配乐朗诵课文。

（二）仿写题（二选一）

第一，选取文中运用修辞手法的句子进行仿写，写出江南雨的特点。

第二，从听觉、触觉、视觉中选取一个角度，以《江南的雨》为题写一段文字，100字左右。

六、教后反思

《语文课程标准》指出，激发学生学习语文的兴趣，培养学生热爱祖国语言文字的情感，是课堂教学的基本任务之一。这个基本任务不是一节课中可以完成的，应贯穿每天的语文学习。对于一篇写景散文的教学，教师不仅要让学生感受文章所描绘景物之美，而且要让学生品读文章语言，体会文字之美，透过字里行间体会作者所要表达的情感。

整节课下来，我不仅关注教学任务的一步步达成，更关注学生在每一个环节的学习中是否有收获，是否经历了一个从浅知到深知甚至内化的过程，是否随着教师的教学逐渐沉浸课堂，意犹未尽。

由于是借班上课,师生之间难免有一些陌生感,我提早进入教室,在课间与学生闲聊,了解学生是否去过热带国家或地区。这种贴近学生生活的问题,一来可以调动学生的既有知识和经验,二来可以在闲聊中拉近师生之间的距离。在“播放视频,情境导入”环节,我利用视觉和听觉的形式将学生吸引进课堂,让学生对马来西亚这个国家的风土人情有直观的了解,同时巧妙消除学生临上课的紧张情绪。

文中所写的亲近雨的方式、所选用的感官角度和地点等信息,学生通过预习很快就能掌握,因此,我上课时并未过多讲解,而是把这些内容作为课堂的起点,引导学生深入品味文章的语言和写作手法。在品读每一部分时,我让学生找出相关语句并运用“是怎样的—怎样写的—这样写有什么好处”的模式对语言进行品味,最后通过师生合作朗读帮助学生体会文章语言之妙。

师生共读的形式贯穿整节课的主体教学部分,起到了非常好的效果。首先,教师不再是高高在上的传道者,而是与学生共读、共品的合作者。其次,教师作为课堂教学的引领者,能用自己有声有色的朗读带动学生朗读,激发学生的学习兴趣。

在“解答疑难,探究写法”环节,我针对学生在预习中发现的较难回答的问题以及学生自己探索出来的问题进行引导。比如在引导学生体会第1至5小节的作用时,我先让学生总结作者在这一部分的情感变化过程,画出情感变化曲线,再自然引出“蓄势”的写作手法。

在整个教学过程中,我始终面带微笑,用眼睛和肢体语言表达,力求贴近学生,一步步引导学生感受祖国语言文字之美。

课后作业是课堂的延伸,我在两项任务中分别设计了不同能力要求的作业,供学生根据自身能力自由选择。第一道赏析题,要求学生与同学或老师合作,读或背诵课文,继续品味文章中语句。第二道仿写题,学生可以根据上课所学内容及自己的兴趣,选择一个角度写写自己熟悉的江南雨,做到一课一得,及时巩固。

这节课也有一些遗憾之处。首先,我的课堂教学过于模式化。在品读“听雨”“淋雨”“观雨”三部分时采用了同一种模式,可能会让学生缺乏新鲜感。其次,我的课堂提问中规中矩,预设痕迹过重,没有促使学生思维碰撞,也没有很好处理学生预设之外的答案。最后,教学语言不够幽默。虽然我尽可能地营造一种轻松的课堂氛围,但由于没有适时调整课堂节奏,让学生有一定的压力。

在今后的教学中,我要有意识地提高自己的课堂应变能力,使用幽默的教学语言,让我的课堂成为师生共同沉浸其中的和谐课堂。

七、基于学科课堂教学中的师生关系构建研究的思考

第一,师生关系不是在一节课或几节课中形成的,而是在日积月累的过程中形

成的。教师在教学过程中，应该多关注那些上课精神不集中、学习有困难的学生，调动他们的学习积极性，在课后进行及时的查漏补缺。

第二，在师生关系的构建中，教师占主导地位。教师上课前要精心备课，了解学生的学情。以学生的学情为起点，关注每一个学生的学习情况，是最有效的改善师生关系的方法。

第三，上课时，教师不仅要通过教学达成本节课的目标，而且要巧妙运用肢体语言吸引学生，适当调整课堂节奏和气氛。一张一弛，才是课堂高效之道。

第四，上课时，教师应尽量尊重每一个学生，设置不同难度的问题，力求让每一个能力层次的学生都能在课堂提问的引领下有所得。

第五，下课后，教师应帮助学生总结学习内容，做到一课一得，做到一人一得，让不同能力层次的学生都能通过课后作业巩固所学知识。

（松江六中　江丽琴）

《马来的雨》是一篇写景状物的优美散文，具有写景美、情味浓、意蕴深、语言美四个特点。要教好写景状物的优美散文，教师在教学设计、教学目标、教学重点、教学思路上必须努力体现这四个特点。松江六中的马联明老师高度评价了江老师的这节教学实践课。

第一，整体感知，把握情感。教师不要先入为主提示学生，而应把文章原原本本地交给学生，让他们自己去品读、去体验、去感悟，力求让学生对文本有一个属于自己的、整体的感知，对文章思想感情有一个基本的把握。这时，教师再介入，引导学生基于文本理解作者的感情基调、感情线索、感情发展变化等，从而对文章情感有比较准确的定位。如在学习《马来的雨》一课时，学生通过理解一些关键语句，便能感受到作者对马来雨的喜爱。江老师鼓励学生先说出自己对课文的感受，再基于学生这些真实和有价值的想法进行讲解，教学更有针对性，效果更好。

第二，品味景物，注重审美。在写景状物散文中，景物描写能充分显示出作者对自然景物的感受力和语言才华。教师在分析过程中绝不可脱离文本语境，应引导学生用审美的眼光品读课文，品味美景美情，获得美的享受。江老师授课时重点抓住三个场景描写，课堂教学有条有理，有血有肉，有声有色。此外，江老师充分发挥学生的学习积极性，在提出问题后，引导学生在文本中感受，在文本中寻找答案。课堂上学生听得专注，学得积极，氛围热烈。

第三，品味语言，习得语言。虽然各类散文都讲究语言美，但写景状物散文将语言美发挥到了极致。品味文章语言，有助于中学生感知景物的生动形象，体会作者的思想感情，感知语言形式美。朗读和赏析语言细节（特别是一些富有表现力的字词）是品味语言的两个重要途径。如在《马来的雨》一课中，对形容词（圆润、清凉、壮观等）的赏析，能让学生充分理解马来雨的魅力，感受由马来雨展现出的马来西亚的风景与风情；对动词（迫来、打、溅出、缝、搅成等）的赏析，能让学生充分理解雨季中的马来雨急、猛的特点。江老师带领学生品味语言，既帮助学生准确把握了景物特点，又加深了学生对文章诗情画意的体悟，让学生在美的感受中实现了语言学习的目的。

第四，创设情境，形象感知。教师有意识地创设具有一定感情色彩的、生动具体的情境，能帮助学生理解文章内容与作者思想，激发学生对散文学习的兴趣，让学生与作者产生情感共鸣。江老师制作了有声有色、形象生动的精美视频，让学生对马来西亚有了直观的感受，有助于学生理解和欣赏课文。用穿插歌曲引出课文内容，较为自然和巧妙。该课的视频发挥了很大作用，是课堂中一大亮点。情境教学在散文教学中的运用关键在于四点：(1)精心开讲，导入情境；(2)借助视频，渲染情境；(3)朗诵美读，涵咏情境；(4)巧设问题，开拓情境。在这方面，江老师设计得很好，能够达到引领学生学习的目的。

第五，读写结合、学以致用。将写作目标、写作要求引进散文鉴赏教学，既能提高学生的散文鉴赏水平，又能提高学生的书面表达能力。散文教学的读写结合可尝试采用多种方式，如鉴赏写作技法、文章优美语句仿写法。我特别赞赏江老师布置的课后作业。作业一中，朗诵是巩固所学内容、培养学生能力的重要途径，既轻松趣味，又十分有效，值得倡导。作业二的难度并不高，既能引导学生进行写作训练，又有助于学生深入理解课文，促使学生在读写结合中提高语文素养。

二、课堂新型师生关系的思考

以往的教育过程中，教师是教学过程的控制者、教学活动的组织者、教学内容的制定者和学生学习成绩的评判者，是绝对的权威，师生之间实际上是一种不平等的关系。这种师生关系不符合“二期课改”新理念。

当下，教育界大力提倡素质教育、创新教育，这场教育方式的深度变革，对广大教师提出了新的要求。语文课程是整个基础教育课程的重要组成部分，语文课程在目标观、内容观、评价观等方面的一系列创新，要求语文教师转变教育观念，调整教学行为，及时实现角色转换。

现代教育理论认为，在民主、平等、友好合作师生关系基础上，学生会积极、主动地探索求知。建立和谐的师生关系，是进行正常教学活动、提高教学效率的保证，有助于师生双方良好品质的形成。良好的师生关系是课堂教学的催化剂，更易于激发学生的学习兴趣。纵观六校共同体语文课堂教学的实践与探索，我们对新型师生关系有了一些思考和建议。

（一）情感互动，师生相亲

古人云："亲其师则信其道。""亲师"是师生关系和谐良好的表现，是学生接受教师教育的前提，这一点与现代教育理念是共通的。语文是人文性很强的学科，教学过程中的听、说、读、写活动都能拉近师生距离。课堂上教师爱护学生的细微举动，往往能赢得学生对教师的尊敬。比如，教师关心生病的学生，认真听学生把话说完，表扬学生的精彩表现，都能令学生更加亲近教师。

（二）心灵互动，师生相通

师生之间不仅有正式的教育关系，还有因情感交往和交流而形成的心理关系。这种心理关系能把师生双方置于一定的情感氛围和体验中，帮助他们进行情感信息的传递和交流。师生心理关系对教学活动影响深远，是教学活动得以开展的心理背景，并制约着教学活动的最终结果。良好的教学过程和教学结果会使师生关系更加和谐融洽。加强师生之间的相互理解和沟通，不仅会对学生的"学"和教师的"教"产生重大影响，还会对学生世界观、价值观的形成产生很大影响。因此，优化师生心理关系是师生关系改善的现实要求。

《语文课程标准》强调，阅读要注重情感体验。在阅读教学时，教师不仅要善于把阅读的激情传递给学生，还要善于把阅读文本时产生的情感传递给学生，引导学生调动情感、深入体验。在课堂中，师生的情感互通和共鸣是师生互动良好的表现，有助于提高学生课堂学习的有效性。

（三）伦理互动，师生相育

教育作为一种特殊的社会活动，折射着社会的一般伦理规范，同时又反映着教育活动独特的伦理矛盾，因此师生关系也表现为一种鲜明的伦理关系。师生之间的伦理关系是指在教育教学活动中，教师与学生构成一个特殊的道德共同体，各自承担一定的伦理责任，履行一定的伦理义务。这种关系处于师生关系体系中的最高层次，对其他关系形式具有约束和规范作用。学生的很多道德观念是从教师那里直接获得的，教师会潜移默化地对学生施以道德方面的影响。这要求教师有广博的知识、高尚的人格和正确的道德思想，而这些正是建立良好师生伦理关系的关键。在现代社会，师生互相尊重、人格平等成为师生伦理关系的基础。人的全面发展是现代社会的基本价值追求，人性解放、民主自由是现代伦理的基本精神，因而，只有充分体现了现代伦理基本精神的师生关系才是真正意义上的现代师生伦理关系。现代师生伦理关系应具有促进学生全面发展的基本特性，这也是师生伦理关系改革的方向。

言行举止是人的道德品质的外化和表现。课堂中,师生在言行举止上互学互育其实也是在道德品质上互学互育。

(四) 教学互动,师生相长

人的成长和发展是永无止境的,因此现代教育倡导终身学习,学生和教师都是学习者。《学记》中指出:“学然后知不足,教然后知困。知不足,然后能自反也;知困,然后能自强也。”教学相长实质上是教学中的一种师生互动,即教师与学生在相互作用中,一起成长,共同提高。在阅读教学中,这种思想更应深入人心,教师不能有“我是教师,我全对”的心态,因为对于同一篇文章,不同的读者有不同的理解,加上教师自身的阅读有一定的不完备性,有时也需要向学生学习;学生不能有“我是学生,我不如老师”的心理,因为学生阅读时的某些独特体验无所谓对错,某些感悟不一定不如老师深刻,有些理解可能是老师也没有想到的。师生在阅读文章时可以互为镜子,一起查漏补缺,纠错勘误,学习对方的优点。

(五) 角色互动,师生相悦

新《语文课程标准》强调,阅读教学是学生、教师、文本之间对话的过程。学生是阅读的主体,对话的中心;教师是学生与文本、学生之间的中介,是重要的对话者。因此,在语文阅读教学中,教师要尊重学生独立自主的理解和个性十足的感悟,创设轻松、活跃、和谐的阅读环境,和学生平等对话。

(六) 奖惩互动,师生相容

和谐的教学评价让学生更有成就感,能促进师生关系的发展。从评价主体来看,分为师生、生生、生师;从评价手段来看,有称赞的目光、亲切的微笑等体态语言,还有作业本等物质奖励。①

在课堂上难免有违反纪律的学生,怎样对待课堂上的违纪现象是一门艺术,关系到教师对课堂的调控结果,影响师生间的和谐关系。一句看似简单的训斥不仅会伤害学生的自尊,影响课堂氛围,还会影响师生间的和谐关系。教师不妨以玩笑的方式予以严肃批评,因为幽默风趣的语言胜过任何说教,也更易于让学生接受。

第二节　初中数学课堂教学中新型师生关系构建的实践案例

一、课堂教学中的实践与探索

数学是初中阶段非常重要的一门课程,松江七中牵头的六校共同体以数学课堂为

① 韩青.谈提高小学数学课堂教学有效性的策略[J].新课程(上),2012(7).

抓手，通过课堂转型来促进良好师生关系的构建，提高学生的学习兴趣，提升课堂效率。以下通过两个案例说明。

案例一：

课堂上，师生不仅有知识方面的交流，还有情感上的交流。课堂上，教师对学生的期待是通过微笑来传递的，而学生受到鼓舞后会积极投入学习。课堂上，学生回答问题错误是时常发生的事，教师如果板着面孔训斥，不仅会严重打击学生的学习积极性，而且不利于学生改正错误，很难达到预期的教育教学效果。如本节课中，学生甲解第一题例题，从条件平行得到比例线段时在对应关系环节出现错误，我微笑着请学生甲坐下，同时问其他学生这个过程是否正确。这个教学环节的处理不仅可以有针对性地让其他学生深入反思，让与学生甲犯同样错误的学生能更清晰地发现问题，还可以避免学生甲在其他学生面前丢脸，加深其对错题的认识，使其保持愉悦的心情继续学习。

课堂是动态生成的，课堂教学中存在着许多不确定的因素，教学过程不可能按照教师的预设来完成，课堂上也不可能只有一种声音。这就要求教师在备课环节多从学生角度出发去分析问题，尽可能预设所有可能发生的情况。当课堂上出现与教师预设不同的情况时，教师不妨沉下心来，仔细倾听学生，挖掘其中的生成性教学资源。

如学生乙解例题3时利用 $FG \parallel CE$ 得到 $\frac{FG}{CE}=\frac{DF}{DC}$，这与我预设的解法有很大不同，但我没有立刻打断她，而是让她继续回答。为了更清楚地把握学生乙的想法，让其他学生也能听清楚她的解题思路，我适当写了板书。随着学生乙一步一步解释，我慢慢领会到刚才的决定是正确的，她用了一个较复杂的方法，但最终还是利用中间比求证了 $FG=FC$。耐心倾听，不仅尊重了回答的学生，还使所有学生都有了更深刻的认识。

由于个体差异，学生在思考问题和解决问题时情况不尽相同。一些学困生，由于自身学习习惯不佳，学习基础较差，思考问题方式单一，独立解决问题时存在较多困难，教师在课堂教学中应时刻关注他们的学习过程，第一时间发现他们的学习障碍，提高他们上课的积极性。本节课在例题2的自主探究过程中，有几位学困生明显遇到了问题，第一次从他们身边走过时，我并没有直接帮助他们分析，而是给他们自主思考的时间，并细心留意他们思考问题时的专注度，第二次从他们身边走过时，我发现有几个学生自己突破了难点，其他几个学生仍一筹莫展，于是我悉心指导,提示他们根据条件分析,把已知的等积式转化为比例式,由问题要证明的结论想到三角形一边的平行线判定定理需要这样的比例式,同时从平行的条件中得到需要的比例线段,利用中间比得到需要的比例式。几个学生没等我分析完就发现了自己分析问题时的漏洞,能独立解决问题了。课堂上,教师应关注每一个学生,及时帮助他们梳理解题思路,给予他们信心,促使他们独立解决问题。

快乐课堂是教师教学活动得以顺利进行的保证,是学生实践能力发展的前提。教师在教学中应积极营造快乐和谐的课堂氛围,使学生善思乐学。教师应热爱学生,关心学生,理解学生,宽容学生,平等对待学生,努力构建和谐的师生关系,把快乐带进数学课堂。

相关例题:

例题1:如图,已知点 O 为平行四边形 $ABCD$ 对角线上的任意一点,求证:$OC^2 = OE \cdot OF$.

例题2:如图,在梯形 $ABCD$ 中,$AD \parallel BC$,点 E 在对角线 CA 的延长线上,且 $FC^2 = FA \cdot FE$. 求证:$BE \parallel CD$.

例题3:已知点 E 在菱形 $ABCD$ 的边 BC 的延长线上,AE 交 CD 于点 F,$FG \parallel CE$ 且交 DE 于点 G,求证:$FG = FC$.

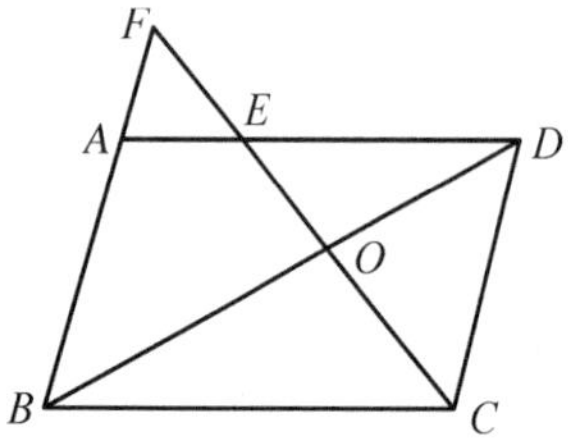

例题 1 示意图

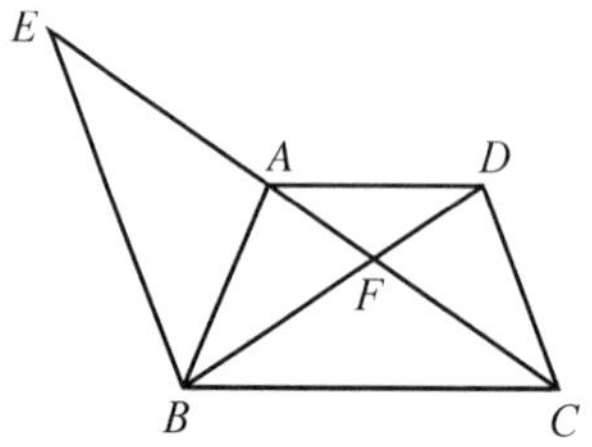

例题 2 示意图

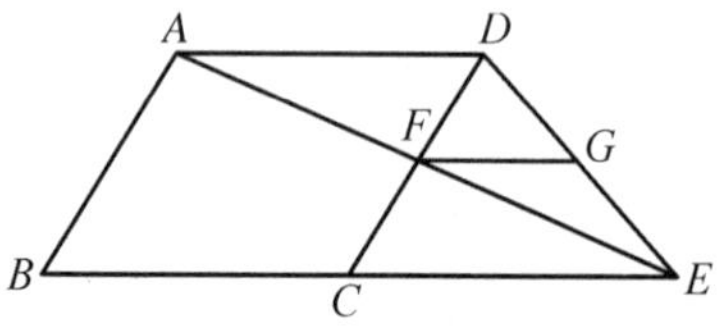

例题 3 示意图

(松江七中　吕雯芸)

案例二:

课堂教学是师生共同的双边活动,包含着认知、情感、意志等活动过程。和谐的师生关系是完成教学任务,提高课堂教学效率的重要条件。教师只有热爱自己的学生,全心全意关心他们,帮助他们解决学习中的难题,与学生和谐相处,学生才会主动学习。如果一个学生对自己的任课教师有对抗情绪,那他(她)就会厌恶这位教师所教的课程,学习兴趣不高。教学必须以学生为主体,教师的一切活动都要建立在了解学情的基础上。在教学环节的设置上,教师要考虑学生的实际情况,采用符合学生学习能力的教学方法。以下把“全等三角形的判定2、3”这节课作为例子进行说明。

一、灵活把握教材，提高课堂效率，是构建和谐师生关系的基础

构建和谐的师生关系是进行正常教学活动、提高课堂效率的保证。教师在教学中应灵活把握教材。灵活把握教材要求教师深入理解教材，把要讲内容的知识结构、地位作用、重难点弄清楚，进而灵活运用教材、组织教材、处理教材。

“全等三角形的判定2、3”这节课，是在“全等三角形的判定1”的基础上进行的，有了前面的铺垫，对于这节课的教学方式和教学流程，学生是有思想准备的。因此，我采取了导学案的方式，使学生通过自学对全等三角形的判定有一个初步的了解。在学生完成导学单的过程中，我通过巡视观察学生的学习情况，对个别学生进行指导。这样既不影响整体进度，也兼顾了学生个体差异，帮助学生巩固了旧知识，掌握了新知识。

教学内容	设计意图
(1) 我们前面学习过的判定两个三角形全等的方法有______种，分别是利用______和______进行判定的	通过复习上节课的内容，为本节课全等三角形判定2的验证打好基础，同时回顾已知的两个三角形全等的判定方法，激发学生兴趣，便于学生接受新知识
(2) 写出一组符合判定1的条件 在$\triangle ABC$与$\triangle DEF$中，$\begin{cases} \_\_\_\_ = \_\_\_\_ \\ \_\_\_\_ = \_\_\_\_ \\ \_\_\_\_ = \_\_\_\_ \end{cases}$ $\therefore\ \triangle ABC \cong \triangle DEF$ (　　　) 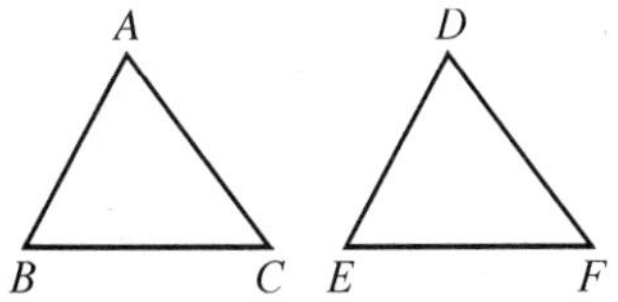	复习判定1的内容和基本符号语言的意义，由于没有给定具体条件，学生的判定选择不止一种，更能了解学生对判定1的掌握程度。在此过程中，既唤起了学生对旧知识的记忆，又为学生学习新知识进行了预热，更能调动学生的积极性，符合学情

二、利用一切资源，创设温馨的学习环境，是构建和谐师生关系的保证

对于课堂教学来说，如果环境与气氛和谐，就会产生事半功倍的效果，所以教师要针对自己所教学科和学生的特点去创设良好的学习环境，营造富有挑战性的课堂氛围，使自己的教学充满活力。

心理学家研究发现，学生在无精神压力、无心理负担、心情舒畅的情况下，思维最活跃，创造力最强，最容易接受知识。因此，我鼓励学生自学课本，完成导学单。由于有了复习的铺垫，学生知道如何在书中寻找相关知识点。导学单的设计考虑

了学生的思维差异，没有限定全等三角形判定的表达方式。在自学结束后，我组织了小组内交流，帮助学生理解、掌握新知识。在这个过程中，我巡视观察，适时给予引导，避免学生偏离学习主题，同时纠正学生的错误认知，解答学生的问题。

教 学 内 容	设 计 意 图
(1) 阅读课本第 94 至 95 页 全等三角形判定 2 是通过方法验证的，它与全等三角形判定 1 的说明方法是相同的	这部分内容需要学生自学。“它与全等三角形判定 1 的说明方法是相同的”具有一定的提示作用，可引导学生寻找验证判定 2 成立的方法
(2) 全等三角形判定 2 有________对应相等的两个三角形全等，简记为________ 数学符号语言： 在△ABC 与△DEF 中， { ________ = ________ ________ = ________ ________ = ________ ∴ △ABC≌△DEF(　　　　) 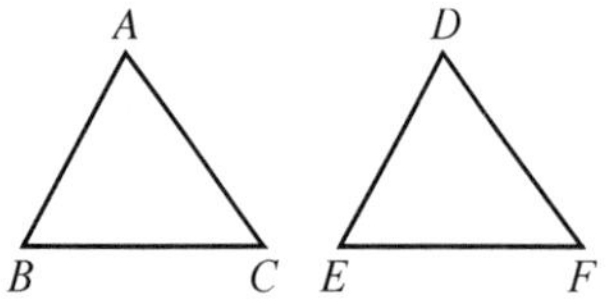 	(1) 从书中找到相关知识点，填写关键内容，可以突出阅读重点 (2) 书写数学符号语言，是全等三角形判定的一个重要部分，依据“角边角”的顺序，从上至下依次写出三组对应的条件，这点在学习判定 1 时就强调过了，在判定 2、3 的书写格式上正好也可以进行一个检测，由于条件开放，学生对这两个判定的理解会更深
(3) 全等三角形判定 3 是通过推理验证的	略
(4) 全等三角形判定 3 有________对应相等的两个三角形全等，简记为________ 数学符号语言： 在△ABC 与△DEF 中， { ________ = ________ ________ = ________ ________ = ________ ∴ △ABC ≌ △DEF (　　　　) 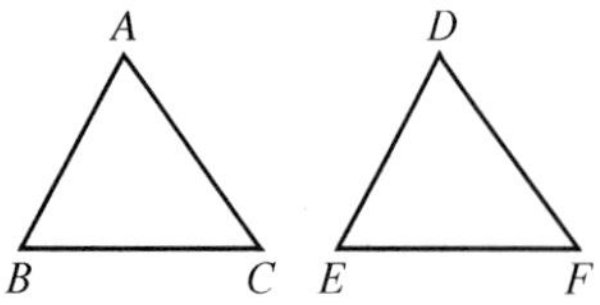 	由于判定 3 是两角及其中一角所对的边对应相等，所以在选取条件时更具开放性，而且书写顺序应该是先写两角，再写一边。判定 2 和判定 3 容易混淆，应提示学生关注两角一边的位置关系

三、转变教学观念，改进教学模式，是构建和谐师生关系的前提

教学是一门科学，也是一门艺术。传统的课堂中，教师是绝对的教授者，学生是绝对的学习者，学生参与活动的机会很少，大部分时间处于被动的状态。而民主和谐的课堂要求教师成为学生活动的组织者和引导者，强调在课堂教学中整合教师的“教”和学生的“学”，给每一个学生提供表现的机会，激发他们的学习潜能。因此，在小组交流结束后，我选择了一个小组上台交流。在交流过程中，我适时提问，加深学生的理解，通过展示不同答案鼓励学生思考，把学生变成学习活动的参与者和合作者。

在巩固新知识的过程中，我根据几何证明题一题多解的特点，设计了下面这道题目，让学生结合已知条件和题目要求回答，既考查了学生对新知识的理解和掌握程度，也给学生提供了一个展示自我的机会。作为巩固练习的第一题，这道题目难易适中，即使是学习能力稍差的学生也可以尝试。

教　学　内　容	设　计　意　图
如图，已知 $AO = DO$，$\angle AOB$ 与 $\angle DOC$ 是对顶角，只要补充条件________ = ________，就可根据“ASA”说明 $\triangle AOB \cong \triangle DOC$；或者补充条件________ = ________，就可根据“AAS”说明 $\triangle AOB \cong \triangle DOC$	一题多解是几何证明题的特点，此题要求学生根据不同的判定方法填写符合的条件，深化了学生对判定条件的理解

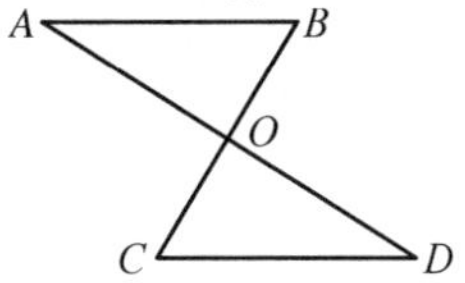

整节课中，我比较注意激发学生的学习兴趣，让学生积极参与各个环节，但有一个展示环节，我没有处理好。一个学生的解题方式是错的，我想让他上台来展示自己错误的地方，以提醒其他学生以后避免出现类似的错误，那个学生最后很不情愿地上台展示了。课后反思时，我发现自己犯了一个严重的错误，我忽视了这个学生的情感，没有谁愿意把自己的错误展示给别人看。我其实可以将这个错误展示出来，然后请这个学生说明错误原因并改正，这样他既能发现自己的问题，又能以一个正面的方式展示自己。

（松江七中　魏越灵）

二、对课堂教学中新型师生关系的思考

一些教师在教学实施中对学生的情绪状态关注不够。学习积极性是学生学习中至关重要的一点。教师要最大限度激发学生的学习积极性，让学生以高度的热情投入学习。

师生关系对于学生学习效率的影响很大。师生如果能实现情感的双向反馈,一定能教学相长,形成一种融洽的师生关系。有时,教师的一句鼓励、一个微笑,甚至不经意间的一个拍肩动作,都会给学生带来力量。教师应该让学生感到自己是被重视的,这样他们的内心就会愉悦,就会对教师有好感,真正从心理上认可教师。所以,教师要营造一种平等、和谐、互动的氛围,调动学生参与课堂的积极性、主动性。

和谐的师生关系是教师艰苦劳动的结果,需要教师的爱心。在教学中,教师只有把最宝贵的时间、最宝贵的尝试机会、最宝贵的发表观点与交流思想的空间留给学生,让学生在课堂上自主学习、合作探究,课堂才能更加精彩和充满活力,师生关系才会更加融洽。

我们从教学五环节入手,通过备课、上课、作业布置、个别辅导和评价测试对教师进行全方位的关注,帮助教师构建和谐的师生关系。

第三节　初中英语课堂教学中新型师生关系构建的实践案例

一、课堂教学中的实践与探索

初中英语课程总目标明确指出,学生在积累学习经验、形成学习能力的过程中,应树立正确的学习态度,养成积极的学科情感,增强文化理解,初步具有全球视野,并认同语言文化差异,提升语言自觉。英语课程不只是特定知识的载体,而是师生共同探求新知识、形成能力、体验情感、感受文化的过程。如何带给学生更多的收获,让学生愿意亲近这门语言课程,是摆在所有英语教师面前的难题。以松江七中为牵头单位的共同体就此进行了尝试。

案例一:

构建和谐的师生关系最主要的环境是课堂,教师要认真备课,创设贴合学生实际的教学情境,让学生在一种放松的氛围中真正掌握本课的重点和难点。以 6A M2U6 Going to school 中的 Reading: Travelling time to school (period1 P39) 为例进行说明。

首先,我进行了教材分析、学情分析,以确定本节课的学习目标和重难点。

教材分析:本节课是牛津英语教材 6A M2U6 的第一课时。本单元主题是上学路上的一系列情况,本节课涉及家校距离、上学交通、上学时间等内容。课文由四小段组成,每小段有三个句子。课文使用了一般现在时,重点句型是“It takes sb. about some time”。

学情分析:学生在小学阶段已学过一般现在时,但掌握情况各不相同,教师应提醒学生主语使用第三人称单数时动词要变形。教师在讲解本学期第一单元词组 a photo of sb.时曾提过人称的宾格形式，学生有所了解。而学生第一次学习“It takes sb. about some time”句型，理解上有一定难度，所以难点是句型的正确表达。

设计意图：我从学生的实际生活引入，先让学生复习之前熟知的其他交通方式，再在语境下教授新单词 ferry。词组 half an hour 也是教完后及时复习。讲解重点句型时，我先通过对话带学生操练，再通过提问引出“It takes him/her/them some time”，最后带入 about 的教学。

其次，我非常注重与学生互动。这节课的教学目标包括掌握新单词的语音和意义、学会使用重点句型。学习结束后，学生已基本掌握新单词的读音和用法，能较熟练地使用重点句型进行流利表达，并且错误较少。这是因为在课堂教学中，我注重与学生互动和对话，突出了学生的主体地位，让课堂真正灵活起来。

在教学过程中我选择了多样化的教学策略，师生关系较为融洽。具体包括以下几方面：第一，表情和情绪。上课面带微笑，和蔼可亲，面部表情随教学内容不同而有所变化；情绪饱满，以积极的情绪促使学生参与学习；在教学过程中，能适时表现激情以感染学生，课堂氛围活跃。第二，语言和语调。语言清晰，语气亲切，语速适中，自然流畅，表意准确；运用启发性语言，拓宽学生思维；与学生互动时正面反馈，善用鼓励性评价。第三，教学艺术。通过音乐、图片、提问和不同形式的活动激发学生兴趣；正确把握教学重点，善于化解教学难点；举例适时、适当、贴切，尽可能联系学生的生活实际；提问目标明确，时机得当，难易适中，引导学生思维碰撞，促进学生思维发展；发扬教学民主，鼓励学生质疑，耐心倾听、虚心接纳学生的意见和建议，积极引导。第四，学生意识。教师的音量、板书字体、多媒体展示能够顾及每个学生；教师站立的位置不遮挡任何一个学生的视线；提问或与学生互动时，能够照顾到各个层次的学生；非教学需要，没有出现让学生长时间站立的现象；在学生练习时能够及时发现有困难的学生，并进行点拨或辅导。第五，教学机智。课堂上个别学生注意力不集中时，能够用暗示等方式巧妙引导；发生冲突事件时，能够机智化解，把其对教学的影响降到最低。教学资源方面，从板书和多媒体两方面着手。师生充分交流，合理使用信息技术。

从注意状态看，大部分学生上课听讲时全神贯注，目光和思维都能跟随教师。从参与状态看，大部分学生参与度高，能积极思考和踊跃发言。从与教师交往状态看，学生能合作完成课堂任务，积极响应教师要求。从学生情绪状态看，学生能以饱满的热情和积极的态度参与其中，在产出过程中获得了丰富的情感体验，表现出满足、成功和喜悦。

（松江七中　吴侃璇）

案例二：

我力求在教学准备上准确而充分，在教学设计上清晰而明确，通过自己的智慧激发学生的学习兴趣，让他们循序渐进，不断发展自己的思维，获得挑战成功后的满足感。

一、教学准备

本课教学内容为教研员提供的八年级学生课外阅读材料。课前，教师复印好了阅读材料，学生人手一份；制作了课件，以辅助课堂教学的开展。

二、教学设计说明

文章标题为 Dogs as carers，谈论了动物和人类之间的关系。文章中提到的护理犬通过训练，承担起照顾残障人士的重任，帮助他们开门、开关灯、拿电话、推轮椅、脱衣服等。拉布拉多猎犬和金毛猎犬通常会被选作护理犬，因为他们容易训练，忠诚又可靠。文章中举例说明了护理犬对残障人士的重要性，教师希望学生认识到狗是人类的朋友，要爱护它们。

三、学习目标

明晰文本中新单词的意思；了解什么是护理犬以及护理犬能为人们做哪些事情；理解护理犬的作用，爱护它们。

四、学习重点

了解什么是护理犬以及护理犬能为人们做哪些事情。

五、学习难点

理解护理犬的作用，爱护它们。

六、教学过程

教师采取了“总—分—总”的阅读策略。总：第一遍初读，了解文章大概意思，把文章划分为三部分。分：第二遍细读，了解每部分表达的意思，梳理生词，解析重难句。总：第三遍再读，对文本进行复现和输出，检查学生对文本的掌握程度。

（一）第一遍初读

教师展示了一张狗照顾残障人士的动态图，引入主题，问护理犬能为残障人士做哪些事情。学生有的说护理犬是他们的眼睛，有的说护理犬是他们的脚。这些回答说明学生听课时不但聚精会神，而且思维活跃。教师对这些回答给予了肯定和表扬。学生根据段落大意，正确划分了段落，学习积极性很高。

（二）第二遍细读

分三次阅读三部分。因为该文本生词较多，会影响学生对内容的理解，所以在阅读前，教师善意提醒学生要读出声来，把生词找出来，以待释疑。

在单词释疑环节，学生提出困惑，教师进行发音和词义的解析。扫除生词障碍后，学生回答问题更加自信。

师：哪些人需要护理犬的照顾？

生1：文章中提到了两类人，一类是身体部位有损伤的人，一类是非常虚弱、行动不方便的人。

师：护理犬能为他们做哪些事情？

生2：护理犬能为他们开门、开关灯、拿电话、推轮椅、脱衣服等。

师：哪些种类的狗适合当护理犬？

生3：拉布拉多猎犬和金毛猎犬。

师：为什么这两种犬适合当护理犬？

生4：因为他们容易训练，忠诚又可靠。

师：这些护理犬是从什么时候开始训练的？

生5：当他们还是小狗时就开始训练了。

师：这些狗能掌握多少指令？

生6：它们能掌握80多种指令。

这些问题能帮助学生理解文章的重难点，提高学生的知识水平和思维能力。在提问过程中，教师把握时机，设法调动每个学生回答问题的积极性。教师以饱满的情绪和温和的态度引导学生，使其畅所欲言。

文章举例说明了护理犬的作用和重要性，师生一起研读了这个故事。

师：布莱恩怎么了？

生1：他患有脑瘫，行动困难。（学生不会读脑瘫的英语单词，教师给予了帮助）

师：布莱恩想过哪种生活？

生2：他想过独立的生活。（学生不会读独立的英语单词，教师给予了帮助）

师：布莱恩和谁住在一起？

生3：和金毛猎犬住在一起。（学生不会读金毛猎犬的英语单词，教师给予了帮助；文章中，金毛猎犬的名字叫“阳光”）

师：“阳光”受训多久了？

生4：一年多了。

师：为什么“阳光”和布莱恩要先相处两个星期？

生5：看它们能否共处。

师：“阳光”能为布莱恩做哪些事情？

生6：布莱恩行动不方便，所以“阳光”帮助他拿东西。

师：有一次发生了什么事情？

生7：布莱恩摔倒受伤了。

师：“阳光”是怎样帮助布莱恩的？

生8：“阳光”按下了与当地医院联网的紧急按钮。

师：你对“阳光”有什么评价？

生9：它是有帮助的、勇敢的、忠诚的、可靠的。

（三）第三遍再读

教师采用两种方式来检测学生的掌握程度。一是请学生概括文章第一到第四段的内容；二是给出关键词，请学生复述布莱恩和“阳光”的故事。

在候答环节，教师给学生足够的时间进行讨论，营造了有利于学生思考问题的宽松氛围。在回答问题时，每个学生都有均等的机会，这有利于减轻优等生的焦虑情绪，也有利于调动学困生的积极性。学生答题过程中，教师积极引导，及时评价和反馈。良好的师生互动，有助于加深学生对课文内容的理解，便于教师把握教学进度，提高教学效率。

（松江七中　张　瑞）

二、课堂新型师生关系的思考

英语教研组何顺志老师说：“教师导入精彩，语言幽默，关注每一个学生，运用多种形式调动学生的感官，让学生学得轻松有趣，教学效果才会更好。”因此，我们开展了朴素却卓有成效的探索。

（一）落实集体备课

我们通过集体备课改进师生关系。每个备课组每周都有一次集体活动，每周由不同的教师主持，重点分析课程标准和教材内容，大家各抒己见，每次活动都有所收获。我们根据学生的年龄和身心发展特点，确定了不同年级的研究重点。

预初备课组研究重点：培养学生的习惯与兴趣。

初一备课组研究重点：在网络背景下，开阔学生的视野，促进其自主学习。

初二备课组研究重点：分析两极分化的原因，帮助学困生补缺补差。

初三备课组研究重点：分析近5年中考试题，梳理基于课程标准的复习思路。

（二）紧抓课堂教学

我们在课堂教学中，结合教材内容进行德育渗透，关注学生的即时反应，给予适当的表扬与鼓励,改善师生关系。我们每学期都组织备课组层面和教研组层面的课堂研究活动,确保每位教师在一个学年内至少能上一次公开课。我们组织“2 + 2”磨课上课活动和“同课异构”活动。此类活动,能帮助教师更好地驾驭课堂教学。

预初年级研究课:关注学生良好习惯的养成与兴趣的培养。

初一年级研究课:培养学生的课外自主学习能力。

初二年级研讨课:关注学困生,以鼓励为主。

初三年级研讨课:开展中考前的辅导工作,舒缓学生的紧张心理。

(三)重视作业布置

我们严格控制作业数量,提高作业质量。我们分工合作,每个单元由一位教师负责,力争今天教了什么,就让学生做什么作业。我们提倡作业面批,力争有发必收,有收必批,有批必评。对作业的研究既减轻了学生过重的课业负担,又提升了课堂效率,让家长和学生都满意。近年来,学生的练习题都是教师自己编写的,任务虽重,但效果显著。

(四)坚持个别辅导

个别辅导是英语组的特色之一,也是我们改善师生关系的重要手段。对于学困生,我们利用课余时间帮助他们补缺补差;对学有余力的学生,我们指导他们开展课外阅读,提高他们的学习能力,开阔他们的视野。近年来,我校学生的英语成绩在及格率和优秀率方面都在上升,这与我们坚持个别辅导是分不开的。

(五)强调过程评价

我们把测试看成检验教学成果的手段。我们强调过程性评价,力求评价手段多样化。我们不在乎测试的次数,重点关注测试的质量。每当学生有进步,我们会立即给予适当的表扬。

(六)着眼可持续发展

青年教师是学校的未来和希望。英语组的青年教师占了很大比例,他们的顺利成长关系到学校的可持续发展。在校领导的统一安排下,我们采取师徒结对的方法,帮助他们快速成长。我们还邀请特级教师、教研员、研训员来校指导,成立了名师工作室,帮助青年教师成长。

我们为青年教师的成长搭建平台,组织青年教师参加教学评比活动。我们开展“英语学科节”活动,调动学生学习英语的积极性,融洽师生关系,提高青年教师的能力。

(七)探索课堂转型

从改善师生关系的视角出发,我们把“填鸭式”“一言堂”的模式转化为“开阔学生视野,提升学生兴趣”的模式。我们开展唱英语歌曲、看原版英美电影活动,引导学生主动学习。我们以活动为主线,以语用为目的,活跃课堂气氛,拉近师生关系。

从教师专业化发展视角出发,我们依托"松江区初中英语专业发展共同体",开展有效活动,联合相关小学定期举办中小学衔接活动。

我们利用松江区骨干教师资源,组织青年教师参加区初三教学工作会议展示课,鼓励青年教师上区级公开课。

我们重视教科研活动。近年来,我们参与了"指向改进的初中英语教学诊断机制研究""课堂教学中师生关系状况研究""初中语法教学研究""基于年级特征的初中作文教学探索"等课题,使我们的课堂真正走上转型之路。

我们不断提升教师教育教学水平,通过教师提升、课堂转型,将课堂打造成学生学习的园地,提高英语课堂教学效率,促进良好师生关系的构建。

第四节 初中物理课堂教学中新型师生关系构建的实践案例

新课改要求教师与学生平等交往,主动爱护学生,利用自身优势,发挥自身特长,与学生建立深厚的师生感情。如何利用物理课堂构建和谐的师生关系,让学生以与物理教师交往为乐,喜欢学习物理,是一个值得思考的问题。

一、课堂教学中的实践与探索

虽然我们已有丰富的教学论著作,形成了不同风格的课堂教学模式,但要使课堂教学充满活力,还必须让课堂教学中的师生关系向好的方向发展。如立达中学提倡在课堂上采用"引发教学"的教学模式,调动学生的积极性,全方位激发活力,全过程优化教学,全面提高课堂教学效率。为了使初中物理新授课和复习课中的师生关系更和谐,学生学习更加高效,六校共同体内的华实初中也进行了有益的探索。

(一)课题的提出

初中物理教师面对的是一群正值青春叛逆期的孩子,他们外向开朗却盲目自信,他们喜欢被表扬却经不起一点挫折,他们接受能力强却没有毅力。

传统的初中物理教学形式难以满足需求,如物理实验从实验室改到黑板上或教师口述,学生没有感性经历;又如,面临中考,学生要花费大量时间完成物理试卷,没有时间思考,也很难提出创新的问题。

因此,初中物理教师应顺应和发展学生的天性,根据初中生的年龄特征、心理规律、生理特点营造和谐的氛围,让他们爱上物理,最大限度地提高初中物理教育教学质量。

（二）课题研究的理论基础

《上海市中小学生学业质量绿色指标（试行）》中明确了教师课堂教学实践的方向。因此，营造和谐氛围，改进师生关系，需要教师更新理念，变革行动。

（三）主要研究目标和内容

本课题的主要研究目标是“营造和谐氛围，改进师生关系”，主要围绕三项内容展开。

1. 改变教学方式，增加课堂魅力

创设丰富情境，引入激趣质疑；组织探究活动，增加亲身经历；知识应用灵活，所学皆能有用；作业精选减量，减负提高效能。

2. 改变学习方式，激发学习兴趣

小组合作帮促，情感交融体验；自主思考发问，培养质疑精神；课外实地研究，培养创新能力。

3. 实施绿色评价，促进个性化教学

课堂语言用情，浸润学生心灵；多元评价量规，发展个性能力；适时隐性评价，潜移默化育人。

（四）研究对象和研究方法

1. 研究对象

以立达中学初二、初三学生和一部分教师为主要研究对象。在初三年级设置一个实验班和一个对照班，实验班中教师采用新的教学方式，学生使用新的学习方式，而对照班中教师采用传统的教学方式，学生使用传统的学习方式，之后进行对比分析。通过问卷调查、对期中和期末考试成绩进行统计分析，检验实验效果，其他班级教师根据实验方案进行教学实践以获得重要参考意见。

2. 研究方法

观察法：通过观察课堂上教师和学生的表现，获得第一手资料。

调查法：通过问卷调查、访谈，掌握实验前后学生的学习情况，了解实验效果。

对比实验法：对比实验班学生与对照班学生在实验前后的学习成绩及其对本学科的兴趣等，检验实验效果。

（五）研究过程

“引发教学”要求教师根据学情和学科课程标准设计学案。学案是教师在教案基础上针对学生学习而开发的一种学习方案，能让学生知道教师的授课目标和意图，让学生有知情权和参与权。在教学过程中，教师扮演的不仅是组织者和引领者的角色，而且是整体活动进程的调节者和局部障碍的排除者角色。学案可以指导预习，也可用于课堂教学,系统的学案是一份很好的学习资料。在“引发教学”中,学案制作很重要,但学案的设计远没有想象中那么简单,在设计时教师必须了解学生已经具备了哪些相关的生活经验和知识技能。如果教师设定的学习起点不符合学生的实际,那么这节课学生的学习效率会很低,所以设计好学案是教师上好课的重要一步。课堂上,教师先出示学习目标,设置问题,规定一定的时间让学生自学;学生根据学案的引导研读教材,查找资料,独立思考,解决问题;学生自己解决不了的问题,可以通过与小组成员合作学习,由组长根据本小组预习情况,组织讨论,交流解决;生生帮促学习,对合作学习进行调节与管理,在此基础上,教师点拨、启发、引导学生,并帮助学生提高学习成绩;最后进行当堂检测,巩固学习成果,学生完成作业或操作性训练,教师完成评价内容的积累与优化,即时评价。接下来,我们将以立达中学初中物理“力”这一课为例来介绍物理课堂中和谐师生关系的构建情况。

“力”观课案例

一、教师自测量表的确立

量表仅作为教师自我监测的工具,由参与课题研究的教研组成员自行测量和统计,并针对测量结果写一份简单的小结。建议教师定期测量,可根据情况每周一次、每两周一次或者每月一次。

二、“力”的观课案例

本节课的观察点是教学目标达成、教学内容设计、教学策略选择、教学资源运用、教学效果呈现几方面。

该教师备课时比较深入地研究了教材和教学参考资料,课堂上采用不同的教学方法和教学措施,语言风趣幽默,课堂氛围比较轻松,虽在发挥学生主动性方面有所欠缺,但也力求落实既定的教学目标。

(一) 教学目标达成

一节课的好坏,最终要通过教学目标是否达成来检验。教师在备课时就应明确教学目标,在教学内容设计时充分体现该目标。在课堂教学中,教师要不断为学生指引目标,引导学生自己去思考、探索,去感知知识的生成过程。

本课的教学目标如下:(1) 知识与技能目标,知道力是一个物体对另一个物体的作用,知道施力物体和受力物体,知道力作用在物体上产生的效果,如使物体发生形变、使物体的运动状态发生改变;(2) 过程与方法目标,通过对实验现象的观察、分析,结合日常生活经验,建立力的概念,知道物体间力的作用是相互的,感受力的作用效果,并能解释有关现象,通过实验体会物理研究过程,了解放大法在物理学研究中的作用;(3) 情感、态度与价值观目标,通过对生活中力现象的体验和对实验中力现象的观察、思考,体会物理就在身边,感悟理论与实践结合的重要性,体验物理研究的乐趣,在实验过程中体验合作学习,养成主动参与、分工协作的习惯。

在这节课上,对教学目标达成情况统计如下:(1) 知识与技能目标,力的作用效果是使物体的运动状态发生改变,这是本节课中学生理解上的一个难点,但在讲解这个知识点时,教师用时较短,学生也许并没有真正掌握,其他几个知识点学生掌握得比较好,另外,“物体间力的作用是相互的”这一知识点教师讲解得比较多,但知识与技能目标中并没有提到这一点是学生必须掌握的;(2) 过程与方法目标,教师通过让学生分析日常生活中常见现象的一些图片来总结得出力的概念,没有建立在实验基础上,而关于力的作用效果这一知识点,教师也只是让学生观看了一段踢足球的视频,并没有让学生感受到力的作用效果;(3) 情感、态度与价值观目标,“在实验过程中体验合作学习,养成主动参与、分工协作的习惯”这一目标并没有充分实现,因为在整节课中学生没有自主活动,讲解力的概念时,教师可以拿一些简单的实验器材,让学生自己动手实验,更真实地感受力,然后通过实验引导学生总结得出力的概念,另外,在讲解“物体间力的作用是相互的”这一知识点时,教师如果能让学生自己动手实验,效果肯定更好。

(二) 教学内容设计

每节新课,学生往往都有好奇和期待心理,如果教师能抓住学生的这一心理,精心设计导入环节,就会有效激发学生的求知欲。该教师充分利用有其他教师来听课这一点,让学生以热烈的掌声欢迎听课教师的到来。这个引入一举两得,一方面是因为学生在鼓掌时会用到今天要学的力,能深切感受到在力的作用下两只手都有疼痛的感觉;另一方面是因为可以营造一个轻松的课堂氛围,消除其他教师来听课带给学生的紧张感,激发了学生的学习兴趣。

教师在教学中运用幽默语言,可以活跃课堂气氛,使得枯燥的教学变得生动起来。例如:该教师用图片来说明生活中的力,其中有一幅图片是火箭升空,学生能明白火箭升空是因为受到了力的作用,但之后该教师说火箭实在是太大了,没法拿到教室中来,如果能拿过来就好了,学生都笑了。

教师在幻灯片上呈现了一些题目,让学生一起做。我觉得教师应该将这些题目打印出来,让学生自己独立完成,这样效果肯定更好。

(三) 教学策略选择

传统教学中常用的教学策略是产生式教学策略和替代式教学策略。现代教学中具有代表性的教学策略包括主动参与教学策略、“探究—发现”教学策略、合作学习教学策略、联系生活教学策略。

该教师上课时用到了主动参与教学策略，即学生在教师的引导下，主动掌握知识、发展能力。该教师还用到了联系生活教学策略，即通过教学活动直接或间接地反映生活，通过对生活的模拟来帮助学生有效掌握知识技能，发展个性。

建议该教师使用合作学习教学策略，对班级里的学生进行同质或异质分组，以小组为单位，请组长组织组内成员分工协作去完成小组共同目标，并把小组活动的整体效果作为教学评价的主要指标。

（四）教学资源运用

教学资源是指有助于教学开展的各种可被利用的条件，通常包括教材、案例、影片、图片、课件等，也包括教师资源、教具、基础设施等。① 创设学习情境，组织有意义的活动，能激发学生学习兴趣，鼓励学生积极参与，使学生在轻松愉悦的环境里体验、感悟、成长。该教师使用了丰富的教育教学资源，制作了课件，在教学中使用大量图片来得出力的概念，并用图片和实验说明了物体间力的作用是相互的，利用踢足球这个视频资料说明力可以使物体的运动状态发生改变。

（五）教学效果呈现

在这节课中，教师最后只是在幻灯片中给学生设计了一些题目，让学生一起做，这很难检测出大部分学生对这节课知识点的掌握情况。教师应该将这些题目打印出来，让学生独立完成，在学生做题的过程中通过有效观察来了解大部分学生的掌握情况，对部分学生进行一些有效的辅导。

教师满堂灌很难调动学生学习的积极性，学生往往只知道概念和定律表面的意思，没有理解其深层次的内涵，因此，经常会出现这样的现象：教师认为自己把问题和难点都讲明白了，可学生并没有领会。小组合作学习在一定程度上解决了这个问题。小组合作学习让学生自我学习、相互学习，优秀的学生能力提到提升，薄弱的学生得到帮助。学生通过合作探究，运用自己的话语体系进行总结、提炼，更容易吸收、掌握。

（观课教师）

二、课堂新型师生关系的现状与思考

本课题的研究目的是营造和谐氛围，改进师生关系，促进教师教学方式的改变和学

① 王锋，赵赤颖，周东明.导学案课堂观察量表的编制及使用建议[J].课程教材教学研究，2017.

生学习方式的改变。多数教师都遇到过这种情形，上课铃响后，平时成绩比较好且自制力比较强的孩子很快进入课堂角色，而部分自制力弱的孩子还不能很快安静下来。这说明有些学生并不是很期待这节课，对这门学科并没有那么感兴趣。在以往的课堂中，教师是主体，学生是被动的知识接受者，学生的主观能动性没有发挥出来，思维品质难以得到提升，兴趣难以得到激发。“引发教学”通过以下几方面使课堂上的师生关系更加和谐。

（一）创设丰富情境，引导激趣质疑

物理新课标强调，物理是源于生活、服务生活的学科。教师要重视物理教学与现实生活的关系，具有从生活走向物理、从物理走向社会的教学理念，从学生熟悉的生活现象引入学习，调动学生的生活经验。这样做可以降低教学难度，拉近师生距离，从而促使学生主动参与学习。物理也是一门以实验为基础的学科，实验是学习物理的基本方法。一个完整的实验本身就是一个有效的教学情境，教师通过实验来创设情境，既符合初中物理学科的学习规律，又可以让学生通过积极动手操作与动脑思考获取大量感性认知，从而将表象与本质、理论与实践结合起来。这样不仅可以规范学生的实验操作，提高学生的实验技能，还可以让学生经历知识的形成过程，加深对知识的理解，掌握实验这一最基本、最主要的物理学习方法。①

学起于思，思源于疑。巧妙的问题可以引发学生的好奇心，使学生带着强烈的求知欲与高涨的学习热情来主动探究，真正理解与掌握知识。在教学中，教师要充分运用提问艺术，在知识的重难点处、学生理解困难处巧妙设计问题，以问激趣，以问启思，将学生带入特定的问题情境之中，激发学生强烈的探究动机。②

（二）组织探究活动，加强实践探索

实践是探究式学习的灵魂，物理教学要加强实践探索活动。针对“杠杆的平衡条件是什么”“平面镜成像有何特点”等问题，教师不是先公开结论，而是指导学生在做好实验的基础上通过观测、分析、归纳得出结论。在学生合作、自主、探究的学习过程中，教师的角色是创设者、促进者、合作者、帮助者、激励者、评论者。

（三）学生之间合作帮促，增进情感交流

学生理解初中物理中的部分概念和定律时有一定的难度。如果借助小组合作学习形式，请组内成员针对教师讲的一些重难点进行讨论和分析，并把解决不了的问题以小组的形式上报给教师，教师有针对性地进行讲解就能加深学生对知识的理解。以初中

---

① 项波.创设丰富情境，构建物理高效课堂[J].学周刊，2015.
② 刘鸭华.初中物理探究式课堂教学问题情境的特征[J].新课程，2011.

物理“光的折射”这一节课为例，如果教师直接问学生“光的折射是什么”，绝大部分初中生都不知道该如何回答。因为学生根本不理解教师的提问意图，也不了解教师所给出的物理问题。换种思路，教师先让学生看到物理现象，让学生自己心中产生疑问并主动思考，再自然地提出相关的问题，学生就会从心底佩服教师。如物理教师可先引导学生观察筷子在水中发生弯折的现象，再提出“为什么有时我们眼中看到的事物不是真实的事物”这个问题。当学生觉得自己心中的问题与教师教学的问题一致时，他们便会积极思考教师提出的问题。教学方式和学习方式改变之后的课堂是有魅力的课堂。在这样的课堂里，师生关系和谐，学生不再是被动的知识接受者，而是主动的知识学习者，他们敢于质疑，敢于提出问题，愿意互相合作解决问题。总之，教师必须转变教育观念，多动脑筋，多想办法，激发学生的学习动力，让学生主动学习，爱上学习。

第五节　初中思品课堂教学中新型师生关系构建的实践案例

一、课堂教学中的实践与探索

师生关系是课堂教学中一个永恒的话题，以前的师生关系在如今的课堂教学过程中难以满足师生情感的需求。课堂中，精彩讲解固不可少，但只有合理组织活动，优化教学内容和过程，才能真正还课堂于学生，达到思品课立德树人的目的。

针对目前思品课堂教学中师生关系的现状，茸一中学张燕老师的探索为我们提供了一个方向。

全面建设小康社会

如何向学生讲解“全面建设小康社会”这一紧贴社会现实的内容？九年级的学生正处于身心迅速发展阶段，他们最想要的是师长对他们的认同，且他们本身对社会现象已有初步的理解。我知道的内容不一定比他们知道的内容多，有些内容我不一定比他们更熟悉。

基于这样的想法，我重新阅读了课程标准，整理了其中对学生收集信息、处理信息能力的要求及对学生参与社会调查和实践的要求。课程标准要求教师教给学生科学的思想方法，要求学生全面认识我国的国情，逐步具有全面建成小康社会实现社会主义现代化的使命感和责任感。

我又翻阅了教材。教材指出，全面建成小康社会需要我们发扬艰苦奋斗的精神，对于学生来说就是在生活中积极为小康社会的建成添砖加瓦。

本班学生在八年级时已经做过类似的调查研究，而且学风正，有一种竞争意识，做任何事都全力以赴。家长也比较注重孩子全面发展，积极鼓励孩子参与形式多样的活动，使之在活动中增长才干，锻炼能力。如果我能设计好活动项目，搭建好学生展示才能的舞台，学生就会有出色的表现。我相信学生在找素材、制作幻灯片时一定会逐步完善自身对全面建成小康社会的认识。学生有了问题时我再进行引导。这样所达到的教学效果一定比单纯讲授更好。

本班学生有自己固定的学习小组，所以我没有重新进行小组划分。我在课上进行了任务安排，请学生从衣、食、住、行、娱五方面中选一个主题，展示以前生活和现在生活的变化。在这个环节，大家都倾向选择前四方面，第五方面没有小组选择。原来，学生比较熟悉前四方面的内容，希望挑选自己熟悉的领域进行展示。这正是引导学生全面看问题的一个好时机。我提示学生："这次幻灯片制作和展示是要记入成绩的，大家当然想拿高分。如果选自己熟悉的方面，虽然很稳妥，但想要说出新意也很有难度。如果选的方面大家都还不熟悉，很容易讲出新意。""对呀！"班级中思维比较活跃的 A 同学马上表示了赞同，经过协商，他们组决定选取文化生活领域进行介绍。

在重新对教材、课程标准、学生情况进行分析后，我感觉自己可以大胆地进行教学实验了，任何设想只有经过实践才能知道对错。

仅仅过了一个周末，就有小组把提纲交给了我。我浏览这个提纲后发现，他们的素材十分丰富，但丰富的素材反而把主题弱化了，思想性不强。如何使提纲既能吸引他人的目光，又能把观点简明地表达出来，对此我进行了辅导。在制作过程中，学生还遇到了素材真实性甄别、知识产权保护等问题。幻灯片的制作锻炼了学生信息技术方面的能力。而他们在软件应用方面的才能也让我刮目相看，视频的切换、声音的编辑是我要向他们学习的内容。师生相互学习，关系更为融洽。

还有学生提出了其他问题，我也一一进行了指导。有一组学生发现，社会上有一部分人买了"豪宅"，而另一部分人却买不起普通商品房。他们提出问题："人是否真的需要用超大的住房面积来展示自己的富裕？土地资源有限，有钱人买了大房子，而且买了不止一处的房产，产生了更多的收益，这样公平吗？"实际上，这涉及我们全面建成小康社会中提出的建设全民共享发展成果的公平社会相关内容。我鼓励他们在展示幻灯片时把观点说出来。学生的主体作用和教师的主导作用得到了体现。这组学生最后用"房子再大，人所需要的也就是一张能睡觉的床"来作为结束语，引发了其他学生的思考。

幻灯片展示后，我还设计了提问环节和抢答环节，全班的积极性都被调动了起来。我在这节课中只是一个参与者,但学生在课堂上的精彩表现得益于我平时辅导时给予指导但不给出结论,给予帮助但不包办代替。师生关系在辅导的过程中得到了巩固和加强。

在最后的评价环节,我设计了一张评价表,每个学生都是评价人且都发挥主体作用,我也参与了对学生的评价。每个学生的成绩都要考虑小组中其他学生的评价和教师的评价。公平的评价方式也是学生认可教师的重要原因。

评价表

题目: 评价人:

主题明确	内容充实	有自己的思考	制作精良,分工合理	解说到位	总分

说明:5项内容总分为10分,每项内容分值为2分,评分请保留小数点后一位。

课堂教学思考:这节课由于准备充分,取得了预期的效果。课堂中,教师与学生在情感上相互支持,在人格上相互尊重。新时代的教师一定要主动适应变化,不是从教师角度出发思考自己可以给学生呈现什么,而是从学生角度出发思考他们需要怎样的引导,用什么方法去引导是最恰当的。在信息化时代,利用教育教学技术手段是一种必然,但手段不能代替目的。我以前也请学生先做幻灯片再演讲,但由于预计不足,对学生的指导不够,课堂效果不佳。这些经验让我在组织这次活动时想得比较周到,效果也比较好。这节课的教学结合了社会热点,贴近学生生活实际,所以学生学习的热情很高。九年级的学生有了一定的辩证思维能力,所以让他们找出各种各样的素材,甚至是观点截然不同的事例,能启发他们深层次思考。这时,教师再提一个有效的问题便能引导学生正确认识事物。有效课堂是我一直追求的,不是只要课堂热闹,而是希望学生通过课堂学习,在知识、能力、情感等各方面有所提升。

(茸一中学 张 燕)

茸一中学的王萍老师这样评价张燕老师的这节课堂实践课:

从课堂效果来看,张老师和学生之间关系亲密,氛围融洽,学生整节课的学习很顺畅。我们认为实现了预想的目标,达到了预期的效果。从评价量表的运用过程来看,课堂观察维度得到了较准确的量分,实际运用也较为合理。

这节课的主要优点有四个。第一,教学目标设置合理。张老师在教学设计中指出:"课堂是思维的碰撞,是学生自我教育的实现。教师在设计问题时要有质量,能够引导学生深入思考。在课堂的交流活动中,教师与学生的对话是探讨式的。教师要尊重学生的想法,运用苏格拉底助产术的追问方法,达到有效教学的目的,把课堂还给学生,让他们通过资料寻找和归纳,自己得出一些观点和结论。”基于这样的思考,她在教学中根据学生的实际情况,确立了有利于逐步提高学生思维能力、语言表达能力、合作能力的教学目标,为学生提供了展示学习成果的机会,使学生能够通过展示提高各方面的能力,同时提升自信心。第二,课堂气氛融洽。张老师的这节课教学内容安排合理,课堂组织形式多种多样。课堂教学中,张老师注意培养学生积极的学习态度、浓厚的学习兴趣和良好的学习习惯,学生精神面貌积极向上。在张老师的调控下,学生学会了观察、体验、探究、合作等学习方法,收获了知识,增长了能力,加深了认识。第三,学习方式以自主、合作、探究为主。张老师课前布置了收集资料、制作幻灯片、演讲等任务,教学中组织了小组活动,让小组成员利用教师提供的材料,通过分析、比较、抽象和概括等一系列积极的思维活动,实现了认识上的飞跃,完成了探究任务。第四,问题设计合理。问题设计依据学情,层层递进,对于教学中的一些重难点,教师提供脚手架,由浅入深逐步分析,使学生逐步掌握知识,提升思维。评价表操作性强。课堂上既有师生交往,又有生生交往,这种师生、生生间的交往满足了学生的求知欲,发挥了学生的主观能动性,提高了学生的智力活动水平。

松江二中巫真老师的课堂实践也为我们提供了构建新型师生关系的思路。

我国的经济建设取得了举世瞩目的成就

一、教学准备

第一,课前根据学科课程标准认真研读和分析教材,精准把握教学重点和难点。第二,为了激发学生学习兴趣,帮助学生理解相关知识点,根据教材内容精心挑选时事热点材料,与教材知识有机整合。第三,为了发挥学生在课堂学习中的主体作用,课前让学生以小组为单位进行探究、调查。

二、教学设计说明

本节课是九年级第二课“立足国情　强国富民”第一框“我国处于社会主义初级阶段”的第一课时。根据课程标准的要求,本框内容旨在让学生了解我国的基本国情是处于社会主义初级阶段,培养学生全面看问题的能力,为后面的学习打好基础。因为内容比较多,拟分三个层次深入讲解。本节课是第一层次,着重了解在中国共产党领导下我国经济建设取得的瞩目成就。

(一)教材处理

本框的知识点比较多,涉及许多基础理论,九年级学生在理解上有一定的难度。我在教学设计时，收集了大量直观的资料（图表和视频）来辅助教学，通过直观的感性材料帮助学生理解知识点，并设计了“浅入深出”的学生探究活动，组织学生调查、收集数据，帮助学生切身感受中国经济建设各方面取得的成就。在学生感悟体验的基础上，我及时总结，以提高教材理论的说服力。探究体验激发了学生的爱国之情，教学难点迎刃而解。

（二）设计理念

教学设计时，我坚持基于课程标准的教学理念，遵循“以学生发展为本，转变教师的教和学生的学”原则。第一，根据学科课程标准的要求，在课堂教学中，以教材为根基，围绕教材中的“操作平台”和“说一说”，以学生为主体，有序组织教学过程，层层深入，环环相扣。我根据学生层次，由浅入深地进行有效设问，激发学生学习兴趣，启发学生深入思考，增强学生自信心，培养学生的探究能力。为了激发学生的爱国情感，我使用了较多的视频、图片、表格、事例资料，使学生在观察、讨论、分析、总结的过程中理解了本课重点。最后，我通过视频加深学生对相关知识的理解。第二，遵循“以学生为主体”的原则，以改变学习方式为突破口，让学生动起来。课前让学生以小组为单位，完成教材上的相关练习，培养学生的参与意识。通过小组合作收集资料，讨论问题，合作交流，培养学生的实践探究能力、创新思维能力。通过一系列活动，满足学生“表现自我，体现价值”的心理发展需要，促进学生认知的发展。通过“参与导学”等探究、操作、体验、了解知识的过程，帮助学生构建自己的知识结构，改变以往机械接受和背记知识点的被动学习方法。活动有助于培养学生的动手操作能力、创造性思维能力、独立思考和解决问题能力、合作交往能力。

三、教学目标

（一）知识与技能目标

认识我国在中国共产党领导下社会主义经济建设取得的辉煌成就，全面了解其具体表现。

（二）过程与方法目标

课前小组合作，调查、访问、搜集资料；课上交流、分享等，进一步了解改革开放给我国带来的巨大变化。

（三）情感、态度与价值观目标

通过体验、感受变化，增强自豪感，激发爱国之情，对全面建成小康社会这一伟业充满信心。

四、教学重难点分析

（一）重点

了解我国目前经济建设取得的成就。

（二）难点

激发学生的爱国之情。

五、教学流程

教学环节	教师活动	学生活动	设计意图
导入新课	幻灯片：世界舞台的中国 师：过去十年我们取得了哪些成就？今天我们一起感受下我国经济建设取得的举世瞩目的成就	观看幻灯片并回答问题	用形象的幻灯片激发学生兴趣，为探究新课做铺垫
揭示课题 探究新课	（板书）我国的经济建设取得了举世瞩目的成就 请学生交流第21页“操作平台”探究结果；结合学生交流内容，进一步解释；分析后得出结论	分享、交流合作成果并倾听	引导学生积极参与课堂学习
【知识点1】	（1）改革开放以来，我国经济持续快速增长，综合国力显著提高	圈画知识点	加深学生对经济建设成就的认识与了解
探究与分享	请学生交流第22页“说一说”探究结果；针对学生交流内容讲解补充，幻灯片显示；分析后得出结论	分享、交流合作成果	引导学生积极参与课堂学习
【知识点2】	（2）我国工业化、现代化进程加快	圈画知识点	加深学生对经济建设成就的认识与了解
调查、探究与分享	请学生交流“家庭生活水平调查表”和第22页“操作平台”合作探究结果；结合交流内容让学生深入感受变化；分析后得出结论	反馈调查结果，分享、交流合作成果，实际感悟	通过课前调查和课堂交流培养学生自主学习能力，鼓励学生结合实际感悟成就
【知识点3】	（3）我国城乡居民收入不断增加，生活水平日益提高，人民生活总体达到小康水平	圈画知识点	
	播放视频	观看视频	帮助学生巩固所学知识，激发学生爱国之情

续　表

教学环节	教　师　活　动	学 生 活 动	设 计 意 图
课堂小结	请学生谈观看视频的感悟 总结：追逐中国梦，实现中国梦需要我们拿出实际行动——努力学习	谈感悟	帮助学生再次感悟经济建设取得的成就
课后探究	请学生以小组为单位，调查收集资料，完成教材第 24 至 25 页的"操作平台"	课后实践操作	引导学生主动学习，为下节课做铺垫

六、学习评价要求

第一，根据学生在小组活动中的参与度及其在合作中的表现，评出优、良、中、合格不同的等第，记录在学生成长手册中。第二，对课堂上积极动脑、主动发言的学生及时进行点评，肯定和表扬学生精彩的发言。第三，"课后探究"作为本节课的延伸，承上启下，引出下节课的内容。这一评价内容的设置，使课堂教学和课外活动相结合，旨在培养学生自主探究能力。

七、教后反思

（一）教学目标与实施情况

教学目标是指学生需要理解的概念、掌握的方法、熟悉的技巧等，是学生提高自身综合能力的必备条件。本节课"以学生为主体"，充分调动了学生自主学习的积极性，从学生的反应和回答来看，达到了预设的教学目标。最后的视频画龙点睛，起到了对整节课的归纳总结及升华作用，也促进了情感、态度与价值观目标的达成，激发了学生的爱国之情，渗透了社会主义核心价值观教育。

（二）课堂教学中的组织能力

在课堂教学中，以教材为根基，以学生为主体，有序地组织教学过程，层层深入，环环相扣。课堂教学中，根据学生层次，由浅入深地进行有效设问，激发了学生的学习兴趣，促使学生深入思考。

（松江二中　巫　真）

巫老师这节课，从教学目标来看，紧扣课程性质，突出学科特点，教学设计思路清楚、全面、具体、适宜；以学科课程标准为指导，体现年级、单元教材特点，符合学生年龄实际和认识规律，难易适度；目标定实定细，追求三维目标和谐。从目标达成来看，教师围绕三维目标开展了一系列的师生双边活动，使学生较好地完成了对所学知识的运用与转化。教学目标体现了教学重点和难点。

从教学内容来看，能根据学生具体情况把握好教学目标和教学重难点，依据教材又不拘泥于教材，变通地对知识进行了整合。

从教学思路来看，本课遵循"以学生发展为本，转变教师的教和学生的学"原则，根据学科课程标准的要求，在课堂教学中，以教材为根基，以学生为主体，有序组织教学过程，层层深入，环环相扣。教学内容注重联系学生生活实际。教学思路设计有一定的独创性，层次分明，脉络清晰。教师在课堂上有较强的组织掌控能力，将自己的教学设计层层展示出来。在师生研讨共同交流这一环节中，教师能让学生充分发表自己的观点，谈自己的理解、感受和疑惑，教师及时鼓励表扬且能适时精讲、归纳。时代性强，热点把握准确，恰当选用了情境材料。

从课堂结构来看，教学结构严谨，环环相扣，时间分配合理，密度适中，效率高。第一，新课导入利用形象的报道激发学生兴趣，为探究新课做铺垫。第二，运用教材中的"操作平台"和"说一说"，以学生为主体，有序组织教学过程，层层深入。课堂教学中，根据学生层次，由浅入深地进行有效设问，激发学生学习兴趣，启发学生深入思考，促使学生自主学习，培养了学生的探究能力。最后的视频起了画龙点睛的作用。教师注重学生的情感体验，根据需要创设相应的情境，帮助学生深切领悟，实现了情感的体验、内化和外显。第三，时间分配与教学衔接恰当，教师活动与学生活动时间分配符合教学目标，教师给予学生充分的活动时间，学生个人活动、小组活动和全班活动时间分配合理，预留了学生独立思考、独立完成作业的时间。

从教学策略选择来看，教学有法，但无定法，贵在得法。整节课"以学生为主体"，改变传统的学习方式，让学生动起来。课前让学生以小组为单位，完成教材上的"操作平台"和"说一说"。课中让学生讨论问题，合作交流，通过一系列活动满足学生"表现自我，体现价值"的心理发展需要。学生通过探究、操作、体验、了解知识，主动构建自己的知识结构，改变了以往机械接受和背记知识的被动学习方法。课堂中，教师多以交流、对话的方式向学生传递信息，认真倾听学生观点。

现代化教育呼唤现代化教育手段。教师适时、适当运用幻灯片、视频等现代教学手段，在讲述中穿插图片等，使得理论知识的讲解更生动形象、直观，学生也易于理解和掌握。整节课中，教师根据课程标准灵活整合课内外资源，很好地利用了教材中的"操作平台""说一说"，精心设计了思维训练，创设了合理的情境，把课内基础知识与课外热点相融通，坚持理论教育与社会实践相结合的原则，使学生在实际的情境中展开有效学习，通过对生活的感受和体悟，提高了探究能力、实践能力和合作能力。

从教学基本功来看，板书设计科学合理，字迹工整美观。教师课堂上始终面带笑容，情绪饱满，富有感染力。教师仪表端庄，常常给予学生语言和眼神鼓励。教师的课堂语言准确清楚，精当简练，生动形象且有启发性，语调高低适宜，快慢适中，抑扬顿挫，富于变化。教师了解授课班级学生的兴趣和学习基础，能让学生充分表达自己的思想、见解，师生关系融洽。

从教学效果来看，这节课教学效率高，课堂上学生思维活跃，气氛热烈。所有学生都能积极投入课堂学习，不同程度的学生在原有基础上都有所进步。知识、能力、情感目标达成。教师有效利用 40 分钟时间，学生学得轻松愉快，积极性高，当堂问题当堂解决。

二、课堂新型师生关系的思考

根据六校共同体在初中思品课堂教学中的诸多探索和实践，我们有以下几方面的思考。

(一) 倡导三个原则

教师教学时应遵循三个原则。第一，以学生为中心，课堂是学生的舞台，教师要把活动的权利和时间还给学生。第二，突出学习过程，让学生经历知识形成过程，探求事物本末，总结自己独特的感受。第三，追求“期待之中和预料之外”境界，“期待之中”就是要有良好的预设，即优化的教学思路；“预料之外”即动态生成，教学是向未知领域挺进的历程。动态生成是挖掘生活经验、形成价值观的最佳契机。

(二) 做到六个引导

要使教学有效，关键是教学过程有效。要使教学过程有效，关键是教师要明确自己在教学过程中的任务。教师在教学过程中要引导学生去感知教材、图片、视频材料等，让学生通过感知，初步构建知识体系；引导学生去思考，去体验，去参与，去活动，去交流，去倾听，去践行。

教师要从目标上进一步梳理传授知识与提升生活智慧的关系；从内容上进一步关注和引领学生的生活，促进学生社会性发展；在评价与调控中，关注学生生活经验，引导学生相互学习；从学生的成长需要出发，基于学生回归生活的需求设计教学。

在课堂教学中，教师应转变教育理念，在“精”上做文章，在“情”上花心思，多钻研、多学习、多交流，营造宽松的教学氛围。教师要懂得爱护学生，树立服务意识；懂得欣赏学生，学会科学评价；懂得信任学生，理解宽容学生；懂得尊重学生，树立平等意识。

第六节　初中艺术课堂教学中新型师生关系构建的实践案例

美国心理学家罗杰斯说:“成功的教学依赖于一种真诚、理解和信任的师生关系。”构建和谐的师生关系,既是课堂教学质量提升的前提和保证,又是新课程实施与教学改革的内容和任务,也是建设和谐社会、构建和谐校园、促进师生共同发展的基本要求。现在的教育强调学生德、智、体、美、劳全面发展,初中艺术课堂一方面可以教会学生基本的“美”的知识;另一方面可以引导学生去感知生活中的艺术美,从而帮助学生发现艺术,创造艺术。初中生正处于世界观形成的关键时期,因此,艺术课堂对初中生的价值导向有着举足轻重的作用。所以,当下艺术课堂师生关系的研究是值得大家关注的一个问题。

在艺术课堂教学中,如果过于强调专业知识和技能,忽视激发学生的兴趣和培养学生的艺术欣赏能力,会使很多学生学习艺术课时有压力,师生间不能相互理解。教师应该本着“多给学生魅力,少给学生压力”的原则,在潜移默化的艺术熏陶中使学生受到教育。基于构建课堂教学中新型师生关系的四重机制,松江六中艺术课堂开展了基于同行听课检测的师生关系改善研究。

一、课堂教学中的实践与探索

(一) 课题的提出

在艺术课堂教学中构建新型的民主、平等、和谐的师生关系,对学生学习方式和审美观念的影响是很大的。学生在这种新型的师生关系下采用新的学习方式学习,能够比较轻松愉快地去掌握审美技能,艺术学习效果更好。在新的学习方式影响下,学生动手能力增强了,主观能动性得到了发挥。

(二) 课题研究理论基础

《上海市中小学生学业质量绿色指标(试行)》十项指标中的“二、学生学习动力指数”“四、师生关系指数”“五、教师教学方式指数”,明确了艺术教师课堂教学实践的方向。因此,营造和谐氛围,改善课堂师生关系,改变教学方式、学习方式和评价方式成为本课题的研究方向。

(三) 主要研究目标和内容

本课题主要研究目标是营造和谐氛围,改进课堂师生关系,主要围绕教学方式改变、学习方式改变、评价方式改变三项内容展开。

（四）研究对象和研究方法

1. 研究对象

以松江六中预初学生、初一学生和部分教师为研究对象。

2. 研究方法

观察法，即通过观察课堂上教师和学生的表现，获得学习效果相关资料。调查法，即通过问卷调查、访谈，掌握课堂前后学生的学习情况，了解学生学习效果。

（五）研究过程

为了在课堂教学中构建和谐的师生关系，松江六中艺术组特意设计了“教师课堂教学行为自我监控”方案的自测量表。教师在课堂教学中的正向情绪和行为，是构建良好师生关系的关键。而学生在课堂中的学习状态，则是教师教学行为导致的结果。量表反映的是课堂师生关系形成的原因和课堂师生关系形成的结果。因此，量表是课堂师生关系评价的主要依据。以下通过观课案例具体说明。

“撕贴出来的青花瓷瓶”观课案例

一、教学设计分析

剪纸属于美术学科中设计与应用的范畴，旨在让学生了解我国剪纸文化，培养学生热爱民族艺术和热爱生活的情感，同时通过让学生动手操作，培养其动手操作能力和专心细致的工作态度。

在教学思路上，由于剪纸内容比较广泛，教师根据学生的年龄性格特点找了一个切入点——吉祥团花，让学生从较简单的图案入手，体验成功的喜悦！在纸张准备时，教师选用了红纸，因为红色是我国剪纸的本色，象征着吉祥、喜庆！教师设计了五个环节。一是欣赏导入，以视频形式导入，激发学生的学习兴趣和学习欲望。二是分析与归纳，通过生活中常见的几种事物让学生联想到吉祥的寓意，通过吉祥事物的连线配对让学生清楚了解其在剪纸中的表现方式，通过作品欣赏让学生归纳团花的特点。三是示范与制作，教师通过演示让学生了解团花剪纸的步骤与方法，同时讲解学习重难点，通过利用相同图案在版面上的不同摆放，让学生了解制作过程中数量上的变化和方向上的变化等，拓展学生的设计思路。教师请学生完成一幅有吉祥寓意的六折团花剪纸作品，学生通过教师的演示及图案设计上的讲解基本了解方法与步骤后实际动手操作。教师抓住时机，强调安全和卫生并播放音乐，让学生在放松的心情下愉快学习。教师在教室里巡回指导。四是展示与评价，教师把学生作品黏贴在事先准备好的展示板上，通过展示肯定学生学习成果，提高学生学习的积极性，促使学生之间互评。五是总结与拓展，通过学习本节课，让学生继承并发扬民间艺术，在生活中发现美，寻求美。

二、观课分析

本节课是在上海杨思中学的一次借班课，课堂环节紧凑合理，教师表述严谨科学，作业设计表现感强，是一节优秀的教学研讨课。从课程架构到细节处理都十分到位，教师的认真教学态度非常值得其他青年教师学习。教师指出，将瓶子上图案展开即可呈现出二方连续设计图。学生通过讨论归纳图片要点（图案构成等），提高了归纳素材和架构画面的能力。学生尝试创作后，教师以总结方式启发学生发散思维，培养了学生解决问题的能力。

一节课的承载量有限，但却给了其他教师很大思考空间，从这个角度上来说本节课也给观课教师上了一课。我将从以下几方面谈谈自己对这节课的看法。

一是教学目标达成。本节课的教学重点是瓷瓶的造型，难点是设计并制作有青花纹样的花瓶。教学过程中，教师能正确把握教学重点，有效化解教学难点，教案内容丰富详细，但在三维教学目标阐述中，对“新颖”的花瓶和“个性化”的图案表述欠严谨，没有对此定下标准，给最后的作业评价带来了问题。情感、态度与价值观目标表述过于宽泛，建议改为“感受中国传统青花瓷的美感，激发对青花瓷造型及纹饰的兴趣”。教案应详略得当。如导入环节可以删去预设学生反应相关语句，其他教学环节在表述上应适当精简，让课堂结构看起来更清晰。缺少学术作品评价标准的阐述。

二是教学内容设计。本节课是根据书画版七年级“寻找民间美术”内容拓展出来的一节课。教师预设学生先用手撕的方式完成器形，再用窗花装饰完成作品。教师教态自然，语言亲切且有感染力，拉近了与学生的距离。值得一提的是，在上课环节进行到剪窗花时，教师突然了解到多数学生没有操作过。教师在没有准备的情况下冷静快速地示范讲解，让教学活动得以顺利进行。这说明教师具有良好的心理素质和应变能力。本节课的教学重点是瓷瓶的造型，官窑民窑的区分不是重点，可以不强调甚至不提起。考虑到复杂程度对作业的影响，只涉及民窑也可以。

三是教学资源运用。教师示范作品的数量和质量都较高，体现了教师较好的专业素养和认真的教学态度。示范作品适时恰当贴切，课件展示中很好地发挥了多媒体的优势，厘清了青花瓷上纹饰和平面设计的关系。课件展示器形时，建议把器物背景调暗，可以用辅助线突出造型轮廓，帮助学生分析理解。此外，教师解说示范作品时可以强调一下作品中的团花与真正意义上的青花有区别。

四是教学效果呈现。作业形式简单易懂，学生也有很大的发挥空间。用手撕出器形是本课的一个特色,但在实际观课中我们发现七年级学生工具使用较为熟练,如果不是出于对造型风格的考虑完全可以直接剪出。用剪纸的形式效果较好,但教师应在作业要求中强调器形和纹样的组合要求(一般青花瓷上的纹样为适合纹样)。如果教师能为学生提供同色系画笔辅助制作,也许效果会更好。

(观课教师)

二、课堂新型师生关系的现状和思考

初中的艺术课,学生一般很喜欢上。因为这些课没有学业考试压力,又可以让学生在唱跳、动手实践中学习技能知识。但是,当下初中课堂中的师生关系现状却并不像人们想象中的那么完美。虽然学生对艺术课堂兴趣浓厚,但如果教师不能在严与慈之间把握好度,课堂就会走向沉闷与喧闹两个极端。经常有美术或音乐教师抱怨,有些孩子在课堂上讲悄悄话、做主课作业、睡觉、走神、看课外书等。学生对美术课堂的不重视,让教师很伤心。

(一)教师的真诚是构建和谐师生关系的关键

如果一个孩子生活在鼓励中,他就学会了自信;如果一个孩子生活在表扬中,他就学会了感激;如果一个孩子生活在真诚中,他就学会了感动。教师的真诚直接影响着学生情感、态度与价值观的形成,这不仅是素质教育的要求,而且是和谐健康发展的要求。

(二)实践中反思是构建和谐师生关系的基础

如何让每一个学生在美术课堂教学中得到真正的发展?如何在课堂中教授美术专业知识?这些问题值得我们反思。在美术活动过程中,教师总在为学生的遥远未来做准备,却对学生当下的审美情趣、对艺术的鉴赏能力关注不够。艺术教育应贯穿学生的学习生涯,在每一个课堂瞬间影响学生,满足每个学生的兴趣和需求。

(三)反思中领悟是构建和谐师生关系的提升

在反思中领悟,找准新课程的生长点,关注每一个学生的发展。陶行知先生说:“让我们解放眼睛,扔掉有色眼镜,要看事实,看未来;解放头脑,撕掉精神的裹头巾,要想得通,想得远;解放嘴巴,享受言论自由,谈天,谈地,谈出真理来;解放双手,甩去无形的手套,大胆操作,向前开辟;解放空间,把学生从文化的鸟笼里解放出来,让他们飞向大自然、大社会,去寻觅,去捕捉。”关注学生要求教师关注学生的学习方式,关注学生的学习状态……只有这样,才能让美术教学保持活力。

(四)评价中拓展是构建和谐师生关系的动力

反思美术课堂教学,反思教学中的行为,使我们的教育更加关注学生的整体发展。

手中多一把尺子，心因细腻而伟大。“关注”可以有很多形式，教师应根据自己所教的学科，给予学生不同的关注。一次成功对于学生来说意味着什么？让孩子成功，这种经历胜过教师苦口婆心的说教，严厉的批评，谆谆的教导，它能让一个学生自尊、自信、自强起来，对学习产生兴趣，从而提高自控力，改变不好的学习习惯。

（五）创设温馨的学习环境是构建和谐师生关系的保证

有人说：“环境造就人，气氛熏陶人。”对于课堂教学来说，做到环境与气氛和谐，会起到事半功倍的作用。如果教师在课堂上用微笑传递对学生的关爱，学生就会在这种爱的感召下受到鼓舞；如果教师走下讲台，以饱满的热情感染学生，用赞赏的眼光看待学生，学生就会尊敬并喜欢教师。

和谐的师生关系可以使学生全身心投入学习，奋发向上，健康成长。因此，在教学中，教师只有构建和谐互动的课堂，把最宝贵的时间、最宝贵的尝试机会、最宝贵的发表观点与交流思想的空间留给学生，让学生在课堂上自主学习、合作探究，课堂才会充满活力，师生关系才会变得更加融洽，教与学才会变得更加和谐统一。

第六章　跨校研修推动新型师生关系构建

第一节　名师工作室的指导与引领

六校共同体充分发挥名师在“构建课堂教学中新型师生关系的行动研究”总项目和子项目中的指导、服务、示范、引领与辐射作用，统筹校际资源，推动六校共同体间优质教育资源共享。我们成立了以立达中学谢红新，松江七中何顺志、汪晓慧、李张勇、孔彩虹、陈路珍、李华、杨珍凤，二中初中陈殿光，松江六中钱建梅、夏玲华，华实初中侯丽双，茸一中学王海琴老师为首的十二个学科名师工作室，为培养六校后备力量、搭建骨干教师成长平台、全面提高六校教育教学质量作出了积极贡献。

一、名师风采展示

六校共同体聚集松江区众多学科名师，通过名师的指导和示范，充分利用各校优质资源，促进新型师生关系的研究。

谢红新老师积极探索语文教学实践，课题、论文屡获奖项，2006 年至 2015 年连续担任松江区语文中评委。谢老师热爱语文教学，有高尚的师德和扎实的语文专业素养，注重学科育人价值的落实，重视用文化课堂濡染学生。作为学科名师指导团组长、松江七中共同体名师工作室主持人和区学科中心组成员、初中语文兼职研训员（2009 年 9 月至 2012 年 8 月），谢老师带领团队积极研究课堂教学，充分发挥辐射引领作用。谢老师认为，新型的师生关系需要教师言传身教，为学生树立良好的榜样。教师在语文阅读教学过程中要以质疑、批判的眼光去审视和发现文学作品可批判的空间，以此发展学生的批判性思维能力，使师生的思维能力得以共同提升。

李张勇老师毕业于湖北师范大学中文系，就职于松江七中，2008 年至今，担任语文教研组组长职务。任职期间，他被评为松江七中“十佳青年教师”“十佳班主任”“十佳教工”，松江区“教坛新秀”“学科名师”。他先后参与区本教材《初中作文学本》、上海市《初中作文教学教程》实证研究的编写工作。在十多年的语文阅读教学实践中，李老师努力创设良好的课堂教学环境以促进师生间的良性互动。他认为，促进师生良性互动的关键是激发学生主动参与的积极性，师生互教互学，形成一个真正的“学习共同体”；良好的师生互动能使阅读教学更生动、更活泼、更有魅力，有助于提高师生阅读效率，促进师生阅读水平的提高。

夏玲华老师，中学数学高级教师，松江区第四届、第五届学科名师。在二十多年的实践中，夏老师担任过学校大队辅导员、学校科研室主任、学校数学教研组组长、班主任等职务，承担过大学毕业生实习期指导和新教师见习期教育教学指导等多项工作，多次参与市、区两级课题研究，撰写的多篇论文在市、区级刊物上发表。针对新型师生关系构建，夏老师认为，“赏识学生”是一个非常有价值的教育理念，可以有效促进师生关系的改善。当遇到调皮、有特殊问题的学生时，教师要用赤诚的真心去爱他们，消除“火暴”减少“急躁”，以“温柔”的方式去开启和引导他们，挖掘他们的闪光点，从而绽放出育人的伟大魅力。

汪晓慧老师，华东师范大学教育硕士，数学高级教师，松江区数学学科名师，松江区数学学科中心组成员。先后获得校青年教师教学评比一等奖、松江区“教坛新秀”、上海市园丁奖等荣誉。《数学课堂教学中“二期课改”理念实施的误区及策略》获松江区2007年度教育科研评比一等奖，《数学教学中问题创设的有效性策略的研究》获松江区2010年度学校教育科研成果三等奖，《在初中数学课堂教学中运用“数学日记”的实验研究》获松江区2011年度教育科研成果一等奖。在汪老师的教育理念中，“爱”是一个最鲜艳的字。他认为，爱是沟通的工具，是交流的基础，是教育的基石。学生需要教师真心诚意地给予爱。把爱作为沟通的纽带，教师和学生一定可以相处得融洽而美好。

陈殿光老师2001年参加工作，中教高级教师，上海师范大学数学专业研究生。他连续多年承担初三毕业班数学教学工作，奉行“刻苦探究、勤奋专研、耐心指导、用心辅导”的教育格言，在数学教学中加强情感教育。他通过数学学习的成功以及审美体验，强化学困生的内部学习动力，提高学生认知水平，使智力因素与非智力因素互相协调，提高学生的创造力。陈老师在实践中不断思考与总结，认为情感在初中教育教学中，特别是在学困生的转化中有着不可忽视的作用。情感拉近了教师与学困生的距离，让教师的教学更有特色，激发了学困生的学习兴趣，促进了学困生与教师的互动。

何顺志老师从事初中英语教学工作30多年，中学高级教师，现任松江七中英语教研组组长，曾任第二届“松江区学科名师”和第三、四、五届“松江区首席教师”。他承担多项区级课题的研究工作，其区级课题“初中英语语法教学设计”研究成果由华东师范大学出版社正式出版。他先后获得“松江区强师兴教先进个人”“松江区先进教科研个人”“上海市新农村教师君远奖”等荣誉。何顺志老师说：“三尺讲台，是我们的展示舞台；校本研训，是我们的成长之路；学生的成功与成才，是我们努力前进的源泉；同行的鼓励和合作,是我们面对挫折的勇气。在成就学生的同时,我们也成就了自己的未来!”

王海琴老师是南京师范大学物理教育专业研究生,中学物理高级教师,茸一中学物理教研组组长。她在教学工作中获得了许多荣誉,如2009年在松江区年度教育科研成果评比中荣获一等奖,2010年被评为市民办中小学“优秀德育工作者”、获松江区教科研先进个人称号、被评为松江区第四、五届学科名师。王老师重视因材施教,实践个别化教育。她认为:“教育是慢活,急不来的,每个学生都希望自己是成功者,都期待着收获和赞誉。对暂时落后的学生进行个别化教育时,教师要了解学生的个性特征及其行为背后的原因,对症下药,同时要有耐心、细心和爱心,等待、宽容和激励学生,帮助他们树立信心,让他们感到‘天生我材必有用’,这样的教育才更有效。”

侯丽双老师自2004年9月来华东师范大学松江实验中学任教化学至今,先后被评为学校“荣誉教师”、松江区第二至五届学科名师,在教学和科研上取得了累累硕果。侯老师认为,爱是教育好学生的前提,教师应该用爱去呵护他们的心灵,去激发他们对学习的热情,去点燃他们的自信。她用心浇灌、用爱呵护每一个学生,让学生在爱中学习、生活,逐步养成良好的学习习惯,逐步提高学习成绩,得到了家长的一致好评。

陈路珍老师是松江区第三至五届学科名师,高级教师,松江区音乐学科中心组成员,曾获上海市艺术教育先进个人、松江区艺术展演优秀指导教师、上海市百校风采擂台赛金奖优秀指导教师等称号。陈老师热爱教育。积极的幸福感是幸福的必要因素。[①] 陈老师将快乐教学法贯穿课堂始终,在课堂教学中善于用快乐、幽默的语言与学生交流,努力营造快乐、鼓励的气氛,让学生有幸福感和成就感。陈老师通过快乐教学把知识传授给学生,让学生享受学习的快乐。陈老师说:“幸福来自课堂,快乐源于学生。幸福需要人设置,需要人呵护。教师就是设置者和呵护者。教师应该在课堂中给学生创造幸福,让学生感受到课堂的幸福。能给学生带来幸福的教师,也能给自己带来幸福。这就是教师的魅力和教育的魅力。”

孔彩虹老师是松江区生命科学中心组成员,上海市远郊中学生命科学实施“两纲”的实践与研究课题组成员,曾获松江区学生健康促进工作先进个人、九亭镇“二十佳”教师、校“十佳教工”、松江区“优秀指导教师”等荣誉称号。“关爱、适切、求思、有效”是孔老师从教20多年来孜孜追求的教学境界。孔老师积极创设和谐的学习环境,激发学生求知欲,关注学生思维成长,培养学生良好思维品质,让学生在学习过程中体验、感悟。孔老师通过学科教学进行生命教育的探索,引导学生爱惜自己的生命,关爱他人,

---

① [美]内尔·诺丁斯.幸福与教育[M].龙宝新,译.北京:教育科学出版社,2009.

关爱自然,关爱社会。

作为松江教师队伍中的领路人,六校共同体的名师们在多年的教学科研实践中关注学生身心成长,践行真善美的教育理念,取得了骄人的育人成就。他们在教育教学方面是青年教师的榜样,引领着融洽、和谐师生关系的构建。

二、名师工作室创建

为进一步构建新型师生关系,六校共同体充分发挥名师的引领作用,依托语文、数学、英语、物理、化学、生命科学、音美、德育等学科,成立了各具特色的名师工作室。名师工作室坚持求真务实与开拓创新相融合的原则,创新指导理念、载体和途径,充分发挥示范引领作用。名师工作室实行主持人和学科顾问制。主持人是名师工作室的负责人,由六校共同体中师德高尚、乐于奉献、善于学习、教科研能力强、在区域内具有一定影响力的学科名师担任;学科顾问由六校同学科的学科名师担任。名师工作室学员实行双向选择制,每校推选 1 至 2 名具有发展潜力的青年教师,经名师工作室主持人筛选后加入共同体学科名师工作室。

名师工作室主持人根据自己学校情况和学科情况组织学员围绕共同体课题"构建课堂教学中新型师生关系的行动研究"开展研究,在实践中寻找改进师生关系的途径、策略。谢红新老师主持的语文学科名师工作室以"学习策略(路径)—阅读—小说阅读"为科研重点,将学习策略分为批注策略、质疑策略、比较策略、批判策略、反思策略、评价策略、还原策略、主题策略等内容,对学生主体性小说阅读学习策略进行了细致研究。名师工作室以改善师生关系为前提,注重初中小说教学中学生学习策略的具体指导,围绕实证案例把学习策略理论具体化、方法化、程序化、可操作化,逐步帮助学生建构起自己的阅读学习策略体系,促进学生自主阅读,提高语文综合素养,为他们终身学习奠定坚实基础。此外,名师工作室积极探索"初中小说学习策略指导"课堂教学流程,提出教师应该通过组织语文教学,提高语文教学及学生学习效率,逐步建构起以学生主体阅读为中心的课堂教学流程。

共同体立足名师工作室实际,依据青年教师发展需求,充分发挥主持人的专业优势,深化内涵建设,以共同进步为目标,逐步形成有特色的指导模式。松江区首席教师、松江七中英语教研组组长何顺志老师带领的英语学科名师工作室开展了"观名师课堂,创新型师生关系"的主题活动。何老师上的六年级第二学期第七单元 *Travelling in Garden City* 的教学展示课,从复习新授单词引入,让学生在复习新授单词的同时联系本节课重要句型造句,真正做到了降低难度,提高效率。在课后讨论环节,何老师依据"课堂教学中师生关系状况"的观课量表及"课堂教学中新型师生关系的行动研究"项目的开展情况，从整节课的教学设计和教后体会方面进行了细致的分享，为来自六校共同体的英语学科名师工作室学员、松江七中师生关系项目组教师、松江七中英语教师传授了许多宝贵的经验。

在开展松江区音乐学科“改善师生关系，促进个别化教学”课堂教学展示月中学专场活动时，松江七中的音乐学科名师陈路珍老师执教了《走向世界的中国“牧童”》一课。陈老师使用多种教学手法，带领七(2)班的学生欣赏了著名作曲家贺绿汀先生的两首代表作《牧童短笛》和《晚会》，由浅入深地对乐曲进行了分析和讲解，运用主题乐谱视唱、谱例观察辨识乐句特点、师生合作弹奏主题、感受音乐情绪变化等方式，帮助学生从不同的音乐维度和切入角度认知作品的旋律走向、音乐性格、写作特色，并辅以郎朗演奏《牧童短笛》的视频，既激发了学生学习的欲望和民族自豪感，又以多样的形式带动学生思考、归纳和总结，促使学生自主思考，自主学习。课后，大家就音乐课如何“改善师生关系，促进个别化教学”这一主题进行了热烈的讨论，高度评价了这节课。大家一致认为，陈路珍老师的课真正体现了“改善师生关系，促进个别化教学”的精髓。陈老师在课堂教学中注重音乐基础知识的传授，用各种生动鲜活的案例和亲切的教态改善师生关系，营造课堂氛围，提高学生学习效率。陈老师全面了解学生情况，充分发挥并利用班级特色，调动学生的积极性，引导学生自主学习，培养学生自主展示的能力，努力使学生在自我实践中感知音乐要素和音乐美学，真正做到了用学科育人。

名师工作室以科学发展观为统领，以推进素质教育实施为根本，结合六校共同体“课堂教学中师生关系的构建”项目实施，以校为本，聚焦实践，依托语文、数学、英语、物理、化学、生命科学、音美、德育等课堂进行实践行动研究，发挥团队智慧，集中攻关，破解难题，最终取得了具有学科特点和团队特色的教育教学成果。

三、课堂教学研讨

六校共同体学科名师工作室以“构建课堂教学中的新型师生关系”为主旨，通过实践反思、同伴互助、专业引领，充分发挥共同体研修资源的凝聚、辐射、指导作用，促进六校教师的专业发展，提升教师队伍整体素质，打破校际之间的壁垒，增强校际间的融合，真正实现六校共同体理念共享和成果共享，提升教育教学水平。各学科工作室以课堂教学为主阵地，多次开展观课、评课、听讲座等活动，有效促进了新型师生关系的研究。

松江七中的刘琳校长曾带领学校部分项目组骨干教师聆听静安区教育学院附属学校组织的“课堂教学的社会性研究”主题讲座。华东师范大学博士生导师吴刚教授从社会学角度，专业解读了课堂教学中的师生关系。他认为，学校是一个社会系统，校长作为教学领导者的活动水平、师生关系、教师间的合作性、学生在学校活动中的参与情况等都影响此系统。吴刚教授指出,课堂教学是一门隐形课程,课堂是一种用权力系统建立起来的制度化场所,教师在其中顺利地对学生进行社会化影响。具体而言,教师在教室中通过评量、指示、教导、命令、奖惩等对学生产生影响。而学生会使用一些反制策略来反抗教师。教师与学生在课堂中的关系是多方面的。吴刚教授的讲座,给一线教师的教育教学工作实践提供了强大的理论支撑,对课堂教学中新型师生关系的构建提出了更高的要求。

松江六中曾召开松江区重点课题"初中数学通过同行课堂观察促进有效教学的实践与研究"开题论证会。会议特邀松江区教育学院科研部张忠山副主任、顾援老师、杨翠丽老师、谢英香老师组成专家组,对课题开题报告进行评议与指导。课题负责人数学教研组组长、同心圆数学工作室主持人夏玲华老师,使用多媒体设备生动陈述了课题开题报告。报告紧紧围绕课题的研究背景、选题价值、内容方法、主要分工、预期目标、创新点、实施过程设计等展开,内容充实,方法具体,得到了与会专家的肯定。报告结束后,课题专家组和课题组成员进行了互动交流,对课题实施的科学性和可行性进行了评议,并对课题中可能存在的问题和困难进行了现场指导。专家建议,课题组要进一步细化操作方法和评价指标,定期撰写课题研究进展报告,并通过落实教研制度等措施深入思考课题的推广价值。课题组成员在夏老师的带领下,抓住研究契机,发现问题,改进问题,加强课题总体设计,规范研究流程,致力于提高初中数学课堂教学的有效性。

对于名师工作室的学员来说,课堂观摩是非常重要的学习途径。他们关注授课教师的导入方式和重难点突破方式,关注授课教师的起承转合。在观摩、研讨的过程中,他们逐步体会师生之间交流的奥妙,加深对新型师生关系的理解。

夏玲华老师执教的数学校级展示课"相似三角形专题复习——证明比例式或等积式",从几类常见的相似三角形基本图形入手带领学生复习了相似三角形的判定和性质定理,把各类基本图形辅以形象的名称来帮助学生理解和记忆,又用精心设计的例题引导学生总结证明比例式或等积式的典型方法。之后,名师工作室学员李志启老师执教了六(7)班数学常态课"分数与小数的互化";学员张在强老师执教了七(8)班数学常态课"图形的平移"……各位教师在课堂教学实践中深入研究新型师生关系的构建方法。

何顺志名师工作室的全体成员曾在二中初中参加教学研讨活动,观摩了二中初中陈海燕老师上的一节初三英语写作教学公开课。陈海燕老师用"二胎"问题引发讨论,充分调动学生学习的积极性,通过组织学生完成不同的任务,引导学生关注句子间的逻辑关系,整节课重点突出,目标达成度较高。施志红老师在题为"如何培养学生写作能力"的讲座中,从狠抓听说训练、重视基础落实、提示常见问题、介绍写作技巧、丰富训练方法、落实作文写作批改六方面分享了她多年的写作教学经验，让其他教师受益匪浅。

六校共同体以课堂教学实践为研究基础，积极探讨、研究、构建新型师生关系。各学科名师工作室以主持人为主导，通过名师上公开课示范、学员在名师指导下开课、一同观摩其他教师的课堂等形式，在课堂教学实践中深入研究新型师生关系的本质与内涵，推动了新型师生关系的构建。

四、学员学习感悟

六校共同体学科名师工作室为六校年轻教师的成长搭建了高质量的平台，有利于六校教育教学质量和办学水平的全面提高。名师工作室主持人结合自身多年的专业特长和教育教学经验，为工作室学员设计指导方案，激发学员的专业内驱力，提高学员的职业能力水平，取得了良好效果。在主持人的带领下，青年教师刻苦钻研，积极进取，主动观摩学习精彩的公开课，不断提高自身教育教学能力，深入思考课堂教学中的师生关系。

（一）提高教师自身的素养

教师的一言一行会对学生产生深刻的影响。教师丰富的学识和高尚的人格能引领学生进步。构建和谐的师生关系要求教师具备良好的思想品质。治学严谨、品行端正是对教师的基本要求。教师要求学生做到的自己先要做到，教师要通过自己的一言一行来引导学生分辨是非善恶，懂得美丑贵贱。松江六中的陈曦老师是陈路珍音乐学科工作室的一名学员。她认为："教师不仅要具备良好的思想品德和高尚的道德情操，还应具备较高水平的业务技能。"在名师工作室的指导下，学员教师注重阅读专业杂志，学习优秀的教学经验、教学案例，不断开阔视野，苦练基本功。松江七中的陆宇焕老师认为奋斗的人生是最精彩的。他说："对于我们青年教师来说，前进的道路中有机遇，也有挑战，必须勤勤恳恳，踏踏实实。在今后的工作中，我会严格要求自己，提高自身水平，不断进取，爱岗敬业，厚德爱生，把自己的一片爱心奉献给可爱的孩子们，在这个神圣的岗位上实现自己的人生价值。"的确，教师只有孜孜不倦地学习新知识，不断扩充自己的知识储备，提高自己的专业素养，才能在各方面为学生树立一个优秀的榜样，真正做到教书育人、为人师表。

（二）进行有效的互动交流

与学生进行有效的互动交流是构建良好师生关系的重要条件。教师应该用爱心、细心和耐心来打开学生的心扉，激发学生的学习兴趣，使学生体会到学习的快乐，以良好的状态去面对学习。有些孩子性格内向，无论课堂内外，只要有教师在就不会说话，更谈不上与教师对话。面对这样的孩子，松江六中的张在强老师坚持每天和他们说几句话。他们从最开始的面无表情，到面带微笑，再到能说几个字，给了张老师莫大的鼓舞。张老师说："我开始平静地去面对工作中的点点滴滴，尽量微笑着对待每一个学生和每一件事。"教师持之以恒地关心、爱护学生，积极与他们进行对话交流，不仅有助于拉近师生之间的距离，而且能让学生得到感化，让他们在学习、合作的过程中学会理解、尊重他人，形成健全的人格，真正成为学习的主人。

（三）转换教师的课堂角色

现在，教育界不断倡导课堂教学要以人为本，以学生的发展为本，关注学生的学习过程，促进学生学习能力的提高。在新型师生关系构建中，教师应该转换自己的课堂角色，以学生为主体，关注学生的学习体验和学习效果，这有利于师生关系的融洽和教学效果的提高。新时代的教师应该是学生学习生活的参与者、促进者，能与学生一起分享快乐、承担责任。和谐的师生关系是一种人与人的心灵沟通，是一种真诚温馨的心理氛围。期待通过努力，师生能教学相长，平等对话，互敬互学，那么，学生将学得充实快乐，老师也将教得更有意义。

（四）改变对学生的评价方式

在课堂教学中，教师对学生的不同评价会产生不同的效果。每个人都有自己的缺点，教师在为学生的缺点而烦恼时，也应该善于发现他们身上的优点。相比批评，教师的赞美与激励会对学生产生更加积极的影响。学生很看重教师的评价，有时教师极其细微的一个小动作，可能就会影响学生的发展。每个学生都希望得到教师的肯定与赞美，都希望自己是一个让人喜欢的孩子。在教学过程中，教师可以通过一句有力的表扬或一道赞许的目光来传达对学生的这种正面评价。松江二中初中的刘玥老师在教学实践中发现，有效肯定和鼓励学生，会提高学生对教师的信任度，使学生体会到学习的快乐，消除他们学英语难的顾虑。对于松江七中的赵晓琦老师来说，课间休息时间和班会课是她深入了解学生的好时机。有的孩子会在课间轻声唱着小曲，有的孩子会在主题班会上表演自己排练的歌曲、相声、课本剧、舞蹈。赵老师用欣赏的眼光去了解学生。孩子们发现老师总能看到他们精彩的瞬间，心里感到无比快乐。赵老师和孩子们的距离越来越近了。

构建融洽和谐的新型师生关系，应该坚持以学生为主体，以教师为主导，借助学生自主合作探究的方式培养学生的核心素养，促进学生全面发展。教师通过提高自身的素质、加强与学生交流、转换课堂角色、改变对学生的评价方式等途径，不断启发学生的思维，让课堂变得生动活泼。

第二节 教坛新秀的实践与共进

共同体以六校新秀沙龙为载体，以校为本，聚焦课堂，通过实践反思、同伴互助、专业引领等方式，充分发挥了共同体教坛新秀资源的凝聚、辐射作用，打破了校际之间的壁垒，增强了校际间的融合，促进了六校教师的专业发展，提升了教师队伍整体素质。六校共同体积极开展“我眼中的名著”“让书香伴我前行”“新秀教师话成长”“青年教师开讲啦”“课题引领我成长”等主题活动，促使青年教师携手共进、共同成长。

一、读书沙龙活动

良好的师生关系是提高学校教育质量的保证。新型师生关系中的教师和学生在人格上平等、在活动中民主、在相处上和谐。究竟该如何构建新型师生关系？构建新型师生关系又该以什么为抓手呢？教坛新秀通过一次次读书沙龙活动对课堂教学过程中的师生关系进行了深刻的讨论与交流。

(一) 如何提升专业素养

苏霍姆林斯基在《给刚参加学校工作的教师的几点建议》一文中，热忱地建议青年教师每个月买三本书，逐渐建立起自己的藏书。[①] 在信息化的今天，在纷繁的教育教学工作之余，抽时间读几本自己喜欢的书，有助于提升教师的专业素养。松江六中的刘开宇老师认为，虽然很多教师深知读书的重要性，但是浮躁已经让作为普通人的教师难以静下心来阅读，泛读、速读成为一种习惯。华实初中的姚明恺老师认为，教师(特别是年轻教师)需要激励与引导，学校应营造一种阅读的氛围，促进教师成长。立达中学的白丽丽老师认为，读书是提高思想认识和获得知识的重要途径，读书就是一种与作者、与自己的交流。“想要让学生成为站直了的人，教师就不能跪着教书。如果教师没有独立思考的精神，他的学生会是什么样的人?”六校共同体的骨干教师带着这些思考开展了“让书香伴我前行”的读书沙龙活动。华实初中的张猛老师抒发了自己的感想：“让学生喜欢你的课，让学生喜欢你任教的学科，让学生有终身学习的意识，这是一件多么让人兴奋的事。我现在所做的事不仅仅是传播，更是创造。”

(二) 如何为学生树立榜样

教师读书，不仅能提升自身素养，而且能用自己的实际行动为学生树立榜样。在当今这样的网络时代，部分学生很难把图书馆作为自己首选的休闲学习场所。因此，教师

---

① [苏]苏霍姆林斯基.给教师的建议[M].杜殿坤，译.北京：教育科学出版社，2008.

要发挥表率作用,将好书中的积极的思想传递给学生,引导学生读一些能够培养其真善美品格和坚强自信品格的书籍。

教师应成为学生的榜样,与学生之间建立民主、和谐的师生关系。学生感受到教师的人格魅力和卓越才华,才能对教师产生敬佩之情。构建新型师生关系,才能让学生的身心得到健康发展,让我们的教育充满活力。

（三）如何促进学生思考

一些教师常有这样的困惑：在课堂上,总是固定的那么几个学生在发言,其他学生似乎不愿意回答问题。究其原因,一方面,学生对思考问题缺少一种荣誉感,没有把认真思考、积极发言看作一件光荣的事,反而觉得无所谓,他们没有建立一种学习的自尊感,缺少学习的动力;另一方面,很多学生在课堂上处于思维疲倦状态,没有养成积极思考的良好习惯,学习起来困难重重。而那些善于思考的学生比一般学生学习起来会更加轻松有效。华实初中的姚明恺老师在《习惯的力量有多强》一文中强调了习惯的重要作用:“有什么样的习惯就有什么样的人生,习惯决定了未来。好习惯造就好结果,坏习惯酿成坏结局。”所以,教师在教育教学过程中,应当善于引导学生养成认真思考的好习惯。这不仅有利于提高课堂教学效率,而且能提高学生各方面的能力。

（四）如何拉近师生距离

要想提高课堂教学效率并拉近师生距离,构建良好师生关系是十分重要的。良好师生关系是进行正常教学活动、提高教学效率的保证,因此,教学中师生之间必须建立共同的思想情感基础。教师和学生相互尊重,和谐相处,开展民主平等的会话,碰撞出智慧的火花,共同创造出活泼高效的课堂。

在立达中学举办的“教育生态师生关系”青年教师沙龙活动中,松江区名师、六校共同体语文名师工作室导师、立达中学党总支书记谢红新老师结合自身实际和周边事例,用生动的语言向成长中的青年教师讲述了构建新型师生关系的深刻道理。谢老师从师生关系的内涵和发展角度强调良好师生关系在教育事业中的重要作用,并结合自身教育实际论述了几种典型的师生关系模式。谢老师强调,师生关系是教育质量的支点,教师要想真正做到平等真诚地与学生交流、读懂学生,就要以平和、宽容的心态对待学生的错误。我们坚信,教育绝不是简单的说教。学生的心灵敏感而脆弱,需要教师用心去感应。教师的一个关心眼神、一抹微笑、一句鼓励都将开启学生的心灵,激发他们内在的积极态度。

教育是传播真善美的重要途径。美是人们在欣赏某种“真”与“善”相统一的事物时,产生的一种发自内心的愉快感觉。美的东西能带给人们积极向上的力量。让学生喜欢某一门学科,就要充分展现学科之美,让学生在学习过程中获得美的体验,从而拉近师生距离，优化师生关系。

二、读书征文活动

著名教育家苏霍姆林斯基认为，教师应把读书当作第一精神需要。读书是一种途径，可以提高思想，获得知识；读书是一种交流，一种与作者、与自己、与读者的多向交流；读书是一种积累，可以积累智慧，使自己不断进步。六校共同体号召青年教师积极读书，多次开展了读书征文活动，让教师在读书过程中感悟新型师生关系的真正内涵，深入探索"如何给予学生爱的教育""如何提升学生的自尊感""如何培养学生的爱好"等问题。

（一）如何给予学生爱的教育

《爱的教育》是世界文学史上经久不衰的名著，被各国公认为最富爱心和教育性的读物。立达中学的白丽丽老师在阅读该书时走入了书中学生的生活，目睹了他们怎样学习、生活，怎样去爱。他们的爱里有宽容，有谦让，有亲情，有友谊。每位教师的人生阅历不同，但都可以从该书中体会到那些类似的情感，在专业经验不足、缺乏教学经验情况下寻求有效的方法与策略。

刘海波老师从蒙台梭利的代表作《童年的秘密》一书中探索学生成长规律及教师应当扮演的角色。《童年的秘密》分三大部分，共三十章，介绍了儿童生理和心理的发展、儿童的教育、爱的智慧、成人与儿童的冲突等。刘老师说："教师应该以仁者爱人之心去关爱孩子，保留他们的纯洁与善良，不让他们失去这种天然的心理。爱的教育是一种智慧，成人是孩子模仿的对象，成人让儿童信服自己的同时，也要管理好自身的行为，用智慧来赢得孩子的信任和理解，一切都应以爱儿童为出发点。"

（二）如何提升学生的自尊感

葺一中学的范莉莉老师从苏霍姆林斯基的《给教师的建议》一书中找到了答案，即"每一个学生都要对集体的智力生活作出自己的贡献"，学生应当认识到自己的个性发展也是一种尊严。让孩子各方面和谐发展的前提就是尊重每一个学生的个性。当孩子的认知达到一定水平后，只要教师适当引导，他们便能将自己的思考转化成外在的表现，而自尊感也在这种种活动中悄然形成。强烈的自尊感会带来深层的思考和深入的学习，思想与自尊相互促进，形成了一个良性的循环。如果这时教师和家长能够一起关注孩子的变化，针对孩子的变化进行适当的引导，孩子的进步会很快。

（三）如何培养学生的爱好

学生合理利用休闲时间是一件至关重要的事。教师一定要帮助学生培养兴趣爱好。

有些教师认为学生精力有限,过多的活动会分散他们的注意力。事实上,富有魅力的德育活动是促进学生学习的有效途径。生命在于运动,德育在于活动。有意义、有效的活动既可以增强班级凝聚力,也可以促使学生积极向上,让他们做自己喜欢的事情。因此,教师应该积极鼓励学生参与学校组织的各类活动(如元宵节活动、义卖活动、清明祭奠活动、红五月歌会、端午节活动、"六一"活动、征文活动、画报活动),丰富学生的学校生活,展示学生的才能。

三、实践反思活动

新型师生关系在课堂教学中表现为一种互相学习、教学相长、亦师亦友的理想状态。现在,很多学生喜欢生动新颖的课堂形式、轻松活泼的课堂气氛、趣味多样的课堂活动……这对教师提出了更高的要求,促使教师在课堂实践中不断反思、探索影响新型师生关系构建的重要因素。

(一)爱与尊重是前提和基础

师生关系的改进需要长期的付出和耐心工作。教师的爱能产生巨大的动力。教师投之以爱,学生也会给予教师爱的回报;教师尊重学生,学生也会尊敬教师。爱是教育力量的源泉,是教育成功的基础。有了爱,教师的劳动才会事半功倍,教师的价值才能得以实现。教师应该爱护学生、尊重学生,给予每一个学生无私的爱。当然,教师也应该把握好爱的度,让爱的教育发挥它应有的作用,溺爱和盲目的爱有时会起到反作用。

在现代教育过程中,教师只有为学生创设宽松自如的学习环境,才能更好地调动学生的主观能动性,成为学生的良师益友。和谐的师生关系在教学活动中有着重要作用,影响着教育教学活动的质量和效果。

犯错是学生成长中的必然经历,教师要引导、教育学生,让学生在错误中成长。有些学生自制力差,思想常常波动,很难立刻改变坏习惯,言行举止有所反复。教师要有充分的思想准备,既严格要求,又严中带爱,采取对学生成长负责的态度,抓住各种有效时机跟他们交流。教师要用包容的心态来看待学生的错误,教会学生把错误看作成长的财富,让学生认真改正错误,养成良好的学习习惯。教师可以少一点冷酷,多一点温情;少一点打击,多一点尊重;少一点冷漠,多一点关怀。教师应该学会热爱自己的学生,用智慧和关爱融化冰霜,让学生感受温暖和光明。

(二)理解和欣赏是关键

教师理解和欣赏学生最直接的表现就是鼓励学生主动表达自己的想法并敢于质疑和发问,及时肯定学生观点中可取的地方,赞扬学生的奇思异想。

每个人都有自己的优点和缺点,学生的成长过程就是其不断完善自身,优化自己的过程。孩子是通过别人对自己的看法来认识自己的。[1] 有时教师一个简单粗暴的动作、一个责备失望的眼神就会在师生之间架起一道心灵的屏障。因此,教师应多给予学生一点理解,重点关注那些学困生和行为习惯偏差生。教师理解学生,有助于增进师生关系,培养学生的自控力。比如,屡教不改的学生自控力较差,没有良好的行为习惯,在受到批评后,往往会破罐子破摔,消极抵抗,这时教师理解并宽容他们,会有良好的效果。

关注课堂教学动态,发掘学生闪光点尤其重要。精彩的教学细节不仅可以使教学过程变得丰富、充实,还能使课堂充满灵动与诗意,充满创造力和智慧。要想上好一节课,教师必须关注教学细节。这种关注是一种体察,一种创意,一种灵动的智慧,一种人性的光辉。因此,教师在课堂教学中要关注动态生成,充分考虑可能出现的各种情况。教师要为学生的自由活动、思维发展和动态生成留出更多弹性的时间和空间。教师要注重聆听,真正走进学生的内心世界,理解他们的要求和想法,用坚持真理的勇气去获得学生的真心,从而使课堂焕发出生命力,真正发挥学科的育人功能。

松江七中的王潇娟老师认为,教师走下讲台,与学生一起对话、活动,是一种非常好的拉近师生距离的方式,有利于教育、教学工作的开展。立达中学的刘红丽老师认为,学生已有的生活经验可以帮助他们理解书本上的知识,这不仅是教学的出发点,更是一种宝贵的教学资源。因此,教师在教学设计时要有意识地寻找与课本中知识有关联的、学生熟知的生活事例,借此调动学生已有的生活经验,探索课堂教学与学生生活的最佳结合点,激发学生的好奇心,增强学生的情感体验,真正做到从生活中来,又回到生活中去,让学生在学习的过程中实现自我教育。

茸一中学范莉莉老师的班级曾有这样一个学生。他经常不做家庭作业,也不主动参与班级里的活动。在与学生和家长沟通时,范老师了解到这个学生是八月底出生的,刚上小学时,由于在班级中年龄较小,学习成绩不佳,经常受到批评,缺乏自信,就给自己贴上了“最差”学生的标签。针对这种情况,范老师从鼓励开始,看到他画画好,就加以赞赏和肯定;看到他喜欢朗诵,就让他参加学校的朗诵活动……范老师利用各种机会帮助这个学生,真诚地把自信的种子播撒在他的心中,而这个学生也慢慢开始向好的方向发展。

松江七中的赵晓琦老师在实践中感受到了欣赏教育的魅力:“我用欣赏的眼光去看待他们。学生发现老师总能看到他们最精彩的瞬间,心里无比开心。哪个孩子不愿意在欣赏他(她)的老师面前表现得更精彩呢?我和孩子们的距离越来越近了。本学

---

① 腾飞.学生社会责任感培养艺术[M].长春:东北师范大学出版社,2010.

期我还应邀参加了一个班级的诗词吟诵比赛。因为如果有老师参与,他们班级可以加分,而他们自然地想到了我。我很开心。”

的确,生活常识和心理学研究结果都告诉我们,如果孩子长时间受到批评指责,他们就会越来越讨厌与人接触。如果孩子能在学校里得到理解、欣赏和鼓励,他们就会对学习产生积极的体验,越来越喜欢学习。这正是现代教育所期待的结果——让孩子学会终身学习。

(三)教学相长、亦师亦友是理想状态

让学生在课堂上自主探究学习是促进学生主动发展的一种重要途径。提高教学的有效性,让学生学到知识,达到育人的目的,这个认识过程有赖于受教育者的独立思考,必须借助他们自己的思考、实践来完成。

在教学中,教师应明确自己的角色定位。课堂上,当学生的知识技能储备达到一定程度时,教师只要适当引导、点拨、鼓励,学生便能将其思考转化为外在的表现,体验到成功的快乐。教师也可以像知心朋友一样,参与他们的活动,见证他们的进步,分享他们的喜悦。亦师亦友的良好师生关系就在这些活动中逐渐形成、发展。

松江七中的王本运老师坚持向学生学习,这给了他很多惊喜。王老师认为,“闻道有先后,术业有专攻”,教师只是比学生知道得早,并不一定比学生知道得多。每年初三复习的时候,他都会组织“今天我来做老师”或“学生自主命题试卷”等活动,充分调动学生积极性。他通过活动了解学生的所思所想,站在学生的角度去想问题和解决问题。他善于发现学生的闪光点,搭建不同的平台,让他们体验成功。每一个学生在王老师眼里都有其闪光点,值得他去学习。

师生关系反映了教师和学生各自所处的地位、作用及其对待对方的态度。当教师真心热爱教育事业,热爱学生,平等对待每一个学生,智慧展现学科之美时,师生关系一定是和谐融洽的。良好的师生关系往往能激发教师的积极性和创造性,使教师更加高效地进行教育教学活动。

第三节　资源共享,加强新型师生关系

新型师生关系是指师生在人格上平等、在交往中民主的一种关系,其内核是师生互相尊重,平等互助,具有真情实感,教师与学生均是独立和自由之精神的载体。在这样的关系中,教师和学生都能获得更好的生命体验,实现自我价值。教师和学生能够在共同参与的学习、活动过程中,提高学习能力,增强自豪感和归属感。六校共同体采取网络互通、经验交流、师资共享、学校文化共享、学校管理经验共享、学校活动共享和教研

文化共享等一系列措施,为加强新型师生关系助力。

一、平台创建,保障新型师生关系

(一) 网络互通管理平台的资源共享

网络互通管理平台的构建保障了共同体教研活动开展,让学校与教师更便捷、有效地分享和使用资源。通过网络互通管理平台的建设,六校共同体能够互通教学资源、共享教育案例、互评教学质量,每所学校都可以得到加倍的帮助,分享各自的收获,交流各自的特色。这是深入推行素质教育、促进共同体内学校合作共赢、提升教育质量的一次有益尝试。网络互通管理平台的建设帮助学校更加系统、科学地发展师生关系,挖掘师生学习潜能。网络技术是现代教育技术的重要组成部分,对优化学校教育、更新教育教学方式起到了强有力的保障作用,既为师生提供了便捷的交流平台,又为师生提供了丰富的信息资源,促进了教学过程优化、现代化。六校共同体致力于管理模式、教学内容、教学方式、教研途径创新,各校管理者在网络互通管理平台上共同进步、各取所需、取长补短,不仅创新了管理理念,还提高了管理水平。

网络互通管理平台的建设方便了共同体学校之间、教研员与教师之间、教师与教师之间的交流,有助于教师根据自身需要分层次、分时段学习。网络互通管理平台提供教育技术网站信息,为教师提供丰富的教学资源和研究资源。教师接受培训的方式也更加灵活。教师可以在平台上参与网络论坛,与专家进行交流,有助于良好学术氛围的形成。教师对于实际教育问题的困惑也可以在平台上得到反馈。建立一个良好的、开放的、民主的沟通渠道,对共同体资源共享有积极的促进作用。

网络互通管理平台促进了学校管理与改革中真实问题的解决。围绕新课程的实施、校长的管理策略与管理智慧、优质教师资源的培育、学校文化建设等问题,各校协作交流,共同突破难题,跨越管理瓶颈,凝聚思想精华。同时,平台能够跨领域、多渠道、跨区域地打造联合共同体,培育校长领导力,促进学校教育内涵发展,促使共同体学校联动成长。共同体网络互通管理平台的创建,由牵头学校校长担任组长,共同体各校校长担任副组长,各校联系人担任组员。各成员单位的网络配套设施齐全,经费有保障,共同体实行例会制,协商氛围浓厚。共同体学校遵循“信息互通、管理互通、资源互通、成果互通”原则,合作力度大,在教育管理、教育科研、师资建设、教学评价和课程建设各方面紧密联系。

(二) 经验展示和交流平台的资源共享

共同体内教师共享校园网、校本研修资源、教学资源、学科命题资源,使共同体内的共享出现了课题捆绑、资源共享、特色辐射的良好局面。在此基础上,共同体积极打造经验展示平台,优秀教师、教坛新秀在此平台大显身手,优秀教学展示课、专家指导研讨课、校级论坛竞相登台。

1. 优秀教学展示课一

茸一中学戴彩妹老师展示了一堂创设民主教学“情绪场”的课“在萧红墓前的五分钟演讲”。本节课在导入环节中,教师请班级学生选择生活中的小事,阐述自己对“思维养成习惯”的看法。一些学生分享了自己成长中的小故事,牢牢地吸引了听众的注意力,整个过程掌声不断,笑声连连。教师为成功演讲的学生喝彩,并邀请其他学生真挚点评。在这种平等对话的氛围中,课堂进入到第二环节,即“了解演讲词这种文体的特点,学会写演讲词,学会演讲”。在探讨“年轻精神”时,学生愿意交流,也乐于分享。教师请学生在预习过程中了解郭沫若、萧红这两个主要人物的经历,在课堂上与他人分享,不但鼓励了学生自主探究,而且给了学生参与、分享、展示的机会。

戴老师把自己当作学生学习的参与者和辅助者,基于学生的平等地位设计了这节课。教师为学生提供了展示、分享、讨论、探究学习机会,把课堂还给学生,把学生的积极性调动起来。共同体教师围绕这节课展开了热烈的讨论,一致认为这节课有效促进了学生思维能力的发展,提高了学生的学习兴趣与实践能力。教师没有把学生当成收集知识的“容器”,而是与学生分享知识,帮助学生自己建构知识。教师传递、传播“客观的”“现存的”知识,增加了学生的知识,避免了将学生引向思维窄化、想象缺乏的死胡同。

2. 优秀教学展示课二

华实初中高丽婷老师开设了区级公开课“勉学”。作为华实初中第八届学科发展月系列活动之一,本课研讨活动邀请了共同体学校和区内各兄弟学校的语文教师参加。在高丽婷老师的教育观念中,阅读教学是学生、教师、文本之间对话的过程,教师应关注学生自主建构过程。共同体学校的教师代表和松江区语文研训员顾伟老师高度评价了高老师的这次课,认为这节课的教学内容和教学目标设计都基于学情,课堂教学中教师充分尊重学生的思考,有效训练了学生的思维能力。顾老师还对文言文教学提出了建议。王娟老师认为,在阅读教学中应该处理好几种关系:(1)“取”与“舍”的关系;(2)“教”与“学”的关系;(3)教学流程上“停”与“走”的关系;(4)“文”与“言”的关系;(5)“出”与“入”的关系。最后,与会教师结合自己的日常教学提出问题,王伟娟老师进行了详细的指导。

此外,还有很多优秀教学展示课,具体见表6-1。

表6-1 “走向和而不同”六校共同体优秀教学展示课(2016/05/25)

序号	学校	教师	优秀教学展示课		
			学科	上课地点	课题
1	松江七中	王潇娟	化学	录播室	物质的检验
2		褚伟军	数学	六(3)班	余角、补角
3	华实初中	高丽婷	语文	六(7)班	螳螂捕蝉
4		杨悦	英语	六(1)班	Unit 10 reading: forests
5	二中初中	张美	物理	九(1)班	测定小灯泡电功率专题复习
6		吴婉莹	数学	七(4)班	全等三角形的判定(习题课)
7	松江六中	江丽琴	语文	六(1)班	马来的雨
8		单芳琼	英语	七(2)班	The Airport Express
9	茸一中学	戴彩妹	语文	七(3)班	“让人物鲜活起来”写作指导
10		张瑞娟	地理	六(6)班	环境污染及其防治
11	立达中学	滕雪	语文	六(8)班	橘逾淮为枳
12		魏丽花	物理	九(4)班	凸透镜成像规律专题复习

3. 专家指导研讨课一

2016年12月10日,华实初中牵头的共同体英语专场研讨会“校际联动合作,优化师生关系”圆满落幕。在长宁区教研员陈德江老师、松江区教研员石维老师、松江区首席教师何顺志老师的指导下,共同体各校英语教师共同参与。活动伊始,专家同仁聆听了司莹老师关于名词的九年级复习课。专家认为,这节课中教师热情的态度极大地鼓舞了所有学生,但对初三学生来说,本课的练习容量还应加大,并且提出了“当下语法课可以怎样更加有效地帮助学生提高他们的学习能力”这一重大问题。本节课中,教师逐层递进,充分调动学生的积极性,通过阅读引导学生发展思维,相较传统的语法课,有一定的创新。如何优化师生关系,仍是所有教师在日后教学中要面对的一个问题。

4. 专家指导研讨课二

华实初中物理组牵头组织了共同体以“挖掘物理之美,优化师生关系”为主题的物理专场研讨活动。华东师范大学胡炳元教授、华东师范大学基础教育办公室刘世清主任以及共同体各校的物理教师参与活动。以华实初中张猛老师“光的色散”一课为载体,根据听课观察表的各维度达成情况,与会教师判定本节课目标达成情况。课前张猛老师搜集了学生感兴趣的有关光和颜色的话题,借鉴美国科学课的教学模式,以微课题的形式提前发放给学生,让学生收集并整理资料,在课上通过汇报的形式展示。胡炳元教授认为本节课突破了以考试为目的的传统教学模式,体现了以学生发展为本的教改观念。学生在本节课中的提问尤其宝贵,发现问题是进行科学探究的第一步,教师要引导学生观察生活,在寻常中发现不寻常。与会教师高度评价了本节课,认为这是一堂尊重学生主体地位且促进学生主动学习的物理探究课。本节课将物理“简谐之美、自然之美、探究之美”传递给学生,让学生在参与过程中提高了信息收集和处理能力、课件制作能力、语言表达能力、合作分享能力,充分调动了学生的学习积极性,激发了学生的探究欲望。本节课是一次新的尝试,在尝试中又发现了值得我们探索的话题,如教师有效引导、组织作用发挥、指导作用体现。我们相信,只要教师认真挖掘学科之美,以课程、教材为载体,尊重、理解和服务学生,就能构建民主、平等、和谐、融洽的新型师生关系。

5. 校级论坛一

二中初中开展了“促进师生和谐,构建自治课堂”的课堂教学研讨活动,着眼于课堂师生关系的改善。围绕自治课堂教学模式的构建,二中初中每个教研组都上了一堂教学研讨课,共同体学校的其他教师参加了听课评课活动。通过本次活动,教师发现了各自课堂教学中存在的师生关系不和谐之处,为进一步改善课堂教学中的师生关系提供了一个很好的契机。针对“新的形势下如何构建和谐的师生关系”这一重要议题,二中初中开办了青年教师论坛,共同体学校的青年教师参与了论坛活动。朱江校长给青年教师作了精彩的报告,从“新型的和谐师生关系是教育改革发展的必然要求”“什么样的关系才是和谐的师生关系”“当前有哪些因素影响我们建立新型的和谐师生关系”“怎样构建和谐师生关系”四方面入手,为大家指明了大方向。青年教师围绕各自教育活动中的问题展开了激烈的探讨与交流。通过此次论坛,青年教师加深了对构建和谐的新型师生关系的认识,为进一步改善师生关系,提升教学质量奠定了基础。

6. 校级论坛二

在松江区教师进修学院希云芳、周峰老师指导下,松江七中青年教师王潇娟公开展示了“物质的溶解性”一课,六校共同体的化学教师及其他学校的化学教师参加了活动。王潇娟老师深入研究教学大纲后,用新的方法,从新的角度对熟悉的课本内容进行了深入剖析。课堂中,王潇娟老师耐心引导学生实验探索,师生关系融洽,取得了良好的教学效果。在评课的过程中,大家对王老师的课给予了充分肯定。王潇娟老师将课堂中的学生实验安排成前一天的回家作业给大家留下了深刻印象。这不仅能使学生感悟到化学与生活的密切联系,激发学生对化学学习的兴趣,还可以有效利用课堂时间。

(三)共同体学校名师工作室平台的资源共享

名师工作室成员调整完成后,学科名师工作室按照计划开展共同体研讨活动。教育作为一种社会活动,自然要遵守社会的一般伦理规范。因此,师生关系其实包含着一种伦理关系，即指在教育活动中，教师与学生构成一个特殊的道德共同体，各自承担一定的伦理责任，履行一定的伦理义务。伦理关系是师生关系体系中的最高层关系，发挥制约和引导作用。工作室所在的学校均接受了学科教师的学习申请，在此基础上，工作室的活动顺利开展，促进了共同体教师的专业发展。共同体学校区学科名师工作室及成员名单见表6－2。

表6－2 共同体学校区学科名师工作室及成员名单

序号	工 作 室	名师所在学校	学科名师姓名	学 员 姓 名
1	语文	立达中学	谢红新	俞秦/张新琪/陈飞琴/汤英/刘珊珊/宋泽立/仲要/韩静静/余丽峥/潘春艳/程慧/曹文全/朱婵萍
		松江七中	李张勇	
2	数学	二中初中	陈殿光	马云蕾/周利/魏越灵/相艳妮/吴婉莹/张宝宝/张雯雯/胡雅萍/程小凤/左红玲/张芳/孙宝妍/褚伟军/俞晓岚/钟文君
3		松江七中	汪晓慧	
4		松江六中	夏玲华	
5	英语	松江七中	何顺志	刘玥/龚蓓蕾/杜小密/戴慧/吴侃璇/张瑞/韩洪平/盛婷
6	化学	华实初中	侯丽双	王潇娟/杨冬丽/董夏力/徐巍/费婷婷
7	物理	茸一学校	王海琴	王本运/徐珺/徐瑾
8	德育	松江七中	李 华 杨珍凤	戴慧/程慧

二、共生共赢，强化新型师生关系

（一）师资共享

第一，师资共享使共同体成员都从中受益，学校发展的生命线是一支优质的师资队伍，共同体交流平台使教师的合理流动、资源共享、优质引领、整体提升成为可能。松江区名师工作室虽然发挥了团队带动作用，对学校的发展有很多助力，但因为名师资源不够充足，无法满足所有教师的专业发展需要。共同体网络互通管理平台能让名师资源放大，通过讲座、报告、示范课等形式在共同体内所有学校共享。共同体学校内很容易实现名师带徒弟、名师个别指导、工作室学员与名师随机探讨等。共同体内有实力的教师也能服务共同体内其他学校，有更多的展示平台。更多的教师因网络互通管理平台受益，如借助校际联动可以开展更多的教研活动，效果会更好。在筹备大型特色文艺活动时，共同体各校教师协同合作的优势更明显。松江七中邀请步根海老师为六校共同体语文教师上示范课；共同体成员学校参加松江六中举办的“绿色校本课程”研讨活动。这不仅能够扩大各方面的影响，还能够提高活动的质量。此外，所有的专家讲座、名师授课资源均可以在共同体中共享。

第二，师资共享有利于教育均衡，师资队伍共享体现真正的人文关怀，使更多的学生享受到优质教师资源。区域教师资源辐射开来，有助于改变优质资源分配不合理的现状，有助于教师走出职业倦怠期并获得二次职业发展动力。精英教师尤其责任心强，他们在新的环境中，努力干出成绩，带动支教学校的教师改变和发展。师资队伍共享后，骨干教师的示范辐射作用得以发挥，骨干教师的实践能力、研究能力切实得到提高。共同体依据学科特点建立教育教学资源库，为教师的专业发展提供充分的智力支持，促进教师在共同体内跨校教研，智慧共享。教师的交流互动使优秀教育资源得以扩大，满足了家长和学生对优质教育资源的需求，提高了教育工作者的教学效率和教育质量，推动区域内教育均衡协调发展。

第三，师资共享促使各校互通有无、活动交流，共享师资、信息和设备等方面的资源。共同体组织多种形式的教研活动，有的放矢地开展多种师资培训，为教师素质提升铺路。共同体教研中一个重要的推手是课题研究带动培训。如“构建课堂教学中新型师生关系的行动研究”开放性问卷形成过程中，马兰霞老师从问卷设计的初衷、操作技巧、问题设计和调研方法等方面给予了细致指导。六校的教师依据自己所在学校实际情况，交流了自己的想法。在课题选择、设计、实验、结题过程中，教师全员参与，充分发挥了共同体教研的优势。以课题为培训基点，教师获得了教研指导与培训，提高了自身的课题研究兴趣与能力，提升了专业素养。

（二）学校文化共享

第一，和谐的学校文化环境是德育课程建设的支撑，对学校德育实效性的提高有切实的支持作用。教育的本质是使学生身体、心理和精神的各个层面获得成长和发展，培养学生在未来推动社会进步所需要的各种素养。文化价值的学习，需要学习者的高度参与。良好的师生关系，既是提高教育教学质量的保证，又是社会精神文明的重要方面，是教育教学活动过程中最基本、最重要的关系。当文化作用于人品德发展内在机制时，人会被文化的濡染力量征服。① 在生活中，个体不断受到他人行为的影响。文化的濡染力量使个人道德发展在无意识状态下自然发生并获得内隐性发展。因此，学校文化对学生品德发展尤为重要。学校文化是学生在校生活中最直接也最直观的道德体验，正面、积极的道德体验帮助学生在类似情境中更好地处理道德问题，因为道德体验

① 檀传宝，等.走向德育专业化——学校德育 100 问[M].上海：华东师范大学出版社，2012.

是个人道德发展的重要资源。学生缺乏相关道德体验,道德教育将难以取得效果,良好的道德体验是学生个体积极向上品质形成的基石。将知识形态的道德教育与学生体验有机联系起来是非常困难的,个人的成长背景对其道德观念的形成有非常大的影响。学生如果处于平等、公正、民主和道德的学校文化中,就会认同教师传授给他们的各种道德观念,并随着时间的流逝,将学校文化内化为自身的价值观。学生在鲜活的体验而非枯燥的说教中,通过身处环境的不断暗示、周围同学的不断示范、教师的不断引导自主发展道德观念。华实初中"让我们看到更好的风景"班主任主题论坛,从教育和教学两方面进一步强调了师生关系的重要性,通过校际交流进一步优化了校际资源,促进了六校教师的成长。共同体成员学校教师参加了立达学校初中数学同课异构交流研讨活动,顺利完成共同体六校柔性流动教师一年来超工作量津贴的记录、结算和发放工作,顺利完成共同体项目研究的资料汇总和编撰工作,不断完善共同体"走向和而不同的发展共同体"专题网站。我们开展了"青年教师开讲啦"六校共同体教坛新秀沙龙活动,组织了教师心理专题的培训,邀请共同体学校部分教师一起参加。松江七中牵头开展了"我和学生社团的那些事"——松江七中"青年开讲啦"主题沙龙活动。

第二,学校道德教育非常关键。学校道德教育包含道德意识教育、道德情感教育、道德行为教育等内容,各种形式的实践与体验是实现非知识性的道德教育的有效途径。教师在学校文化建设过程中,注重营造学校道德价值观的氛围,有利于学生成长与发展道德的生活方式。培育学校价值观是每所学校在文化建设时要重点把握的。学校价值观是学校文化的精神载体,它影响着全校教师的具体行为,影响着学校物质文化与相应制度的建设。学校价值观培育还应融入学校历史传统。富有朝气与活力、公平正义、以人为本的健康学校价值观应成为学校历史传统。学校文化力是指全校员工具备的认知力、整合力、约束力、导向力所产生的"学校文化能量"。学校文化力使学校在社会公众面前有较高的感染力、识别力。学校的道德作用与学校文化的物质形态、观念形态、制度形态和行为形态是相辅相成的。这些外在的形态对学生来说是一股强大的潜在力量。激活学校文化力使其成为学生道德成长推动力,使其从静态的学校文化转化为一种动态的行动,最终发挥学校文化育人功能。提升学校文化力首先要统一价值观,学校的物质文化、行为文化、制度文化、观念文化共享着一个核心的价值理念,其次要针对师生员工开展校史、校训等方面的认同教育,促使他们认同、内化学校的文化。

第三,教师践行学校文化精神是师生关系的检验与实践。教师对待学生的方式直接影响学校文化在学生心中的价值。学校文化建设的民主与人道,是学生在教师教育教学中能感受到的。师生关系既受到教育教学活动规律的制约,又是一定历史阶段中社会关系的反映。此外，学校要建立健全文化文本、文化行为。教师传达出的文化信息与学校文化文本倾注下的文化行为相结合，就能发挥学校文化积极健康、正向鼓励的教育作用。随着共同体活动开展，教研活动氛围日趋浓厚，各校校本研修水平有了很大提高。学生参与学校文化建设程度是影响学校教育效果达成的关键因素。为了使学生对学校文化感兴趣，就要增加学生文化中的积极因素。因此，学校应该用开放的态度对待学生的创新行为，鼓励学生自我呈现和发挥。学校还应丰富校园文化活动，给予学生展示自己的平台。学校是学生的主要活动场所。师生关系包括教育关系、心理关系和伦理关系。师生在日常生活中必须进行情感的交往和心理的交流。师生间的心理关系是随着教学活动的进行自然形成的，是教学活动中一种基本的师生关系，与教学过程和结果息息相关，在教育教学活动中扮演着极其重要的角色，存在于师生互动的全过程。为此，学校应通过多种途径，增进师生心理关系。

三、研修联动，深化新型师生关系

（一）学校活动共享

第一，共同体学校积极探索课堂教学改革。成员学校共同参加了茸一中学“行动推进师生关系优化”推进会和“在实践中前行”展示课研讨活动；参加了立达中学的物理教学展示研讨和“同课异构”活动；参加了松江六中“打造动的课堂，在生态中迎和谐”活动和“绿色校本课程”研讨活动；参加了华实初中的共同体课堂教学研讨活动；参加了二中初中“构建自治课堂，推进课堂转型”教学研讨会。成员学校教师参加了松江七中音乐和化学学科改善师生关系听课研讨活动；组织了“我和我的老师”作文竞赛活动。松江七中共同体专题网站也建成了。

第二，六校秘书长和相关教师参加展示筹备第一次会议，商议共同体展示论坛相关事宜，商议微视频制作和显性成果集编撰相关事宜。共同体在上海教育新闻网进行2016年义务教育学区化集团化办学新闻宣传。共同体召开展示筹备第二次会议，就中期展示的相关要求和工作进行协商，开展课题报告的撰写、显性资料的汇总收集工作。学科名师工作室和教坛新秀等骨干教师继续开展活动。松江七中在刘琳校长的带领下，组织部分骨干教师参加静安区课堂教学社会性主题学习。共同体召开展示筹备第三次会议，讨论展示时间、论坛人选、微电影拍摄等事宜，共同体论坛共进行了8次彩排，微电影拍摄进行了几次修改，各项展示准备工作按计划进行。

（二）教研文化渗透

第一，教研文化是学校文化的关键组成部分。教研兴趣、教研氛围、教研意识和教研习惯所组成的学校文化即为教研文化。教研文化的主体是教研人员、学校行政人员、教师。他们共同开展教研活动,通过由外及内、潜移默化的形象塑造过程,使这种文化最终沉淀在教师身上,成为教师的专业素养、学校的教研文化。特色学校文化、多元学校文化是地区基础教育的根基。共同教研活动中形成的区域学校文化集合,使共同体教研文化具有包容性大、兼容性强的特点。共同体教研文化作为一种价值观,渗透和推广了共同体教研的理念与价值,促进了教师的互相学习、学校间的互通有无以及师资、信息、设备等资源共享。教研内容有针对性,符合当地学校和地区的实际,能够促进共同体教师发展,是衡量教学活动效果的重要指标。有效的教研活动能够解决教师教学改革过程中的实际问题,提升教师专业化水平。一线教师的需要是教研活动的核心。教师在课程实施过程中遇到的具体问题是教研活动首先需要面对和解决的问题。共同体通过有效的教研活动,推动教育教学的发展。教师参与教研的积极性也越来越高。共同体会邀请更多的专业人员进行深入指导,以教研、课题促进课程教学的深入发展。

第二,教研文化促进教师专业发展。参与共同体建设项目以来,多数教师参加了共同体兄弟学校的各项教育教学活动,有教学层面的活动,也有德育层面的活动。共同体要求教师以备课组为单位,结合自己所教班级的学生特点进行差异性备课,在上课时依据学科特点及教材内容,科学合理地设计新课导入、前后内容衔接等环节,实行分层教学,满足不同层次学生的需求,关注师生关系。这些教育教学活动的开展,使得不同学校的教师有机会聚在一起,就共同关心的教育教学问题互相交流,互相学习,取长补短,实现了兄弟学校间的资源互补,促进了教师专业发展。

(三) 课题资源共享

第一,课题推动教师专业发展。共同体教研中一个重要的推手是课题研究带动培训。共同体致力于教研文化建设,让共同体理念与观念贯穿教研活动始终,促使教师形成全局性、合作性的价值观,推动共同体学校教育均衡发展。学校是教师专业发展的主阵地,上海把教师培训从补充教育、学历培训推进到了以骨干教师区县培训为主、培训以校为主的阶段。教师的发展关键是在校内,教师专业发展的自主权在学校手中,更在教师自己手中。教师在课题研究过程中,不仅要有研究的指向和成果,还要有合作框架和研究的规范。这是教师培训的落脚点,也是提高教师队伍的整体素养、提高教师教育教学质量和课堂教学效率的重要途径。

第二,课题引领校际研修。教师是在学校教室里进行实践与研究的。共同体教师立足学校、立足课堂、立足自身教育经验、自身教学知识,不断通过校际联动、共同体教研活动反思教学行为,总结经验,撰写反思小结,有意识地改进教学行为,促进自身可持续发展。校际研修是校本研修的扩大,既是合作也是探究。教师在实践中遇到的问题相似度很高，校际研修时互相指导，借助同伴经验和力量，能够不断改进自己的做法，完善自己的想法，积累经验和智慧。校际研修有助于提高教师专业素养，帮助教师成为教育专家、研究型教师。

第三，课题促进合作交流。共同体成员校在校情、文化上颇具相似性。在牵头学校的组织下，六校的校长、其他成员组成管理委员会（领导小组）。各校校长任组长，各校教导主任（副主任）任组员，负责共同体的具体运作。共同体章程规范了相应的组织机构、工作职责、经费使用。共同体的核心是教研组（备课组）或年级组的合作、学习和交流。部分与共同体项目直接相关的学科，分别成立课题组，发挥教研组、备课组和一线教师的作用。在共同体学校教师参加共同体开题论证会、松江七中教师开题报告后，其他五所学校进行了子课题方案的汇报，就课题进展相关问题进行沟通。二中初中开展了以“促进师生和谐，构建自治课堂”为主题的课堂教学研讨活动。相关学科教研组组长和部分骨干教师加入了松江七中“构建课堂教学中新型师生关系的行动研究”实践项目组，在前期“课堂教学中的师生关系”问卷调查和“课堂教学中的师生关系”量表自测的基础上，深入课堂开展教研活动，进一步实施课题研究。共同体成员校子课题见表 6－3。

表 6－3　共同体成员校子课题

学　校	负责人	课　　题　　名　　称
松江七中	刘　琳	构建课堂教学中新型师生关系的行动研究
华实初中	费金弟	构建和谐师生关系的实践探索
立达学校	陈剑珏	营造魅力课堂，实施绿色评价 “引发教学”，构建新型师生关系
茸一中学	谭海岚	优化师生关系，提高数学课堂教学驾驭能力 优化师生关系，提高思品课堂教学驾驭能力
二中初中	张仲芳	从教学五环节着手构建和谐师生关系的行动研究
松江六中	徐旦泽	探索校园文化建设、创建新型师生关系模式的行动研究

第四，课题组活动总结。二中初中的教师坦言，参加由松江七中牵头组织的围绕共同体总课题开展的各类报告、讲座和研讨活动，近距离聆听一些专家和同行的报告，开阔了教师的教育视野，进一步提升了教师的教育理念。而课题组的教师在专家引领下，带领全校教师开展子课题的研究实践，又使得全校教师的教育理念得到了提升。总之，参加共同体项目建设，我校在教师和学生层面、在教学和德育方面都有很大的收获。我们会不断提升学校的办学质量，促进学校内涵发展。

第四节　活动共参，渗透新型师生关系

民主平等、尊重信任、理解合作的师生关系是我们追求的理想状态，它能让师生有愉悦、自豪的体验。新型师生关系是运用符合学校学情、校况的教育手段和方法，遵循教育规律、学生成长和心理发展规律，依据学生学习心理，面向全体师生的师生关系。新型师生关系能够调动师生对教育教学活动的主观能动性，协调各种教育因素，并使其呈现最优化的结构状态。新型师生关系应该是积极高效的，能够调动师生间各种积极的要素，避免和消除因不协调而产生的内耗和消极要素。每个年龄段的学生都有其自身特点，熟悉学生的身心特点才能更好地做到因材施教。汇聚六校优质资源，共同体逐渐形成了一股强大的力量。围绕专家指导活动和项目驱动，共同体领导与教师共同努力，在活动共参中渗透新型师生关系，取得了丰硕的成果。

一、专家指导活动共参，指导新型师生关系

（一）专家与特级教师指导

专家讲座、教学研讨等各校特色活动惠及共同体成员校。2014 年 10 月，松江七中邀请步根海老师为共同体六校语文教师上示范课，其后，共同体六校教师积极参加音乐和化学学科改善师生关系听课研讨活动。松江特级教师诸灵康带领六校语文教师开展了以“语文任务驱动法教学探究”为主题的课堂教学探究活动。特级教师冯立为六校教师开办了“谈各类课型的教学”讲座。马兰霞老师对共同体六校教师进行了问卷编码培训。职业心理咨询师组织了心理辅导讲座等活动。共同体六校共同开展了课堂教学展示活动。立达学校开展了“引发教学，促我成长”青年教师读书沙龙活动，共同体六校部分青年教师参加活动。

（二）名师工作室特色指导

在名师工作室指导下，松江区新一轮骨干教师研训活动成效显著。立达中学开办了“构建新型师生关系与教学五环节要求”讲座。茸一中学开展了主题为“优化师生关系，提高课堂驾驭能力”的课堂教学研讨活动。松江七中校长和秘书长代表共同体参加了教育局共同体项目推进会，依据教育局对共同体工作推进工作意见，召开了六校校长和秘书长新学期工作会议，布置了共同体展示工作任务。此后，松江七中英语名师工作室开展主题研修活动，其他学科名师工作室按照计划开展了相关活动。秘书长和学科名师工作室主持人参加了“走向和而不同的发展共同体”名师工作会议。松江七中共同体生命科学名师工作室开展了教学研讨活动。松江七中共同体英语学科名师工作

室开展了“观名师课堂,创新型师生关系”活动,六校英语学科名师工作室的成员参加了活动。

二、项目驱动活动共参,实践新型师生关系

(一) 设计相关问卷与量表

1. 召开编码培训会议

2014 年,松江七中组织召开了共同体开放性问卷编码培训会议,六校共同体秘书处的工作人员参加了会议,上海市德育名师和资深德育专家马兰霞老师对与会教师进行了培训。在此次培训前,共同体成员校根据本校实际,有侧重地参与共同体项目研究。通过开放式问卷调查,我们了解了学科教师和学生对课堂教学中一些问题的真实想法。为了将这些真实的数据进行归类梳理,我们召开了培训会。之后,马兰霞老师在培训会上以松江七中已经分析过的部分教师问卷和学生问卷为样例,运用内容分析法对与会教师进行了编码培训,带领大家一起分析各校的教师和学生问卷,引导大家对每一个问题出现的频次和顺序进行了统计。

2. 各校形成自测量表并进行自测

各校参与项目研究学科组针对问卷中的问题进行交流,探讨基于学科特点改进师生关系的方法和策略。根据“课堂教学中的师生关系”开放式问卷教师卷和学生卷第三次编码整理结果,我们形成了《“教师课堂教学行为自我监控”方案》(草案)。六校共同体召开《“教师课堂教学行为自我监控”方案》讨论会,根据每所学校、每个学科的特点对方案进行修改,形成学科自测量表,让参与研究的学科教师进行自测,帮助他们养成自我监控习惯。结合教师节系列活动,就各校开放式问卷中反映的师德亮点,学校积极宣传,鼓励教师参加师生关系研究。各校积极搭建师生关系问题反馈平台,力求找到改善师生关系的好方法。

3. 分析观测量表

根据各校参与共同体项目研究的情况,结合中期督导检查的意见和建议,我们聚焦“课堂教学中的师生关系状况”,基于量表观测教师行为和学生状态。之后,我们以松江区共同体中期督导检查为契机,要求六校依据前期问卷调查(学生卷)中反映的问题,分析课堂教学中师生关系的影响因素。

4. 开展有关观测量表的研讨活动

2015 年 3 月和 4 月,松江七中共同体实践项目组的教师依据自测量表进行了两次自测,撰写了自测小结,并撰写了自测前后对比小结。项目组教师依据观课量表进入课堂观课。这段时间我们在数学、语文、英语、音乐学科进行了观课量表的前测,根据前测

结果,对观课量表进行了修改与调整。之后,共同体六校秘书长和部分学科教师参加了开课研讨活动,对量表进行修改。2015 年 6 月,松江七中共同体实践项目组教师顺利开设了 18 节项目研讨课,认真完成了 5 月自测量表的自测,同时撰写了自测小结和学期末的项目组工作总结,召开了实践项目组学期工作总结会,为项目的后续研究做好铺垫。

（二）推进课题研究

1. 召开开题论证会

在开题论证会上,松江七中进行了开题主报告,五所学校的子项目负责人介绍了子项目方案及项目推进情况。松江区发展共同体项目顾问汪维辉老师、上海市德育专家马兰霞老师等专家及六校共同体项目的主要负责人、部分教研组组长参加了会议。顾老师介绍了共同体项目组成员,专家组针对六所学校的报告给出了意见和建议。马老师认为,影响师生关系的因素有很多,既有显性因素又有隐性因素,既有内在因素又有外在因素,既有直接因素又有间接因素。各校要从本校实际出发,选择关键指标开展适合的行动研究。各校要处理好子项目与总项目的关系,注意挖掘学科本身的魅力。抽象的师生关系是不存在的,存在的是以课程、课堂、教材、教法为介质的师生关系。汪维辉老师指出,该选题有一定的挑战性,当前对师生关系的研究有很大的需求,但落实到具体学科却有很大的难度。六所学校的负责人根据这些建议对自己的研究方案进行了修改、调整、完善。

2. 启动与推进项目

2013 年 10 月,“构建课堂教学中新型师生关系的行动研究”共同体正式启动,召开了工作推进会议。两个月后,共同体成员分三天下午参加了华实初中组织的课堂教学研讨活动。接着,松江七中召开了共同体工作推进会,向六校教师展示共同体阶段性研究成果。茸一学校积极响应并召开了推进会,开展了“在实践中前行”开课研讨活动。共同体六校秘书长和部分骨干教师参加了松江七中第二阶段工作启动会,邀请区共同体发展顾问汪维辉老师莅临指导,六校共同体校长和秘书长参加了会议。

3. 成立项目组

共同体成立了以六校学科名师为首的 8 个共同体学科名师工作室,由六校共同体的其他学科名师担任工作室顾问,六校共招募学员 52 人。工作室主持人根据本校情况和学科情况组织学员每月开展共同体项目研究和课堂研讨活动。共同体学校研讨与自测活动有序开展。

4. 安排项目结题工作

2015 年 9 月,松江七中校长和秘书长代表共同体参加了教育局共同体项目推进会,根据教育局对共同体工作推进意见，召开了六校校长和秘书长工作会议，明确要求各校撰写子项目结题报告。各校完成共同体显性成果任务认领安排表，按计划撰写报告。

三、各校特色创新活动共参，检验新型师生关系

共同体在教师层面积极互动交流，在学生层面也开展了一系列活动，如作文比赛、放风筝比赛、传统文化知识竞赛。校际的交流互动比赛，不仅有助于丰富学生的课余生活，开阔学生的视野，也有助于增进校际学生之间的友谊，提升学生的集体荣誉感，最终实现学生综合素养的提升。

（一）雅俗华实初中

华东师范大学松江实验中学始建于 2003 年 8 月，当时，松江区人民政府与华东师范大学开展区校合作，在松江新城创办了这所公办完全中学。2006 年资源重组，该校与高中剥离转型为初级中学。学校确立了“‘二期课改’背景下，实施‘历练教育’的思考与实践”的整体改革实验课题，提炼出“以质量管理带动全面管理”的管理理念，坚持走文化兴校、质量强校、特色亮校的办学路子，以“1818 名师工程”及“2010 青年教师展才项目”两大策略为抓手，营造独具魅力的教师专业发展文化，打造独具特色的师资队伍建设品牌。学校倾力培养学生体验美、欣赏美、表现美、创造美的能力，以创新精神和实践能力为培养重点，在校园文化发展品牌的布局上确定了“原创音乐剧”和“风筝文化”两个项目。华东师范大学松江实验中学原创了美丽地平线、人生抒情海、与世博邂逅、中国少年说、松江印象记、美丽中国梦六部音乐剧，华实音乐剧荣获全国基础教育教学成果一等奖。学生的行为文化、教师的研修文化、学校的课程文化和质量文化等在区内具有一定的影响力。

（二）体训松江七中

松江七中创建于 1987 年 5 月，位于松江老城中心，曾获“市体育传统学校”“市生物百项特色学校”“市‘一期’‘二期’课改研究基地”等荣誉称号。学校形成了“励志、勤奋、求实、创新”的校风和“勤学、多思、守纪、进取”的学风。松江七中体训处教练队伍拥有国家级裁判员 1 人，中高级教练 8 人。在松江七中领导和教练的带领下，松江学子在市级比赛中屡创佳绩。松江七中也是松江区唯一的一所业余体校。松江七中打造了一支“特别会管理、特别讲奉献、特别能创新”的师资队伍，全体教职工努力把松江七中办成一所管理严谨、体教相长、质量上乘、内外和谐的优质学校，积极培养强体魄、会求知、重责任、善合作的现代学子。

（三）人文茸一中学

松江区民办茸一中学是松江一中校友会于 1993 年 6 月创建的全日制中学。学校

开办以来狠抓教学课堂改革，艰苦创业，办学质量稳步上升，现在每年的中考录取率为100%，50%以上的学生考入市、区重点中学。在学校领导和教师的带领下，学生踊跃参与竞赛活动，在全国数学竞赛、上海市数学竞赛、上海市物理竞赛中获奖。以“茸一人文论坛”为抓手，茸一中学在注重学生学业成绩的同时，也注重学生综合能力的发展。学校开展“红五月”歌会、艺术节等活动丰富学生的课余活动，还搭建了鼓号队、合唱团、舞蹈队、田径队、美术兴趣小组等学生展示平台。学校以丰富的师生活动为载体，突现茸一“阳光、人文”校园文化，在帮助学生学习社会主义核心价值观和端正师德、师风方面取得了良好的效果。

(四) 课题发展二中初中

二中初中是一所公办初中，于2001年3月加入松江二中教育集团。松江二中是百年名校、上海市首批实验性示范性高中。2005年6月，该校的研究课题“发扬少先队民主，培养初中生自治能力的研究”顺利通过开题论证，被全国少先队学会列为全国级课题。该课题于2008年5月底结题，课题组成员通过研究和实践，探索出一条能有效提高初中生自治能力的路径，使初中生在道德自治、学习自治、生活自治和活动自治等方面有明显的提高，从而实现学生自我教育、自我管理、自主发展的培养目标。通过三年的努力，自治教育真正成为该校的办学特色。

(五) 科技松江六中

松江六中全体师生发扬“勤・朴”精神，学校不断为师生的成长搭建舞台。学校先后荣获“松江区科技特色学校”“上海市优秀家长学校”“上海市家庭教育指导实验基地”等荣誉称号。松江六中是松江区体育传统项目(田径)学校，校铜管乐队项目被区教育局评为“区艺术特色项目”。学校充分挖掘并利用本校学科名师的资源优势，营造“人人争当骨干”的氛围，实施“培青工程”，通过校本培训、实践锻炼、导师传帮、关注激励，帮助青年教师迅速提高自身教育教学水平。学校开发编写了“科技与创新”校本课程，并将创新课程列入预初年级课表，进行了教学与探索。学校深入挖掘校内外的科技教育资源，引导学生将想法转变为行为，将创意转变为作品，以鼓励学生寻找身边的科学和尝试小发明、小创造为切入点，营造了“我爱科学，我创造”的浓厚科技氛围。学校德育工作采用主题教育方法，通过“我奉献我快乐”“我思索我充实”“我展示我自信”等活动激发学生潜能，培养学生责任和合作意识，让学生感悟个体对社会的价值和意义。学校密切家校联系，整合社会资源，以活动为载体，引导学生争做快乐、有为少年。

(六) 文艺体立达学校

上海市松江区教师进修学院附属立达中学是一所公办完全中学。近年来，“智能机器人”“电声乐队”等项目成为学校特色培育的亮点。该校积极践行“引发教学，打造活力课堂”课改理念，教育教学质量逐年稳步提升。学校先后获得“上海市心理健康教育实验学校”“松江区文明单位”“松江区行为规范示范学校”“松江区体育传统项目特色校”等荣誉称号。“科技人文和谐发展”是该校的办学理念。以“科、文、艺、体”为特色，促进学校多元化发展是该校的课程建设特色。学校坚持以人为本，积极探索多元化发展之路，努力建成继传统、求创新、创特色、在全市有一定影响力的历史名校。

主要参考文献

[1] 上海市教育委员会.上海市中学物理课程标准[M].上海：上海教育出版社,2004.
[2] [日]佐藤学.学习的挑战：创建学习共同体[M].钟启泉,译.上海：华东师范大学出版社,2010.
[3] [美]马丁·塞利格曼,等.教出乐观的孩子[M].关雪菁,译.杭州：浙江人民出版社,2013.
[4] [苏]苏霍姆林斯基.睿智的父母之爱[M].罗亦超,译.石家庄：河北人民出版社,1999.
[5] [苏]苏霍姆林斯基.育人三部曲[M].毕涉芝,译.北京：人民教育出版社,2015.
[6] 徐旦泽.教育视野下的读古说今[M].上海：上海大学出版社,2015.
[7] 庄传超.感谢那些“折磨”我的学生[M].北京：中国人民大学出版社,2016.
[8] [美]内尔·诺丁斯.幸福与教育[M].龙宝新,译.北京：教育科学出版社,2009.
[9] [苏]苏霍姆林斯基.给教师的建议[M].杜殿坤,译.北京：教育科学出版社,2008.
[10] 腾飞.学生社会责任感培养艺术[M].长春：东北师范大学出版社,2010.
[11] 檀传宝,等.走向德育专业化——学校德育 100 问[M].上海：华东师范大学出版社,2012.

后　记

《课堂里的革命》书稿终于尘埃落定，回顾项目研究过程颇感艰辛。第一，有关师生关系的著作很多，正确把握与界定新型师生关系需要智力和勇气。松江区教育局领导、松江区教育学院专家、共同体学校领导反复斟酌后确定了这样一个题目。第二，作为基层教育工作者，对师生关系问题进行深入研究，我们还面临着许多客观困难，如写作时间的断断续续、写作地点的分散、个人学识与理解能力的不足。好在我们有勇气和干劲，得到了六校领导、教师、学生的鼓励和支持，得到了教育局领导、教育学院领导、共同体学校领导的重视，得到了教育学院科研部专家的指导，得到了出版社编辑的指导。第三，共同体在项目推进过程中，需要了解六所学校的师生关系现状，以便掌握六所学校的师生关系信息，德育名师马兰霞老师手把手指导我们进行师生关系问卷的开发与设计，进行问卷的调研和数据的分析，进行课堂教学实践与诊断，推进了六校跨校研修等实践与探索。从项目立项，到实践探索，到书稿大纲的拟定与修改，再到章节的撰写完成，大约跨过了五年的时间，寒暑易节，我们从未放弃。我们不敢说自己做得有多好，但我们确实放弃了很多业余活动，耗去了教学、工作之余的大量时间去读书，去思考，去研究，去写作。

虽然项目的推进过程有些艰辛，但我们充满快乐和感激。几年间，六所学校的校长有了变动，但大家都对该项目的推进倾注了满腔的热情。如现任三新学校校长张爱国，在项目立项之初，他运用自己的智慧与资源，对项目的科学性及研究价值进行论证，利用教职工大会、教研组组长会等各种途径，向教师宣传良好师生关系对课堂教学管理的帮助，大力推动项目研究。当时的朱江、徐旦泽校长对项目的启动与研究充满信心，积极组织教师进行子项目的开发。共同体学校的费金弟、张仲芳、丁玉、陈剑钰、谭海岚校长，积极组织学校教师成立项目研究组，分管学校教育教学工作的校级领导、中层干部、学科骨干教师都在认真研究项目推进的思路与方法。每一次的共同体项目推进大会，大家都会分享心得体会，积极探索新思路和新办法。真心感谢大家。

我们在共同体项目推进中发现了一批优秀教师。这些教师朴实无华、深沉细腻、大爱无声。他们师德有范、师行有度、师教有心、师语有情。本书是六校师生的集体智慧。我们结合自己的教育教学实践，融入自己的教育教学体会和研究心得。我们学习和参阅了大量的著作和论文，我们借鉴和吸收了许多学者的观点和论述，积累了许多教育教学实践经验。在此，我要感谢共同体的彭苏敏、汤英、张新琪、潘春艳、王珊、夏怡、沈芳、李康立、张洁、宋舒赟、唐立智、顾倩颖、张瑞娟、宋泽立等教师。特别感谢松江区教育局和松江区教育学院对我们写作的促进和大力支持。特别感谢松江区德育名师马兰霞老师、共同体学校的校长和秘书长对项目研究的支持与贡献。特别感谢我的导师教育部中学校长培训中心主任、博士生导师代蕊华老师，拨冗为此书作序。感谢出版社编辑为书稿出版所付出的辛苦劳动。

感谢所有关心和帮助过我们的人，未来我们将携手并肩，共同求索。也敬请同行不吝赐教，读者批评指正。

此为后记，与有志于教育的各位朋友共勉！

松江七中校长
刘　琳
2020 年 6 月

图书在版编目（CIP）数据

课堂里的革命 / 刘琳编著.— 上海：上海教育出版社，2021.1
ISBN 978-7-5720-0496-4

Ⅰ. ①课… Ⅱ. ①刘… Ⅲ. ①课堂教学－教学研究
Ⅳ. ①G424.21

中国版本图书馆CIP数据核字(2021)第000767号

责任编辑　杜金丹
封面设计　陈　芸

课堂里的革命
刘　琳　编著

出版发行　上海教育出版社有限公司
官　　网　www.seph.com.cn
地　　址　上海市永福路123号
邮　　编　200031
印　　刷　上海叶大印务发展有限公司
开　　本　787 × 1092　1/16　印张 12.75
字　　数　243 千字
版　　次　2021年1月第1版
印　　次　2021年1月第1次印刷
书　　号　ISBN 978-7-5720-0496-4/G · 0362
定　　价　58.00 元

如发现质量问题，读者可向本社调换　电话：021-64377165